古代歷史文化研究輯刊

三一編

王明蓀 主編

第33冊

百年將門：兩宋潞州上黨苗氏五世將門興衰史（下）

何冠環 著

國家圖書館出版品預行編目資料

百年將門：兩宋潞州上黨苗氏五世將門興衰史（下）／何冠環
著 -- 初版 -- 新北市：花木蘭文化事業有限公司，2024〔民
113〕
目 2+152 面；19×26 公分
（古代歷史文化研究輯刊 三一編；第 33 冊）
ISBN 978-626-344-685-4（精裝）
1.CST：苗氏 2.CST：軍人 3.CST：家族史 4.CST：傳記
5.CST：宋代
618　　　　　　　　　　　　　　　　　　　112022542

ISBN-978-626-344-685-4

9 786263 446854

古代歷史文化研究輯刊
三一編　第三三冊　　　　　　　ISBN：978-626-344-685-4

百年將門：兩宋潞州上黨苗氏五世將門興衰史（下）

作　　者　何冠環
主　　編　王明蓀
總 編 輯　杜潔祥
副總編輯　楊嘉樂
編輯主任　許郁翎
編　　輯　潘玟靜、蔡正宣　美術編輯　陳逸婷
出　　版　花木蘭文化事業有限公司
發 行 人　高小娟
聯絡地址　235 新北市中和區中安街七二號十三樓
　　　　　電話：02-2923-1455 ／傳真：02-2923-1452
網　　址　http://www.huamulan.tw 信箱 service@huamulans.com
印　　刷　普羅文化出版廣告事業
初　　版　2024 年 3 月
定　　價　三一編 37 冊（精裝）新台幣 110,000 元　　版權所有 · 請勿翻印

百年將門：兩宋潞州上黨苗氏五世將門興衰史（下）

何冠環　著

目
次

第六章　繼世為將：上黨苗氏將門第五代傳人苗傅在苗劉兵變前事跡考

　　潞州上黨苗氏將門第五代代表人物是南宋高宗建炎三年（1029）三月癸未（初五）發動苗劉兵變（亦稱明受之變）的主角，時任御營前軍統制的苗傅（？～1029）。據《皇宋十朝綱要》和《宋史‧高宗紀》的概述，他和御營前軍副統制劉正彥（？～1029），不忿上司御營都統制同簽書樞密院事王淵（1077～1129）勾結高宗（1107～1187，1127～1162 在位）所寵的內臣康履（？～1129）等欺凌士卒，所為大失軍心，於是率部兵以叛，殺王淵與康履等，並殺內臣百餘人。而迫高宗遜位只有三歲的皇長子魏國公旉（1127～1129），並請哲宗隆裕孟太后（1073～1131）垂簾同聽政。苗傅拜武當軍節度使，劉正彥拜武成軍節度使，並檢校少保；但朝內朝外的大臣武將均不服苗、劉二人指揮，文臣張浚（1097～1164）、呂頤浩（1071～1139）與大將劉光世（1086～1142）、韓世忠（1089～1151）和張俊（1086～1154）均率兵來討，宰相朱勝非（1082～1144）在內協調，在四月戊申朔（初一），朱勝非率文武百官上奏孟太后請高宗復位。己酉（初二），苗、劉二人以淮西制置使副出逃杭州（今浙江杭州市），五月己丑（十二），韓世忠大敗苗、劉軍於建州浦城縣（今福建南平市浦城縣），苗、劉先後被俘。七月辛巳（初五），二人被處斬於建康府（今江蘇南京市）。苗、劉族人亦盡數被誅。這場兵變，明末馮琦（1558～1603）和陳邦瞻（1567～1623）合編的《宋史紀事本末》便立專章〈苗

劉之變〉概述此場兵變的始末。〔註1〕

　　苗劉之變是南宋初年的重大事件，早於1988年3月，臺灣大學歷史研究所的徐秉愉碩士，已撰文討論從苗劉之變看南宋初期的君權，重點在論高宗的角色。徐氏將「苗劉之變視為南宋初期君主權威從受嚴重挑戰到重新鞏固的過程中的一個重要的環節，而以這個角度出發，以《建炎以來繫年要錄》所載事件經過為主要依據，討論釀成事變的原因；苗、劉對君權挑戰所造成的衝擊；朝廷宰臣和勤王領袖在面臨位號爭議時，所表現對君權之不同看法，以及高宗的心理反應等」。作為開創性的著作，徐氏已大致把握了這次事變的主要脈絡。大陸學者劉焕曾和任仲書在1990年合寫的另一篇題為〈試論「苗劉之變」〉的短文，則是大陸學者對這事件的初步探索。〔註2〕

　　宋史前輩王曾瑜教授和何忠禮教授稍後撰成的兩本宋高宗傳，均有專章專節論述其經過及影響。王氏指出苗、劉二人雖然以武力挾制朝廷，實際上並無深謀遠略，他們部屬中也無足智多謀之士。在對金關係上，苗劉二人「欲和金人，以息兵革」，認為遣使議和不可緩。王氏認為這次事變，令才二十三歲的高宗受到十分沉重的心理打擊，也使他在政治上趨於成熟，待到政局較為穩定後，他在六月便下親筆的罪己詔。王氏指出經歷此大變後，高宗明白若不某程度改弦易轍，不但不會有宮室之安，還可能有性命之憂。王氏此論精到。〔註3〕

〔註1〕 李埴（1161～1238）（撰），燕永成（校正）：《皇宋十朝綱要校正》（北京：中華書局，2013年6月）下冊，卷二十一〈高宗〉，建炎三年三月癸未至六月癸丑條，頁614～616；《宋史》，卷二十五〈高宗紀二〉，頁462～466；馮琦、陳邦瞻合編：《宋史紀事本末》（北京：中華書局，1977年5月），第二冊，卷六十五〈苗劉之變〉，頁663～671。按《皇宋十朝綱要校正》以苗劉二人被誅於六月癸丑（初六），《宋史》作七月辛巳（初五），據群書所考，從《宋史》所記。

〔註2〕 徐秉愉：〈由苗劉之變看南宋初期的君權〉，《食貨月刊》第11／12期合刊（1988年3月），頁26～39；劉焕曾、任仲書：〈試論「苗劉之變」〉，《史學集刊》，1990年第2期（1990年7月），頁25～29、54。按劉、任一文概述苗劉之變的原因及經過，另分析苗劉之變失敗的原因及對南宋政治的影響。該文所論的尚可，惟取材不足，連《建炎以來繫年要錄》也未引用。只引用清人所編的《續資治通鑑》。

〔註3〕 王曾瑜教授在1996年出版的《宋帝列傳》，負責撰寫《宋高宗》，然後再在1999年易名《荒淫無道宋高宗》修訂出版。2016年再易名《荒淫無道宋高宗傳》增訂出版，2021年再出第三版，此版去掉荒淫無道四字，改為《宋高宗傳》。本文所引，主要參考1999年及2021年版。參見王曾瑜：《宋高宗》（長春：吉林文史出版社，1996年7月），第二章第六節〈苗劉之變〉，頁31～37；《荒

　　何忠禮則認為苗、劉發動這場兵變，「性質十分複雜，並充滿著諸多矛盾，他們既非叛亂，亦非兵諫，如果從打擊宦官等腐朽勢力和要求懲罰妥協派大臣來看，具有一定的合理性和積極意義。但是，兵變領導人懷有個人目的，因而其正當性也就遭人懷疑。苗、劉等人既想奪取權力，又無力控制政局；他們雖然罷廢了高宗，但由於所掌握的兵力有限，加之在宋朝政治體制和忠君思想的支配下，幾個武臣想擅自廢立，根本不可能實現。這就決定了他們既不可能自己稱帝，也不可能另立異姓，只能擁立年幼的趙旉為帝，並全賴太后作主。面對這種形勢，苗、劉兩人必然陷入進退失據的境地。在金兵的嚴重威脅面前，苗、劉的行動既得不到趙宋統治集團中極大多數人的支持，也不可能獲得人民群眾的擁護，所以從一開始就已經埋下了失敗的種子。加上苗、劉皆為一介武夫，魯莽無謀，倉猝行事，毫無政治經驗，他們完全被老謀深算的朱勝非等玩弄於股掌之上。他們更不了解高宗的真面貌和報復心態，失去了應有的警惕性，其失敗是必然的。」何氏也指出，高宗在這次兵變中，進退自如，處變不驚，表現得十分沉著老練，說明他的帝王術已逐漸成熟，他粉碎了苗劉兵變，逃過一劫，就加深了他對武人武將的猜忌和害怕，認為必須牢記重文抑武的祖宗之法，嚴厲防範武臣勢力崛起。何氏又引用王夫之（1619～1692）的評論，說宋室以猜防待武臣由來已久，高宗見廢於苗、劉而更疑，其情易見。〔註4〕兩位前輩對苗劉之變失敗的原因的分析及影響，可謂一針見血。

　　好友虞雲國教授的鴻文〈苗劉之變的再評價〉，也對這場兵變發生的背景、性質、結果和影響，有甚為精彩的論析，甚至將之與1936年西安事變加以比較。而虞氏對苗劉兵變所為，則予較公正客觀的評價，不認為他們是宋官方所述的叛臣叛將。他們當時發動兵變，誅殺庸將王淵和惡閹康履等，是大快人心的。〔註5〕

　　　淫無道宋高宗》（保定：河北大學出版社，1999年1月），第五章〈苗劉之變〉，頁62～72；《宋高宗傳》（鄭州：河南文藝出版社，2021年10月），第五章〈苗劉之變〉，頁51～59。

〔註4〕何忠禮：《宋高宗新論》（上海：上海古籍出版社，2021年11月），第四章第一節〈苗劉兵變中的高宗〉，頁56～61。

〔註5〕虞氏一文原載何忠禮（主編）：《南宋史及南宋都城臨安研究》，（北京：人民出版社，2009年11月），上冊，頁111～122。現收入虞雲國：《兩宋歷史文化叢稿》（上海：上海人民出版社，2011年4月），頁183～196。按最近期的相關論著，是長江大學徐文睿在2022年發表的一篇三頁的短文，題為〈淺析「苗劉之變」對南宋對金戰略的關係〉，載《古今文創》，2022年第23期，頁64

　　因文章的焦點以及篇幅的關係，以上諸家的論著，沒有詳述這場兵變過程的細節。而王、何和虞三位的論著，只略提及苗、劉二人都是將家子，（徐文則沒有注意）。何文提到宋朝的政治體制和忠君思想影響了苗、劉不敢擅自廢立，卻未有注意苗傅是五世將門的家世此一因素。筆者認為苗傅這樣特殊的家世，顯然影響了他在兵變後的行動：他只架空高宗為太上皇，請孟太后攝政，而沒有像朱溫（852～912，907～912 在位）把宦官全殺掉後，乾脆篡唐自立為帝，並把唐昭宗（867～904，888～904 在位）和唐哀帝（892～908，904～907 在位）殺掉。苗、劉只遣使和金人議和，而沒有投降金人，像後來劉豫（1073～1146）一樣。他顯赫的將門家世給他巨大的忠君心理包袱，讓他不敢做逆臣。最終這種愚忠思想讓他落得最悲慘的下場，身死族滅。

　　準此，筆者擬從將門家世的角度，解釋苗傅在苗劉之變中的作為，並考述苗傅、劉正彥二人在兵變前的經歷和事蹟。取材方面，筆者參照《建炎以來繫年要錄》（以下簡稱《繫年要錄》）、《三朝北盟會編》、《宋會要輯稿》、《宋史》及宋人文集、筆記的相關記載，補述徐、王、何、虞四位相關論著中沒有提到的許多細節。〔註6〕需要說明的是，李心傳（1167～1244）的《繫年要錄》，對各樣相關的官私記載做了大量考證，它的史料價值最高，讓我們對這場兵變的前因、經過和影響的許多細節有更深入的認識。本章先交待苗傅和他伙伴劉正彥在兵變前的事跡，以及兵變發生的背景。

　　最後值得一提的是，宋人對苗傅和劉正彥既斥之為「二兇」，又稱之為「二凶」。以下的三章，引用宋人的原文時，就二者皆用。

───────────────

　　　　～66。文如其文，只是一篇淺析，沒有甚麼亮點。至於未發表的碩博士論文，論及苗劉之變的，有暨南大學的宋志紅在 2006 年提交韓世忠研究的博士論文，分別論述及苗劉兵變的背景、苗劉兵變的原因和經過、韓世忠平定兵變的功勞與影響，可以參考。參見宋志紅：《南宋名將韓世忠研究》，暨南大學博士論文，2006 年，第三章〈韓世忠與南宋初年政局〉第一節〈平定苗劉兵變〉。

〔註 6〕王明清（1127～1204 後）：《揮麈錄》，（上海：上海書店出版社，2001 年 8 月），後錄卷九，第 268 條，「王廷（庭）秀《閱世錄》載明受之變甚詳」，頁 148～149。誠如王明清所述明受之變，宰執朱勝非、呂頤浩、張浚、張澂（？～1143）俱皆有記錄，矜誇復辟之功，而悉皆不同，有如聚訟」，而不及言官王庭秀（？～1129 後）所記之書《閱世錄》之明白無偏。其實，王書也有訛誤和帶有偏見。又朱勝非的《秀水閒居錄》已由史冷哥自《建炎以來繫年要錄》及《三朝北盟會編》等書輯錄整理出版。可參見朱勝非（撰），史冷哥（整理）：《秀水閒居錄》，收入戴建國（主編）：《全宋筆記》第九編第一冊（鄭州：大象出版社，2018 年 3 月），頁 353～412。

一、勤王之師：苗傅在靖康元年至二年的事跡

相信因苗傅後來被定為叛臣，故他早年的事跡被官修的史籍刪落，以致他在北宋徽、欽兩朝的記載幾近空白。其父苗履任捧日天武四廂都指揮使的管軍高位，官至少至防禦使，苗傅當是像劉正彥一樣以蔭出身。考其祖苗授在紹聖二年（1095）卒時，由其父苗履在十一月請得林希（1034～1101）所撰的墓誌銘，尚未見苗傅的名字。以此推之，苗傅最早要在紹聖三年（1096）才出生。若是，苗傅在建炎三年（1129）才逾三十歲多。他在成年後，即在徽宗政和與宣和時期，有否參預童貫西征夏，南討方臘及北攻幽州的戰役？惟筆者年前研究童貫生平事蹟時，卻未發現苗傅隨童貫作戰的任何蹤影。究竟是苗傅從未隨童貫征戰？抑宋史官將他的從征紀錄盡數刪除？

據張浚所記，苗傅字廣道，他的兵變伙伴劉正彥字子直。〔註7〕苗傅在《三朝北盟會編》（以下簡稱《會編》）最早出現的記載，是在欽宗靖康元年（1126）七月辛卯（廿七），當時宋廷要援救太原（今山西太原市），諸將商議進兵，童貫的心腹劉韐（1067～1127）以河東宣撫副使至隆德府（即潞州，今山西長治市），苗傅和張俊都在劉的麾下。而童貫另一大將王淵稍後就與劉韐出軍平定軍（今山西陽泉市平定縣）和遼州（今山西晉中市左權縣）路。〔註8〕這條資料清楚記載苗傅當時正是舊屬童貫的陝西軍一員偏將。

據《會編》引趙甡之（？～1169後）《中興遺史》所記，是年八月乙未（初三），當劉韐聞得威勝軍路的大將解潛（？～1149）兵敗，就將苗傅和張俊軍留於信德府（即邢州，今河北邢台市），他自己就逃還京師。〔註9〕

苗傅和張俊此後一直留在信德府，到是年十二月丁丑（十六），當開封陷落，高宗以大元帥至北京（即大名府，今河北邯鄲市大名縣）），癸未（廿二），

〔註7〕《繫年要錄》，第二冊，卷二十一，建炎元年三辛卯條，頁447。

〔註8〕徐夢莘（1126～1207）：《三朝北盟會編》（上海：上海古籍出版社影印清光緒三十四年（1908）許涵度刻本，1987年10月）（以下簡稱《會編》），上冊，卷五十〈靖康中帙二十五〉，靖康元年七月二十七日辛卯條，葉八上至九下（頁378）；卷七十五〈靖康中帙五十〉，靖康二年正月十六日丙午條，葉六上下（頁565）。

〔註9〕《會編》，上冊，卷五十一〈靖康中帙三十六〉，靖康元年八月三日乙未條，葉八下（頁386）；卷七十五〈靖康中帙五十〉，靖康二年正月十六日丙午條，葉六下（頁565）；趙甡之（撰），許起山（輯校）：《中興遺史輯校》（北京：中華書局，2018年4月），「靖康元年」八月三日丙申條，頁14。按趙甡之為趙哲（？～1130）之子，其生平及該書的流傳可見許起山所撰之「輯校前言」，頁1～9。

中大夫知信德府梁揚祖（？～1151）將五軍至北京勤王，麾下將領包括武義大夫張俊、武翼郎苗傅、范實、武功郎祁超，從義郎蓋淵，共統制一萬人，起發至北京，高宗兵威於是稍振。高宗撫問梁揚祖周至，他又問諸將誰最得力。梁說張俊最得力。高宗因擢張為大元帥統制。苗傅等就受張俊統轄。據周麟之（1118～1164）所撰的〈張俊神道碑〉所稱，張俊「每語時事無不當上意，日親近，待以腹心，出入帷幄。」張後來進武功大夫榮州刺史。〔註10〕據《繫年要錄》、《宋朝中興紀事本末》（以下作《中興紀事本末》）、《宋史》及《皇朝編年綱目備要》等書所記，當時歸於高宗麾下的還有楊沂中（即楊存中，1102～1166）和田師中（？～1163）。〔註11〕

考苗傅是時的階官是武翼郎，舊制是諸司副使最低的一階的供備庫副使。他若非立下汗馬功勞，不可能得到這一官職。他應該至少在抵抗金兵時立下功勳，更有可能在童貫開邊西北時對夏和青唐作戰立過功。可惜目前找不到相關的記載。相信是被宋史臣刪去了有關的記載。

據《繫年要錄》所記，苗傅在靖康二年（即建炎元年，1127）正月丁巳（廿七），便立了戰功。事緣兗州（今山東兗州市）賊李昱（？～1127）、張遇破任城縣（今山東濟寧城任城區），其勢甚張。高宗命中軍統制張俊討之。被梁揚祖稱許最得力的張俊至任城縣，卻中伏幾乎喪命，幸賴小校趙密（1095～1165）連

〔註10〕《會編》，上冊，卷七十二〈靖康中帙四十七〉，靖康元年十二月十六日丁丑條，葉九下至十一上（頁545～546）；二十二日癸未條，葉十三下至十四上（頁547）。按張俊的武義大夫即舊官制諸司使臣的西京作坊使／東西染院使／禮賓使，而苗傅的武翼郎即舊官制的供備庫使，祁超的武功郎即皇城副使，蓋淵的從義郎，即舊官制三班使臣的西頭供奉官。參見楊仲良（？～1184後）：《通鑑長編紀事本末》，收入趙鐵寒（1908～1976）（主編），《宋史資料萃編》，第二輯（臺北：文海出版社，1967年11月），第七冊，卷一百二十五〈徽宗皇帝・官制〉，葉八下至九下（頁3778～3780）。

〔註11〕《繫年要錄》，第一冊，卷一，建炎元年正月癸未條，頁19；熊克（1118～約1193後）（撰），辛更儒（點校）：《宋朝中興紀事本末》（南京：鳳凰出版社，2022年9月）（以下簡稱《中興紀事本末》），上冊，卷一，靖康元年十二月乙亥至癸未條，頁5；《宋史》，卷二十四〈高宗紀一〉，頁441；卷四百七十五〈叛臣傳上・苗傅〉，頁13802；陳均（1174～1244）（撰），許沛藻、金圓、顧吉辰、孫菊園（點校）：《皇朝編年綱目備要》（北京：中華書局，2006年12月），下冊，卷三十，頁807～808；周麟之：《海陵集》，文淵閣《四庫全書》本，卷二十三〈碑銘・張循王神道碑・宋故安民靖難功臣太師靜江寧武靖海軍節度使清河郡王食邑一萬五千七百戶食實封六千六百戶致仕追封循王諡忠烈張俊神道碑〉（以下簡稱〈張俊神道碑〉），葉四上。按《中興紀事本末》以苗傅乃苗授子，《繫年要錄》已辨其誤。

射數賊，而苗傅趕到扼其前路，才大破賊兵，並斬首千餘級。〔註12〕

　　苗傅所統的本部兵馬有多少？高宗在是年二月丙寅（初六）檢閱大元帥府五軍勤王人馬，其中駐剳東平府（即鄆州，今山東菏澤市鄆城縣）先鋒辛彥宗五千人，前軍祁超二千五百人，左軍張瓊二千五百人，中軍張俊二千人，趙俊二千人五百人，後軍范實（？～1129後）二千五百人，苗傅所統的右軍也是二千五百人，總計一萬九千五百人，馬軍在內，總號稱四萬人，以楊惟忠（1067～1132）為都統制。〔註13〕

　　據《繫年要錄》所記，在是年三月庚子（初十），河東軍賊高才以二千人歸正，但他出言不遜。被高宗所殺。高宗命時任右軍統制的苗傅代領其眾，苗的右軍於是擴大至四千五百人。據稱苗傅卻盡收高才的金帛子女，而引來高宗不悅，說苗傅也是賊，與高才有何分別？從此就厭惡苗傅。〔註14〕按苗傅收取高才的金帛子女，大概是分給部下，不一定是獨佔。是誰向高宗打他的小報告？很有可能是高宗身邊的內臣。苗傅後來討厭內臣，此事大概是開端。不過，此一記載也有可能是宋官方史臣為加重苗傅的罪惡而杜撰的。高宗若早已厭惡苗傅，卻由他統領親軍，豈非不智？

二、扈從之臣：苗傅在建炎元年之事跡考

　　據《通鑑長編紀事本末》所記，四月戊寅（十九），高宗的大元帥府命副元帥宗澤（1060～1128）部將士於長垣、衛南南華防託起發。高宗以辛彥宗為先鋒統制，丁順副之。祁超為前軍統制，王澈副之。張瓊為左軍統制，孔彥威副之。張俊為中軍統制，趙俊副之。而苗傅依舊任右軍統制，由劉浩副之。范實為後軍統制，張煥副之，仍以楊惟忠為都統制，以備護衛入南京應

〔註12〕　《繫年要錄》，第一冊，卷一，建炎元年正月丁巳條，頁31。
〔註13〕　《會編》，上冊，卷七十一〈靖康中帙四十六〉，靖康元年十二月二日癸亥條，葉七上下（頁537）；卷七十三〈靖康中帙四十八〉，靖康元年十二月二十七日戊子條，葉六上下（頁551）；卷七十九〈靖康中帙五十四〉，靖康二年二月六日丙午條，葉一上下（頁593）；《宋史》，卷二十四〈高宗紀一〉，頁441；梁偉基：〈宋代河北兵馬大元帥府初探：以武力重建為中心〉，《中國文化研究所學報》，第五十五期（2012年7月），頁59～81。關於高宗河北大元帥府的兵力及各方投效的情況，梁偉基有一篇很精彩的文章考述，值得一觀，他提到苗傅所統的右軍，之前是修武郎尚功緒所統領，靖康元年十二月二十七日，尚功緒從元帥府右軍統制，改隸副元帥宗澤麾下擔任左軍統領。梁氏認為苗傅應該是這時候接任右軍統制的空缺。此論合理。
〔註14〕　《繫年要錄》，第一冊，卷三，建炎元年三月庚子條，頁72。

天府。庚辰（廿一），鄜延路經略使張深和副總管劉光世自陝州來勤王，高宗以劉為都提舉。癸未（廿四），高宗抵應天府。五月庚寅朔（初一），正式即位於南京（即應天府，今河南商丘市），改元建炎。高宗先以大元帥府幕僚副元帥黃潛善（1078～1130）為中書侍郎，兵馬元帥汪伯彥（1069～1141）同知樞密院事。甲午（初五），再以欽宗朝的主戰派前知樞密院事、資政殿大學士領開封府李綱（1083～1140）為右僕射兼中書侍郎，以楊惟忠為建武軍節度使主管殿前司公事。乙未（初六），以兵部尚書呂好問（1064～1131）為尚書右丞，翌日兼門下侍郎。丁酉（初八），高宗以殿前司殿前班指揮使左言（？～1130後）權領，而侍衛馬步二司仍在東京，禁衛寡弱，諸將楊惟忠、王淵、韓世忠統河北兵，劉光世統陝西兵，張俊和苗傅等統帥府兵及降盜兵都在行朝，不相統一。於是置御營司以總齊軍中政令，因其所部為五軍。以宰相黃潛善兼御營使，同知樞密院事汪伯彥兼御營副使，並以真定府路馬步軍副總管王淵為使司都統制，韓世忠、張俊和苗傅等並為統制官。又命鄜延路馬步軍副總管劉光世提舉使司一行事務。黃、汪二人別置親兵各千人，優其廩賜，議者非之。〔註15〕

─────────────────────

〔註15〕考靖康元年閏十一月廿七日，開封城破後，殿班的押橫門蔣宣和班直盧萬率禁衛斧左掖門作亂，左言以四廂指揮使（亦作殿班指揮使）獨出力過之，擒得數十人送開封府。宋廷以他有功，就命他權領人數已不多的殿前司。諷刺的是，金帥完顏宗望（？～1127）在開封掠婦人七十餘人出城，左言妻亦被掠，翌日才以金百兩贖還。當殿帥王宗濋（？～1131後）在十二月六日罷職時，左言就在十二月九日正式以橫行（按：橫行是他的階官）指揮使主管殿前司公事，並超授防禦使，以賞他彈壓衛士之功。他後來一直權領此職。靖康二年三月辛卯朔（初一），統制官閤門宣贊舍人吳革（？～1127）想在城內約同眾人，謀在金水門外起事，推翻金人所立的張邦昌。丙申（初三），依附張的范瓊就和左言合謀，騙吳革至帳下議事，而斬吳革及其徒百餘人。張邦昌就以范瓊為正任觀察使，左言遷兩官。據說張冊立時，百官皆慘沮，只有左言和王時雍、吳幷、莫儔、范瓊面有喜色，欣然若有所得，他們又自許為張的佐命元勳。是月九日，張邦昌以左言為觀察使權殿前司公事，范瓊權四廂指揮使。據趙子崧（？～1132），在靖康二年四月，金兵退去後，當高宗正擬赴京師時，趙建議諭在京師握兵的左言和范瓊禍福，許以左為樞密，范瓊作殿帥。就可以先聲壓之，以智謀懷之，則不戰而自平。趙子崧又請高宗若張邦昌遣使來行府來迎，就請召張邦昌及管軍左言及范瓊等躬親以素服出詣帳前聽處分，別遣親信官詳視，然後入城。高宗後來仍用左、范二人，以二人表現恭順，而又握京師之兵。參見《繫年要錄》，第一冊，卷三，建炎元年三月丙申至丁酉條，頁67～69；卷五，建炎元年五月庚寅朔條，頁118～120；丁酉條，頁126～127；《宋史》，卷二十四〈高宗紀一〉，頁443～444；卷三百六十九〈王淵傳〉，頁11486；《通鑑長編紀事本末》，第八冊，卷一百五十〈欽宗皇帝・高宗渡江〉，葉五上

　　新授右僕射的李綱在六月己未朔（初一）始至行在（即南京應天府），開始視事。他在庚申（初二）上十議。他力主誅殺受偽命的左僕射張邦昌（1081～1127），惟高宗所信的是再遷門下侍郎權中書侍郎的黃潛善和是月戊寅（二十）陞為知樞密院事的汪伯彥，二人力主和議。雖然高宗被迫將張邦昌重貶，但高宗已對李綱的信任打折。〔註16〕

　　至於武臣方面，高宗寵信的是王淵。他在六月乙丑（初七），自保大軍承宣使御營使司都統制擢為龍神衛四廂都指揮使。並將在河東戰敗被貶道州（今湖南永州市道縣）編管的悍將張思正（？～1147），以他在五月辛卯（初二）擒殺那個以六甲神兵騙人，害得京師失守的郭京（？～1127）之勞，令撥歸王淵使喚，將功贖罪。〔註17〕七月庚寅（初二），高宗再命王淵討陳州淮寧（今河南周口市淮寧市）軍賊杜用，又命御營都巡檢使劉光世討京東賊李昱，御營使司左軍統制韓世忠、前軍統制張俊、喬仲福分討單州魚臺（今山東濟寧市魚臺縣）、拱州黎驛（今河南商丘市睢縣）亂兵。以李綱反對招安這些軍賊，故高宗派王淵等討之。李昱後被劉光世部將喬仲福所殺，杜用也為王淵所殺，餘眾悉平。其中原為宋將的河北寇楊進，以才為王淵所忌，懼罪亡去，號沒角牛，擁兵尤眾，後來他與原為滄州兵馬鈐轄的丁順皆往河北招撫司自效。值得一提的是，當李孝忠既破襄陽（今湖北襄陽市），並擾京西諸郡時，李綱就以龍神衛四廂都指揮使、京城內外都巡檢使、溫州觀察使范瓊反側不自安，

<hr>

至六上（頁4503～4504）。考《會編》同一條卻將右軍統制苗傅的名字刪去。參見《會編》，上冊，卷七十〈靖康中帙四十五〉，靖康元年閏十一月二十七日戊午至二十九日庚申條，葉十一下至十四下（頁531～532）；卷七十二〈靖康中帙四十七〉，靖康元年十二月九日庚午條，葉四上下（頁542）；卷八十四〈靖康中帙五十九〉，靖康二年三月六日丙申條，葉一上至四下（頁627～629）；葉七上至八上（頁630～631）；卷九十四〈靖康中帙六十九〉，靖康二年四月二十一日條，葉十三下至十四上（頁696～697）；卷一百七〈炎興下帙七〉，建炎元年六月五日癸亥條，葉三上至五上（頁784～785）；汪藻（1079～1154）（撰），王智勇（箋注）：《靖康要錄箋注》（成都：四川大學出版社，2008年7月），第三冊，卷十三，頁1392；卷十四，頁1455；卷十六，頁1711～1713；《宋史全文》，第三冊，卷十五〈宋欽宗〉，頁1025～1026；確庵、耐庵（編），崔文印（箋注）：《靖康稗史箋注》（北京：中華書局，1988年9月），《靖康稗史之二・甕中人語箋證》，頁69；《靖康稗史之四・南征錄彙箋證》，頁163。

〔註16〕《繫年要錄》，第一冊，卷六，建炎元年六月己未朔至癸亥條，頁146～153；戊寅條，頁165。

〔註17〕《繫年要錄》，第一冊，卷六，建炎元年六月乙丑條，頁158～159；《會編》，上冊，卷一百二〈炎興下帙二〉，建炎元年五月二日辛卯條，葉六上下（頁752）。

就派他去討李孝忠，讓他離開京城，且示以不疑之意。七月乙未（初七），即加授他為定武軍承宣使御營司同都統制。范於是將所部赴行在。〔註18〕李綱的用意甚明，他不放心的人反而讓他出師平寇。而苗傅沒有派出平寇，正是對他信任，留他在行在護衛高宗。

八月庚申（初三），平定黎驛和魚臺叛兵的諸將均獲轉三官，劉光世自馬軍都虞候、威武軍承宣使御營使司提舉一行事務都巡檢使建節為奉國軍節度使，韓世忠自光州觀察使帶御器械御營使司左軍統制為定國軍承宣使，張俊自拱衛大夫（原四方館使）、徐州觀察使帶御器械御營使司前軍統制落階官。這時高宗藩邸舊人、擢為入內內侍省押班的康履深得高宗寵信，開始用事，而劉光世曲意奉迎之，乃得厚賞。據《宋史·宦者傳》所記，康履和另一內臣藍珪（？～1143 後）都是高宗康王府都監、入內東頭供奉官，因曾從高宗使金人行營，得到高宗的信任。當高宗開大元帥府，他們並主管機宜文字。欽宗派人促高宗率師入援，康履二人請高宗留相州，高宗叱之而行。高宗即位後，二人皆恃恩用事，康履尤其妄作威福，劉光世等識趣，多曲意奉迎。〔註19〕

李綱為相，獨斷獨行，他堅持要處決右諫議大夫宋齊愈，要賜死張邦昌，整肅因在金人威迫下而被迫事偽楚的臣僚，加上主戰違逆高宗之意，任相才七十五天，便在八月癸酉（十六）因殿中侍御史張浚的嚴劾，而被罷為觀文殿大學士提舉杭州洞霄宮。李綱在靖康年間的支持者太學生陳東（1086～1127）和撫州崇仁縣（今江西撫州市崇仁縣）布衣歐陽澈（1091～1127）也被黃潛善所譖，而在是月壬午（廿五）被斬於市。〔註20〕

剛建立的南宋政權內部文臣既權爭激烈，而內臣開始用事，外部則民變兵變蜂起未息，此起彼落。早在七月，關中賊、宋江（？～1121）餘黨史斌犯興州（今陝西漢中市略陽縣），並僭號稱帝。到八月戊午（初一），再有杭州勝捷軍校陳通舉兵叛，執安撫使葉夢得（1077～1148），殺兩浙轉運判官吳昉、白均以下官吏十二人。壬申（十五），高宗命御營統制辛興宗（？～1131）率兵

〔註18〕《繫年要錄》，第一冊，卷六，建炎元年七月庚寅條，頁 179～180，乙未條，頁 182；《宋史》，卷二十四〈高宗紀一〉，頁 446～447；《會編》，上冊，卷一百八〈炎興下帙八〉，建炎元年六月十四日壬申條，葉七上（頁 793）。

〔註19〕《繫年要錄》，第一冊，卷八，建炎元年八月庚申條，頁 203；《宋史》，卷四百六十九〈宦者傳四·藍珪康履附〉，頁 13688。

〔註20〕《繫年要錄》，第一冊，卷八，建炎元年八月乙亥至壬午條，頁 207～212；《宋史》，卷二十四〈高宗紀一〉，頁 447～449。張邦昌最終在建炎元年九月壬子（廿五），被賜死於潭州（今湖南長沙市）。

討陳通。丁亥（三十），博州（今山東聊城市）卒宮儀聚眾數萬人作亂，犯萊州（今山東萊州市），並據即墨縣（今山東青島市即墨區）。這時有潰卒李汲和劉三將合數千騎犯萊州，宮儀看中他們的馬隊，就騙他們在神霄宮相會，然後擊殺之，盡併其眾，軍勢大盛。九月己丑（初二），建州（今福建南平市）軍校張員等舉兵叛，事緣宋廷調建卒守滑州（今河南安陽市滑縣），為金人攻退。舊例當得卸甲錢，但轉運司沒有即時給予。是日大閱，張員率眾叛，執知州張勤（一作勳）、提舉常平公事王浚明，殺福建轉運副使毛奎、判官曾伃（一作曹仔），嬰城固守。提舉刑獄公事陳楠檄朝請郎王淮將土軍射士討之，不克。猶幸是日范瓊捕斬悍盜李孝忠於復州（今湖北天門市）。但在甲午（初七）夜，辛興宗卻兵潰於嘉興縣（今浙江嘉興市）。陳通稍後劫原本主張招安的浙江提點刑獄周格營，殺周而執另一提點高士曈。陳通之亂未止，己酉（廿二），潰兵趙萬（？～1134）等又攻入常州（今江蘇常州市），執知州何袞，通判曾緯（曾布子），並縱兵大掠，劫曾緯以行。乙卯（廿八），趙進犯鎮江府（今江蘇鎮江市），知府趙子崧（？～1132）遣將擊之於丹徒，而調鄉兵上城為備。但官軍敗歸，鄉兵驚潰，被迫棄城渡江退保焦山寺及瓜州渡（今江蘇鎮江市瓜州鎮），趙萬遂據鎮江。〔註21〕

　　高宗對金和戰的態度曖昧，他在七月壬寅（十四），下詔聲稱「奉元祐太后如東南，六宮及衛士家屬從行，朕當獨留中原，與金人決戰。」乙巳（十七），卻手詔說京師未可往，當巡幸東南。翌日（丙午，十八），就詔定議巡幸南陽（今河南南陽市），並以觀文殿學士范致虛知鄧州（今河南南陽市鄧州市），命他修城池，繕宮室，輸錢穀實之。丁未（十九），派官詣京師迎奉太廟神主赴行在。庚戌（廿二），徵諸道兵，約期八月會於行在。高宗說到底是不想返回金人威脅的京師開封。八月己未（初二），孟太后從京師出發赴行在，高宗命

〔註21〕《皇宋十朝綱要校正》，下冊，卷二十一〈高宗〉，建炎元年八月戊午至九月乙
　　　　卯條，頁610；《宋史》，卷二十四〈高宗紀一〉，頁447～449；卷二百四十七
　　　　〈宗室傳四・趙子崧〉，頁8744～8745；《繫年要錄》，第一冊，卷八，建炎元
　　　　年八月戊午朔至壬戌條，頁202～204；丙戌條，頁214；卷九，建炎元年九月
　　　　己丑條，頁216；甲午條，頁219～220；辛丑條，頁221；己酉條，頁229；
　　　　乙卯條，頁233；第三冊，卷五十九，紹興二年十月戊子朔條，頁1046。趙子
　　　　崧因與御營統制辛道宗有隙，辛求得他在靖康末年起兵時的檄文，內有太祖
　　　　後人當再有天下之語。高宗詔御史按其獄，得其實，但高宗不想提到此敏感之
　　　　話題，就以他棄城之罪，降為單州團練副使，謫居南雄州（今廣東南雄市）。
　　　　到紹興二年（1132）十月以赦復敘集英殿修撰，但他已卒於貶所潯州。

馬軍都指揮使郭仲荀（？～1145）將所部負責護衛太后一行。辛酉（初四），以洺州防禦使龍神衛四廂都指揮使李庠代為東京副留守。癸亥（初六），高宗命御營使副大閱五軍，準備出行。丙子（十九），孟太后再從南京應天府出發，前往江寧府（今江蘇南京市），高宗續命郭仲荀扈隨，並兼節制江淮荊浙閩廣諸州，制置東南盜賊。明眼人都看出高宗那有獨留中原抗金的決心。〔註22〕

　　九月壬辰（初五），高宗就以御史中丞許景衡（1072～1128）上言有諜報金人犯河陽府（今河南焦作市孟州市）和汜水關（今河南滎陽市西北汜水鎮），逼近京師，請車駕南巡以慰人心，就詔擇日幸揚州（今江蘇揚州市）。又命淮浙沿海諸州增修城壁，招訓民兵，以備海道。甲午（初七），他命揚州守臣呂頤浩繕修城池。發運副使李祐、淮南轉運副使李傳正並為隨軍轉運使，準備南巡。丁酉（初十），又詔荊襄關陝江淮皆備巡幸。壬寅（十五），派孟太后姪徽猷閣待制孟忠厚（？～1157）迎奉太廟神主赴揚州。高宗意向甚明，他要逃往較安全的揚州，去南陽是假的。東京留守宗澤在乙巳（十八）再上表，請高宗還開封，他奏稱募義士守京城，且造決勝戰車千二百乘，每乘用五十五人，運車十一人，執器械輔車四十四人。又據形勝，立二十四壁於城外，駐兵數萬。但高宗不報。宗澤連上三奏，但均為黃潛善二人所笑，以他為狂。雖然河北招撫司都統制王彥率部將張翼、白安民和岳飛（1103～1142）等十一將，以所部七千人渡河擊敗金人，收復新鄉縣。但高宗在己酉（廿二），仍詔稱收到諜報，金人欲犯江浙，故暫駐揚州捍禦，待局面稍定即還京師。禮部侍郎朱勝非請幸襄陽，但不合執政之意，中書舍人劉觀（1076～1161）就主張往建康，其言合執政，於是決策幸揚州。癸丑（廿六），再發出一通狠詔：有敢妄議惑眾沮巡幸者，許告而罪之，不告者斬。乙卯（廿八），宗澤再上第九奏反對高宗幸金陵，而不返京師。但高宗君臣依舊不理。同日，先前戰勝金人的王彥，再與金人戰於新鄉縣，卻遭敗績，兵潰，逃入太行山聚眾。只有岳飛引其部曲去自為一軍。而是秋，金人分兵佔據河東河北兩河州縣，只有中山府（即定州，今河北保定市定州市）、慶源府（即趙州，今河北石家莊市趙縣）、保州（今河北保定市）、莫州（今河北滄州市任丘市北）、邢州（今河北邢台市）、洺州（今河北邯鄲市永年縣東南）、冀州（今河北衡水市冀州市）、磁州（今河北邯鄲市磁縣）、絳州（今山西運城市新絳縣）、相州（今河南安陽市），久之乃陷落。在

〔註22〕《宋史》，卷二十四〈高宗紀一〉，頁447～448；《繫年要錄》，第一冊，卷八，建炎元年八月辛酉條，頁203；丁丑條，頁210。

此情況下，高宗也只好走為上著。〔註23〕

　　是年十月丁巳朔（初一），高宗登舟往揚州。戊午（初二），高宗從應天府出發。同日，孟太后也從應天府至揚州。庚申（初四），宗澤繼續上奏，反對高宗以巡幸之名，放棄京師。高宗只以優詔敷衍他。甲子（初八），宋廷收到好消息，知秀州（今江蘇嘉興市）兼權浙西提點刑獄趙叔近（？～1128）入杭州，招安陳通。乙丑（初九），苗傅獲委以平亂之任，高宗命他佐江淮制置使劉光世領等兵二萬討巨寇李成。劉下令得李成的，以成官爵與之，故士皆力戰。李軍大潰，降者數千，擒賊史亮及其黨張勝、王宜等數人，李成僅以身免，收殘兵北走。苗傅這次立功不小。丁卯（十一），高宗以他寵信的王淵為杭州制置盜賊使，仍賜銀帛萬匹兩為軍費，以統制官張俊隨行，處理陳通問題。庚午（十四），高宗路經泗州（今安徽宿州市泗縣），辛未（十五），幸普照寺，賜度僧牒和金鉢盂。己卯（廿三），經楚州寶應縣（今江蘇揚州市寶應縣）。但教高宗不安的是，是日御營後軍將孫琦作亂，逼左正言盧臣中墮水死。殿中侍御史張浚以雖在艱難中，不可廢法。即劾統制官定國軍承宣使韓世忠師行無紀，士卒為變。高宗詔罰韓世忠金。中書舍人劉珏以罰太輕，無以懲後。張浚再上章論奏，且請擒捕為變的人。高宗於是將韓降為觀察使。庚辰（廿四），命劉光世討鎮江叛兵。辛巳（廿五），以劉光世為滁州（今安徽滁州市）、和州（今安徽馬鞍山市和縣）、濠州（今安徽滁州市鳳陽縣）及江寧府界招捉盜賊制置使。高宗再命苗傅自御營統制官為制置使司都統制，從劉光世行。高宗終於在癸未（廿七）抵揚州，高宗於是日詔禁止內侍和統兵官相見，如違，停官送遠惡州編管。以當時入內內侍省押班康履以藩邸舊恩用事，頗輕忽諸將，而諸將多奉迎之，而臺諫無敢言者。高宗雖有詔約束，但康履仍無所忌憚，他與內侍曾擇（？～1129）凌忽諸將，他們或踞坐洗足，立諸將於左右，聲喏甚至馬前，故疾之者甚眾。高宗縱容他之餘，還將他遷官為內侍省押班、金州觀察使。他並無戰功，卻得高官，諸將自然不平。丙戌（三十），王淵和張俊領兵至鎮江府，軍賊趙萬不知其突至，皆解甲受招。值得一提的是，苗傅弟苗翊本來在辛道宗（？～1148後）的前軍，他陷沒在叛軍中，於是王淵委苗翊統領這些降兵，眾心稍定。但後來王淵不守信用，騙已降之趙萬軍過

〔註23〕《宋史》，卷二十四〈高宗紀一〉，頁448～449；《繫年要錄》，第一冊，卷九，
　　　建炎元年九月壬辰條，頁216～217；甲午條，頁219；壬寅條，頁221；乙巳
　　　條，頁222～227；戊申至己酉條，頁228；乙卯條，頁231～233。

江勤王，趙的步軍先行，但每一舟至岸就被王淵盡殺之，其騎兵百餘人也被戮於市，無人得脫。王淵殺降的做法顯然令苗翊不以為然，種下苗傅兄弟後來殺王淵的禍根。〔註24〕考王淵早有殺招安降人的前科，據2014年出土的楊志墓誌記載，宋江餘部楊志（1072～1127）在建炎元年八月隨王淵平亂時，就被王淵挾私怨以違軍法所殺，於是激起楊志部眾的憤慨。〔註25〕

〔註24〕《宋史》，卷二十四〈高宗紀一〉，頁449～450；卷三百六十九〈王淵傳〉，頁11486；卷四百六十九〈宦者傳四·藍珪康履附〉，頁13688；《皇宋十朝綱要校正》，下冊，卷二十一〈高宗〉，十月丁巳朔至丙戌條，頁610；《繫年要錄》，第一冊，卷十，建炎元年十月丁巳朔至丙戌條，頁236～244；《中興紀事本末》，上冊，卷三，建炎元年十月乙丑條，頁48；考《皇宋十朝綱要校正》以入鎮江府擒斬趙萬等是劉光世，《繫年要錄》已考證其誤，入鎮江府的是王淵軍。倘確是劉光世平趙萬，也許隨軍的苗傅不會殺降。

〔註25〕考河南省文物考古研究院、濟源市文物工作隊在2014年9月至10月，於濟源市龍潭湖建設工地發現了一座金代磚室墓葬，墓室內有尸骨一具和宋人墓誌銘一方，題為〈故贈登州防禦使楊公墓碣〉，據墓誌所載，墓主名楊志，是鄧州淅川人，「世業耕桑，性剛烈，年十六因傷人亡命充軍伍，後以戰功補官至武德郎閤門宣贊舍人。公勇敢超絕，收勳有素，上皇嘗召見嘉之，曰：胆勇過人，可尚獨領雄兵，敢戰遇敵，無不先鋒。靖康初，大軍攻太原，都統王淵率師往援時，公受制于淵，不意緣私憾，虛坐失利。越明年八月二十二日例置之以法，享年五十有五。」考墓碣所記被王淵在靖康二年（即建炎元年）八月所殺的武德郎楊志，其官職和經歷就和隨种師中（1059～1126）救太原及收集殘兵立功的武節郎招安巨寇楊志很相近（按：武德郎為宮苑副使、左騏驥副使改，比武節郎高二階，從七品。按楊志後來自武節郎遷一官，就近於他被殺前的武德郎），劉志剛在2015年刊出的〈宋金戰爭中的楊志和馬秦〉一文，便據此墓碣及相關史料，認為兩個楊志當是同一人。據目前可見的資料，跟從童貫征遼，然後隨梁方平（？～1126）討高托山的楊志，與獲徽宗召見，到靖康時隸王淵援太原的武德郎楊志，似乎是同一人。按楊志墓碣為其部將馬秦（？～1140後）所立，據墓誌所記，楊被殺後，馬秦與其他部屬將他屍體火化後攜其骨歸。馬後來奏告宋廷，為楊志雪冤，宋廷因而將王淵降罪，並追贈楊為登州防禦使。這當是建炎三年（1129）三月苗傅和劉正彥發動兵變，王淵被叛軍所殺而宋廷被迫將已死的王淵降罪之時。據墓誌所記，楊志無子，只有一女卻被虜去不知所蹤。其妻馬氏為宋州人。到劉齊阜昌元年（1130，建炎四年），馬秦守恩州，楊志妻馬氏扶楊之柩欲歸葬鄧州淅川，路過恩州治所清河縣（舊名甘陵），聞說鄧州路阻，想返回宋州（即應天府），卻無親舊可投。於是馬秦請將楊志葬於縣州城東的祖印院地，並照顧馬氏生活。阜昌八年（1137，紹興七年），劉齊被廢後，馬秦權知孟州，他在金天眷二年（1139，紹興九年）七月，將楊志墓再遷葬於孟州濟源縣之龍潭寺之西原，以便馬氏死後與夫合葬。另劉志剛一文也詳考馬秦後來叛宋仕齊，然後在紹興十年（1140）歸宋的事蹟。劉志剛在2020年再發表一文，結合宋人文獻及楊志及劉寶出土墓誌記載，詳考楊志的事蹟，該文甚有參考價值。參見劉志剛：〈宋金戰爭中的楊志和馬

高宗抵達揚州之時，可以說危機四伏。外面州軍兵變四起外，竟然御營軍也發生兵變。而內侍康履恃他寵信任事，凌忽諸將的嚴重問題，高宗卻沒有好好處置。高宗多次拒絕宗澤之請還都，而借各樣理由遁往東南的懦夫行為，只怕也給苗傅等諸將看不起。

從十一月到年底，兵變仍不斷。首先是真定府軍賊張遇在十一月戊子（初二）入池州（今安徽池州市貴池區），張原是真定府馬軍，聚眾為盜，號「一窩蜂」，他自淮西渡江，水陸並進，至是犯池州。守臣朝請郎滕佑棄城遁。張入城縱掠，驅強壯以益其軍。江淮制置使劉光世討張遇於池州，劉軍至近郊，行伍不整。部下請嚴為備，劉卻以張為烏合之眾，見官軍自潰，命速進兵奪城。劉軍攻南門，卻被張遇看出劉軍少而不整，於是自城西出。這時湖水涸為平地，張軍越湖，占長堤，繞出劉軍之背。劉軍大亂而敗，劉光世遁去，幾乎被賊軍所執，幸得前軍統制官原籍通遠軍（今甘肅定西市隴西縣）、外號王夜叉的悍將王德（1087～1154）救之才免。張遇率眾循江而上，劉光世亦整兵追之。張遇在十二月丙寅（十一），再犯江州（今江西九江市），賴守臣陳彥文（？～1129）固守不下，張引去。躡其後的劉光世軍攔截其後軍，破之。甲戌（十九），張再犯黃州（今湖北黃岡市黃州區）。然後是密州（今山東濰坊市諸城市）軍校杜彥與軍士李逵和吳順在十一月戊申（廿二）叛，原北道都總管、資政殿學士、被責為秘書少監的權密州趙野（1084～1127），卻帶著輜重家屬棄城遁，杜追趙野於張蒼鎮，三日後坐州堂上，數趙棄城之罪殺之，並據州，杜盡刺城中人以益其軍。再有壽春軍賊丁進（？～1129），自號「丁一箭」，聚眾於蘇村至數萬人，皆面刺六點或「入火」二字，在十一月圍壽春府（今安徽六安市壽縣），幸而守臣直秘閣康允之（？～1131）悉取銀帛以賞將士，士皆效死，丁進圍城二十五日不克而退。丁進後來在十二月辛巳（廿六）因宗澤招降，就率部詣東京降。宗澤以便宜授丁進武翼大夫閣門宣贊舍人，命他充京城四壁外巡。十一月還有湖州軍士謀作亂，幸而為其徒沈賓所告，其首被捕斬。值得一提的是，不是所有官員都像宗澤肯招安這些叛軍。本來據杭州叛的陳通

秦〉，《文史知識》，2015 年第 6 期，頁 43～50；河南省文物考古研究所、濟源市文物工作隊：〈濟源市龍潭宋金墓葬發掘簡報〉，《中國國家博物館館刊》，2016 年第 2 期（2016 年 2 月），頁 6～18；孫瑞龍：〈濟源出土宋代楊志墓志考釋〉，《焦作師範高等專科學校學報》第 35 卷第 4 期（2019 年 12 月），頁 10～16；劉志剛：〈濟源出土楊志墓碣與志主生前軍事活動考述〉，《中國國家博物館館刊》，2020 年第 3 期（總 200 期），頁 85～95。

已降，但王淵在十二月辛酉（初六）和張俊從秀州入杭州，陳通出迎，王淵假意慰勞之，兩天後，乃諭以朝廷賜予官職告身，陳通等大喜。王淵和張俊入州治，命軍士分守諸門，陳通等三百人立於譙門外，王召其首三十人至庭下，執之。陳通呼說已受招安，為何如此。王淵不理，將他及其徒一百八十人盡殺之。據說百姓都以陳通被誅而相賀。據載張俊在杭州的戰利品是杭州的角妓張穠，王淵則更收獲大量賊贓。據《宋史‧苗傅傳》載，王淵從揚州來杭州，裝了大船十隻，杭州人相謂，船所載都是王淵平陳通時殺奪富民家財。王淵顯然用這些賊贓去賄賂康履等內臣。另需要一提的是，王淵殺降的作風，令那些叛兵惶恐不安。他們很容易降了又叛。同月壬戌（初七），青州（今山東濰坊市青州市）敗將王定便以兵作亂，殺帥臣曾孝序。〔註26〕

　　高宗以黃潛善和汪伯彥不得人心，於是在十一月改組二府人事：十一月乙未（初九），以同知樞密院事張愨（1065～1128）為尚書左丞兼御營副使，並提舉戶部財用，工部尚書顏岐（？～1141）同知樞密院事。丙午（二十），張愨陞中書侍郎，兼知如故，戊申（廿二），顏岐為尚書左丞權門下侍郎，以御史中丞許景衡為尚書右丞，刑部尚書郭三益（？～1128）同知樞密院事。〔註27〕

　　高宗寵信康履等內臣之餘，還想召用在欽宗朝被貶的內臣。早在六月丁亥（廿九），他便想召還那個徽宗寵信，被欽宗斥逐而素兇悍的內臣石如岡（？～1127後），為李綱諫而止。到十二月庚午（十五），高宗又將神宗朝著名內臣李憲（1042～1092）養子，在徽宗朝用事而在靖康末年坐典磁失職而除名勒停的李瓵（避高宗諱以字行改為李志道，？～1127後），復官為內客省使保慶軍承宣使、添差入內內侍省都知。幸而右諫議大夫衛膚敏（1081～1129）上言反對，歷數他在徽宗朝的過惡，不在童貫等之下，認為即使不將他遠貶，也不應引赦典復用他。殿中侍御史張浚也力言李瓵誤國為深，不應復用他。高宗在言

〔註26〕《宋史》，卷二十四〈高宗紀一〉，頁450～451；卷三百六十九〈劉光世傳〉，頁11479～11480；卷四百七十五〈叛臣傳上‧苗傅〉，頁13803；《皇宋十朝綱要校正》，下冊，卷二十一〈高宗〉，建炎元年十二月辛酉至壬戌條，頁610～611；《繫年要錄》，第一冊，卷十，建炎元年十一月戊子條，頁247；庚戌條，頁251；辛亥條，頁253；卷十一，建炎元年十二月辛酉條，頁256；丙寅條，頁260；庚辰條，頁268；《會編》，上冊，卷一百十四〈炎興下帙十四〉，建炎元年十一月二十二日戊申條，葉三上至四上（頁832）；下冊，卷二百十二〈炎興下帙一百十二〉，紹興十二年十二月十四日壬申條，葉九上至下（頁1528）。
〔註27〕《宋史》，卷二十四〈高宗紀一〉，頁450；《繫年要錄》，第一冊，卷十，建炎元年十一月乙未條，頁248；丙午至戊申條，頁250～251。

官的極力反對下，才在癸酉（十八）收回成命。高宗卻在丙子（廿一），又將
欽宗隨龍的內臣，在圍城中致仕的宣政使昭慶軍承宣使容機落致仕並與他外
宮觀。衛膚敏再次上言反對，指容機在艱難時引身而去，而在王室再造時卻謀
復用，指他徇利而不忠。高宗拗不過，只好罷其任命。〔註28〕

　　高宗君臣還以為可偷安江南時，金人除了在十一月辛亥（廿五）攻陷河北
的重鎮河間府（即瀛州，今河北滄州市河間市）外，已大舉進攻河南、陝西及
山東等地。金帥完顏宗翰（1080～1136）聞知高宗逃往揚州，就約諸軍分道入
寇。他自河陽府渡河攻河南，右副元帥完顏宗輔（1096～1135）與其弟完顏宗
弼（？～1148）自滄州（今河北滄州市）渡河攻山東。陝西諸路選鋒都統完顏
婁室（亦作婁宿，1078～1130）與其副將撒離喝（完顏杲，？～1150）自同州
渡河攻陝西。十二月癸亥（初八），金人犯汜水關，宋西京統制官翟進（？～
1128）扼河清白磊，帶御器械鄭建雄守河陽，金兵不得濟。宗翰乃重兵屯於河
陽北城，以迷惑鄭建雄，而暗中派萬戶銀朱（《金史》作賽里）自九鼎渡河，
背攻南城。銀朱陷南城，鄭軍遂潰。西京留守孫昭遠（1070～1127）遣將姚慶
拒之，戰歿，孫知城危，命部將王仔奉啟聖宮神御赴行在，他引餘兵南遁。翟
進率軍民上山保險。宗翰據汜水關，引軍東去，並命銀朱分兵犯京西。先是知
階州（今甘肅隴南市武都區）董庠以勤王軍入援，卻潰散無所歸。東京留守宗
澤以董知鄭州。當宗澤聞金兵入境，派部將劉達援之。未至，董已棄城走。同
日，銀朱至鄭州，不入城而去，遂徑往京西，中原大震。丙寅（十一），金將
烏林荅泰欲敗宋將李成（1091～1160）於淄州（今山東淄博市），慶源府降。
金將阿里刮攻濬州，敗宋軍，於是取滑州。戊辰（十三），金人圍棣州（今山
東濱州市惠民縣東南），守臣姜剛之率軍民固守，金兵圍城十七日不拔解去。
同日，婁室渡河，韓城縣（今陝西渭南市韓城市）守將沿河安撫使曲方老而
繆，以飲酒蹴鞠為事，不治軍政。河東經制使王璞（？～1140後）在陝府，派
人渡河劫寨，婁室就自慈隰引兵而南。永興軍經略安撫使唐重（1083～1128）

〔註28〕《繫年要錄》，第一冊，卷六，建炎元年六月丁亥條，頁173；卷十一，建炎
　　　　元年十二月庚午條，頁262：丙子條，頁264；朱熹（1130～1200）（撰），郭
　　　　齊、尹波（點校）：《朱熹集》（成都：四川教育出版社，1996年10月），第八
　　　　冊，卷九十五上〈行狀・少師保信軍節度使魏國公致仕贈太保張公行狀上〉，
　　　　頁4805；《宋史》，卷三百七十八〈衛膚敏傳〉，頁11663。關於李毅的生平事
　　　　蹟，可參見何冠環：《拓地降敵：北宋中葉內臣名將李憲事蹟考述》（新北：花
　　　　木蘭文化事業有限公司，2019年3月）第十章〈虎父犬子：李毅事蹟考〉，
　　　　頁297～330。

派兵馬都監劉光弼（劉光世弟）帶金帛至河上犒師，但劉光弼至華州，聞金人逼近河，就留不進。婁室至河中府（今山西運城市永濟市西），宋軍扼沛蒲津西岸，婁室趁夜由上流龍門清水曲履冰渡河，曲方還飲酒，以告急者為妄。婁室出龍門山，並河而南，距韓城縣四十里，曲方始覺，乃引兵遁去。劉光弼聞之，不歸長安，而逃往邠州（今陝西咸陽市彬縣）、岐山之間。甲戌（十八），金人陷同州（今陝西渭南市大荔縣），知州鄭驤（？～1127）死之。己卯（廿四），銀朱陷汝州（今河南平頂山市汝州市），並攻入無兵防守的西京。庚辰（廿五），金人破華州（今陝西渭南市華州區）。辛巳（廿六），破潼關（今陝西渭南市潼關縣）。當同州失陷後，王瓊見形勢不妙，軍潰亂不整，就自同州引兵經金州（今陝西安康市）、商州（今陝西商洛市商州區）遁入四川，得利州路提點刑獄張上行迎於興元府（今陝西漢中市）。金人因見宗澤開封防禦有備，才暫時沒有攻取。在金兵壓境下，像王瓊、鄭建雄、曲方、劉光弼、董庠這些庸將懦夫，不是臨陣逃跑便是無謀覆師。宋廷見此，於乙酉（三十）下詔求直言。然而局勢已岌岌可危。〔註29〕

苗傅在高宗即位的頭一年，除了曾隨劉光世討李成和鎮江府叛兵外，不載有其他事蹟。好像他只一直扈從高宗從應天府至揚州，並在行在貼身保護高宗。劉光世討張遇於池州，他有否從征，群書也語焉不詳，論理他應當有份，可能給史官刪去他的汗馬功勞。《宋史・苗傅傳》記苗傅後來當眾對高宗說，他立功多而只得團練使，而怨宋廷賞罰不公。他顯然立過不少汗馬功，這些功勞多半就是討平兵變和民變，後來卻給史官淹沒刪去的。他狠批王淵遇敵不戰，靠奉迎康履得官，他自己顯然就是不屑依附奉迎及賄賂康履等的。宋人指他為叛臣，卻從沒有記他曾殺降及濫殺平民以充寇，也沒有記他打過敗仗。〔註30〕比起王淵、劉光世、張俊以至韓世忠，苗傅是乾淨得多。

三、熊羆之士：建炎二年苗傅、劉正彥事跡考

高宗繼位第二年，金兵攻勢更來得兇猛。建炎二年（1128）正月丙戌朔

〔註29〕《皇宋十朝綱要校正》，下冊，卷二十一〈高宗〉，建炎元年十二月癸亥至乙酉條，頁611；《宋史》，卷二十四〈高宗紀一〉，頁450～451；《繫年要錄》，第一冊，卷十一，建炎元年十二月癸亥條，頁256～257；戊辰條，頁261；甲戌條，頁262～263；己卯條，頁265；脫脫（纂），程妮娜等（修訂）:《金史》（北京：中華書局點校修訂本，2020年2月），卷三〈太宗紀〉，頁64。
〔註30〕《宋史》，卷四百七十五〈叛臣傳上・苗傅〉，頁13804。

（初一），金將宗弼破宋鄭宗孟軍於青州。戊子（初三），金將銀尤可（1073～1140）陷鄧州，安撫使劉汲死之。壬辰（初七），金人犯東京，賴宗澤遣將擊退之。癸巳（初八），宗弼軍克青州。乙未（初十），金兵破京兆府（今陝西西安市），前河東經制副使傅亮（？～1162後）以兵降，經略使唐重、副總管楊宗閔（1062～1128）、提舉軍馬陳迪、轉運副使桑景詢、判官曾謂（？～1128）、提點刑獄郭忠孝（？～1128）、經略司主管機宜文字王尚及其子王建中均死之。同日，東平府兵馬鈐轄孔彥舟（1106～1160）叛，並渡淮犯黃州，為守臣趙令峸（？～1129）拒之。丙申（十一），金將薩謀魯入襄陽，拔离速入均州（今湖北十堰市丹江口市），守臣楊彥明遁去，武當縣丞任雄翔以城降。丁酉（十二），金將馬五取房州（今湖北十堰市房縣）。己亥（十四），原西京留守孫昭遠率殘部南行至陳州（今河南周口市淮陽縣）、蔡州（今河南駐馬店市）間，被叛兵所殺。辛丑（十六），金人陷鄭州（今河南鄭州市），通判趙伯振率兵巷戰，中箭墜馬，為金人所殺。癸卯（十八），金將完顏闍母（宋人稱窩里嗢，1090～1129）克濰州（今山東濰坊市），宗輔又陷青州，不過，稍後棄之而去。丁未（廿二），迪古補敗宋將趙子昉兵。撒离喝敗宋兵於河上。（廿六），破秦州（今甘肅天水市），經略使李復降，金兵乘勢引兵犯熙河路。甲寅（廿九），宋將馬括兵次樂安，宗輔敗之。聞高宗在揚州，就退師。宗弼再敗宋兵於河上。金人又在是月陷潁昌府（即許州，今河南許昌市），殺守臣孫默。惟一的好消息是，在同月己亥（十四）焚真州（今江蘇揚州市儀征市），並在庚子（十五）陷鎮江府的劇盜張遇，在是月辛亥（廿六）被王淵招降，王淵奏張遇為閣門宣贊舍人。張猶縱兵四劫，扈從者危懼，知揚州呂頤浩和前軍統制韓世忠聯騎造其壘，曉以禍福，殺其謀主劉彥，執其小校二十九人送王淵殺之。張的餘黨懼而釋甲，得軍萬人隸韓世忠。王淵這次殺降，雖然殺的人不及殺陳通那麼多，但殺降的壞影響卻在後來顯出來。另外的好消息是陝西經略司僚屬王擇，收復金人放棄的京兆府。而熙河經略使張深派兵馬都監劉惟輔與入侵之金兵戰於新店，敗之，斬其帥黑鋒。不過，高宗是非不分，在同月辛丑（十六）卻把敢言而忠梗的入內押班內臣邵成章除名，南雄州（今廣東南雄市）編管，以他上奏輒言黃潛善和汪伯彥之罪。〔註31〕

〔註31〕《繫年要錄》，第一冊，卷十二，建炎二年正月戊子條，頁273～274；壬辰條，頁275；乙未至己亥條，頁277～279；庚子至癸卯條，頁280～282；辛亥條，頁286；甲寅條，頁288～289；《皇宋十朝綱要校正》，下冊，卷二十一〈高宗〉，建炎二年正月戊子至壬申條，頁611；《宋史》，卷二十五〈高宗紀二〉，

　　金兵的攻勢在二月繼續兇猛，乙卯朔（初一）（《宋史》作初四戊午），金將拔离速（《繫年要錄》作銀朮）取唐州，縱火焚掠，城市一空。丙辰（初二），金人再犯東京，宗澤派統制李景良、閻中立、統領官郭俊民領兵萬餘往滑州、鄭州拒之，大敗，閻中立戰死，郭俊民降金。李景良遁去，被宗澤捕而斬之。癸亥（初九）（《宋史》作十九日癸酉），拔离速陷蔡州（《繫年要錄》作十九日癸酉），執守臣閻孝忠。閻後逃脫。甲子（初十），金人再犯滑州，宗澤派右武大夫張撝救之。己巳（十五），張撝戰死於滑州。同日，金將移剌古敗宋將臺宗雋等兵於大名府。庚午（十六），再破宋軍獲臺及宋忠。甲戌（二十），拔离速再取陳州。丙子（廿二），金人陷淮寧府（即陳州），守臣向子韶死之。癸未（廿九），拔离速克潁昌府，又攻取一度為宋人收復的鄭州。金人於是月，遷河南府、襄陽府、潁昌府、汝州、鄭州、均州、房州、唐州、鄧州、陳州、蔡州之民於河北。宗翰又派婁室攻下同州、華州、隴州（今陝西寶雞市隴縣）、秦州、京兆府、鳳翔府（今陝西寶雞市鳳翔縣），擒宋陝西經略使傅亮，秦鳳經略使李復生亦降。另金將阿隣破河中府。斡魯又攻入馮翊（今陝西渭南市大荔縣）。河南、陝西及河東幾盡失。宗澤曾在是月乙丑（十一），派判官范世延等表請高宗還開封，開封四處都是金兵，高宗如何會答應？[註32]

　　稍令宋廷告慰的是，河北賊楊進在二月乙丑（十一），詣宗澤降。而在壬申（十八），知福州江常也招安了建州軍賊張員。另西京留守司統制翟興（1073～1132）也以輕騎擊潰群盜冀德和韓清，奪回財物婦女甚眾。而隆德府官譚充率眾奪回金人放棄而為盜所據的鄧州。[註33]

　　最值得一提的是，後來和苗傅一同發動兵變的劉正彥，其父劉法（？～1119）本是蕃官，屢立戰功，為西邊名將，官至熙河經略使。但劉法於宣和元年（1119）三月庚戌（初四），奉童貫命征西夏，卻兵敗身死於統安城（今甘

　　　　頁453～454；《金史》，卷三〈太宗紀〉，頁64；按《金史》將破鄧州繫於正月丙戌朔（初一）。

〔註32〕《繫年要錄》，第一冊，卷十三，建炎二年二月丙辰至戊午條，頁291～292；甲子至己巳條，頁295～297；癸酉至丙子條，頁298～300；壬午條，頁303；《皇宋十朝綱要校正》，下冊，卷二十一〈高宗〉，建炎二年二月壬申條，頁611；《宋史》，卷二十五〈高宗紀二〉，頁454；《金史》，卷三〈太宗紀〉，頁64～65。考金人取唐州及蔡州的日子，《宋史》和《金史》所記不同，現從金人所記。

〔註33〕《宋史》，卷二十五〈高宗紀二〉，頁454；《皇宋十朝綱要校正》，下冊，卷二十一〈高宗〉，建炎二年二月壬申條，頁611；《繫年要錄》，第一冊，卷十三，建炎二年二月壬午條，頁303。

肅蘭州市永登縣通遠鄉新站村附近）。劉正彥以恩恤，自武資的修武郎、閤門祗候熙河蘭湟路經略使司書寫機宜文字易文資至朝奉大夫，他在建炎元年六月庚午（十二），獲授差遣。後以事責降。王淵是劉法部將，受到劉法賞識。他當王任御營都統制時，劉就援舊恩投靠王求官。二月戊寅（廿四），劉應建炎元年十一月四日手詔，求可使絕域（即金國），能將前萬眾者，不以有無官資，許詣登聞檢院自陳。劉就上方略，自陳其才，自言「方今國步多艱，世讎未復，如臣父子，蒙恩至厚，感激所至，亦能忘身，願復武階，以應明詔。」他得到王淵推薦，而吏部亦言劉合授武德大夫遙郡刺史。於是宋廷在己卯（廿五），將劉自新差朝奉大夫（按：《宋會要》作朝請大夫）通判虔州（今江西贛州市），復武資為武德大夫、威州刺史知濠州。翌日（庚辰，廿六），王淵建節為饟德軍節度使。未幾，又擢御營右軍副都統制，王以自將的精兵三千授給他。加上苗傅原來的四千五百人，御營右軍就擴編至七千五百人。王淵本來視劉為心腹，大概用他來牽制右軍都統制苗傅。誰也想不到，他後來和苗一起帶頭反王淵。〔註34〕

　　宋軍在三月的戰況有得有失。首先在三月辛卯（初七），金人攻陷被圍三年的中山府。金人見居人瘦瘠，歎而憐之，兵校千餘人皆不殺。丁酉（十三），金帥宗翰焚西京而去，庚子（十六），河南府統制官翟進乘機復取西京。宗澤

<hr />

〔註34〕 徐松（1781～1848）（輯），劉琳、刁忠民、舒大剛、尹波等（校點）：《宋會要輯稿》（上海：上海古籍出版社，2014 年 6 月），第八冊，〈職官六十一・換官〉，頁 4700；《宋史》，卷二十二〈徽宗紀四〉，頁 403～404；卷二十五〈高宗紀二〉，頁 455；卷四百七十五〈叛臣傳上・劉正彥〉，頁 13802；《繫年要錄》，第一冊，卷六，建炎元年六月庚午條，頁 163；卷十，建炎元年十一月庚寅條，頁 247；卷十三，建炎二年二月己卯條，頁 301～302；《會編》，卷一百十九〈炎興下帙十九〉，建炎二年十一月條，葉一上下（頁 869）；黎靖德（1226～1277）（輯），王星賢（點校）：《朱子語類》（北京：中華書局，1986年 3 月），第八冊，卷一百二十七〈本朝一・高宗朝〉，頁 3052。考《會編》記劉正彥少為文資，在宣和間因劉光世薦其才，得換武職。而《朱子語類》則記劉本是文士，先欲投靠內臣唐某，唐說劉是文臣，他幫不了甚麼。若他換武臣就好辦。劉換了武階，唐卻不理他，只專去支持王淵。於是劉就鼓動苗傅反他們。此二說與《宋史》及《要錄》所記不同。筆者疑朱熹所說的內臣唐某，可能是康履的訛稱。關於劉正彥父劉法事蹟，可參見何冠環：《功臣禍首：北宋末內臣童貫事蹟考》（新北：花木蘭文化事業有限公司，2020 年 9 月），第三章第二節〈立功固寵〉，頁 62～63；第四章第五節〈厲兵秣馬〉，頁 91～92；第六節〈出將入相〉，頁 106～107；第五章第一節〈一波數折〉，頁 137～138。按：修武郎即舊制的大使臣內殿崇班，武德大夫即舊制諸司正使的宮苑使、左右騏驥使及內藏庫使。

奏授翟進為京西北路安撫制置使知河南府。己酉（廿五），福州賊張員復叛，擁眾突城出，宋廷命本路提點刑獄李芘（？～1135）討之。同日，高宗詔以逃脫的信王榛為河外兵馬都元帥，而以童貫的原部屬河北廉防使者馬擴（？～1152）為利州觀察使、樞密副都承旨。在敵後抵抗金兵。金將完顏昌（撻懶，？～1139）是日也陷恩州（今河北邢台市）。辛亥（廿七），宋廷命范瓊權同主管步軍司，屯真州。是月，金人再陷鳳翔府，知府劉清臣棄城去。金人又犯涇原，經略安撫使曲端（1090～1131）守麻務鎮，派大將吳玠（1093～1139）為前鋒，守青谿嶺。金將婁室自率精兵來戰，吳玠率將士死戰，大敗之。金兵東走同州和華州。石壕尉李彥仙舉兵復陝州（今河南三門峽市陝州區）。宗澤在己亥（十五），再上奏力請高宗回開封。但再一次令他失望。高宗在是月丁未（廿三），繼在二月壬戌（初八），派被貶之童貫幕僚、原翰林學士宇文虛中（1079～1146）及劉正彥使金，再遣兩浙東路馬步軍副總管楊應誠假刑部尚書出使金議和。〔註35〕

四月戊午（初五），宗澤派歸正的原磁州統制趙世隆弟趙世興收復滑州。己未（初六），宗澤又上表請高宗還京。乙丑（十二），知河南府翟進出攻金將兀室人不克，其子京西北路副鈐轄翟亮戰死。翟進又率到來的御營左翼軍統制韓世忠、大名府路都總管司統領官孟世寧、京城都巡檢使丁進與金人戰，丁進夜襲金右監軍完顏希尹（？～1140）營，金兵預知，反為所敗。翟進又命韓世忠與金兵戰於文家寺，會丁進失期，而統領官閤門宣贊舍人陳思恭（？～1131）以後軍先退，於是宋軍再敗。金人乘勝追擊至永安後澗，韓世忠被矢如棘，幸得部將張遇以所部救之，才力戰得免。韓世忠敗還京師，責先退的一軍皆斬左右趾以徇。於是韓世忠與丁進不和，兩軍不斷相擊。韓世忠怕兵變，就收餘兵數千人南歸。金將兀室、耶律余覩（？～1132）和完顏希尹復入西京，不久棄去。同日，隴右都護張嚴追金將婁室於鳳翔境上，他銳意出擊，但熙河兵馬都監劉惟輔不想聽張節制，就從別道由吳山出寶雞。張嚴率軍與金人戰於五里坡，婁室早已伏兵坡下。涇原統制官曲端沒有預期而至，於是張的孤軍在坡下遇伏敗死。劉惟輔就自石鼻寨遁歸。丁卯（十四），金兵攻洺州，守將趙士珸（？～1135後）以糧盡不可守，自白家灘往大名府。金人於是人城。戊辰

〔註35〕《皇宋十朝綱要校正》，下冊，卷二十一〈高宗〉，建炎二年三月庚子至己酉條，頁612；《宋史》，卷二十五〈高宗紀二〉，頁454～455；《金史》，卷三〈太宗紀〉，頁65；《繫年要錄》，第一冊，卷十四，建炎二年三月辛卯至庚子條，頁307；己亥條，頁309～313；丁未至辛亥條，頁314～316。

（十五），河北招撫司統制王彥與金人戰於太行山，敗之。宗澤是日再上奏請還京師。但高宗不答。禍不單行，己巳（十六），京西賊寶應潰兵孫琦等擁眾數萬起為盜。壬申（十九），孫琦焚隨州（今湖北隨州市）。癸未（三十），又陷唐州。〔註36〕

　　宗澤在五月甲申朔（初一）仍不捨地上表請高宗還都，奏未至，尚書右丞許景衡奏請渡江，宰相黃潛善力持不可。宋廷這時收到信王榛之奏，有人說信王有渡河入京之謀，高宗忽然在翌日（乙酉，初二），下詔還京，並詔一應臣僚將士，自應天府扈從至揚州的，並進官一等。不過，高宗卻罷許景衡執政，而在戊子（初五），以翰林學士朱勝非代許景衡為尚書右丞。己丑（初六），可憐宗澤仍上奏請高宗即日還都。高宗君臣在爭議應否還京之際，仍然面對金兵的入寇和兵變的雙重威脅。兵變和民變方面，孫琦在五月乙酉（初二）破德安府宿山縣（今湖北安陸市）。乙未（十二），福建路轉運判官謝如意入建州，與本路兵馬都監黃濤、本州兵馬監押魏勝，誅雖受招安而桀驁如故的叛卒張員等六人，奏赦其餘黨。丙申（十三）賊靳賽寇光山縣。己酉（廿六），秀州茶酒禁卒徐明等叛，率眾因頗肆殘虐軍民皆怨的知州朱芾，迎前守宗室趙叔近復領州事。趙叔近撫定徐明等，且上奏請擇守臣。奏未至，宋廷即命御營中軍統制張俊討之。六月丙辰（初三），建州軍再亂。當張員被誅時，餘黨復懷心側。當宋廷調威果卒三千人入衛而未行時，在癸亥（初十），軍士葉濃等相與謀，互殺妻子以為變。是夜縱火焚掠，盜本州觀察使印，突城而出，並進犯福州。乙丑（十二），張俊入秀州，趙叔近以太守禮迎張於城北的沈氏園，卻不料張俊奉王淵命，突然殺害與他有私怨的趙叔近（按趙在京師，靖康之亂後取了王淵所愛的露台娼周氏，故王怨趙），秀州卒見趙被殺，就反戈嬰城，縱火毆掠。江東西路經制司書寫機宜文字辛安宗在城中所為害。翌日，張俊破關，擒徐明獻於行在斬之，並取周氏獻給王淵。王送周女予張，張不受，王改贈予韓世忠。張以功自徐州觀察使遷武寧軍承宣使，趙叔近子朝奉郎趙交之亦坐受賊所獻玩好，降六官勒停。十年後，御史始為趙叔近申冤，宋廷乃贈他集英殿修撰。張俊的所為，令人髮指。張的所謂戰功，其實是很勉強的，徐明這場兵變

〔註36〕《皇宋十朝綱要校正》，下冊，卷二十一〈高宗〉，建炎二年四月乙丑至癸未條，頁612；《宋史》，卷二十五〈高宗紀二〉，頁455～456；卷二百四十七〈宗室傳四·趙士珸〉，頁8752～8753；《繫年要錄》，第一冊，卷十五，建炎二年四月甲寅朔至己未條，頁318～320；丙寅至丁卯條，頁322～323；戊辰至癸未條，頁324～325。

其實可以避免。己巳（十六），葉濃破古田縣。甲戌（廿一），陷福州。掠已致仕的衛國公余深家，欲縱火焚城。守臣江常不知所措，提點刑獄公事李芘登城諭之。葉濃留十餘日乃去。〔註37〕

　　至於應付金人入侵方面，五月辛卯（初八），陝西、京東諸路及東京、北京留守並奏金兵分道渡河，宋廷派御營左軍統制韓世忠、主管侍衛步軍司公事閭勍率所部迎敵，又命宗澤遣本司統制官楊進等援之。丙申（十三），再命宇文虛中為資政殿大學士，充金國祈請使，以武臣楊可輔（？～1146）為副，向金求和。戊戌（十五），王彥以其八字軍渡河，屯滑州之沙店。但金帥婁室在甲辰（廿一）攻絳州，權知州事趙某率軍民巷戰六日而陷。到六月己未（初六），完顏昌派兵連下磁州與信德府。撒離喝又擊敗在真定府的信王榛及馬擴軍。為了備禦金人攻陝西，宋廷以知延安府（今陝西延安市）王庶（？～1143）節制陝西六路軍馬，以涇原經略使統制官曲端為節制司都統制。在此危急之際，宋廷在五月壬寅（十九），有擔當，立朝謇謇，不附黃汪的中書侍郎張愨卒，然後在乙巳（廿二），剛罷政的許景衡也卒。〔註38〕

　　七月甲申（初二），葉濃入寧德縣（今福建寧德市），復入建州。宋廷命張俊同兩浙提點刑獄趙哲（？～1030）率兵二千討之。丙戌（初四），憂憤成疾的宗澤卒於東京留守任上。他一直主張與金人戰，但高宗一心主和，不敢和金人對抗。壬辰（初十），宋廷選江浙州軍正兵土兵六之一赴行在，加強行在防守。乙未（十三），以郭仲荀為京城副留守。戊戌（十六），為提高士氣，錄內外諸軍將士功。甲辰（廿二），以降授北京留守杜充（？～1141）復樞密直學士為開封尹東京留守，代替已死的宗澤。乙巳（廿三）高宗遣使奉表請和，金太宗（1075～1135，1123～1135 在位）卻詔進兵伐之，並將徽宗、欽宗押赴上京（今黑龍江哈爾濱市阿城區白城子）。〔註39〕

〔註37〕《皇宋十朝綱要校正》，下冊，卷二十一〈高宗〉，建炎二年五月乙酉至六月甲
　　　　戌條，頁 612；《宋史》，卷二十五〈高宗紀二〉，頁 456；《繫年要錄》，第一
　　　　冊，卷十五，建炎二年五月甲申朔至己丑條，頁 326～332；乙未條，頁 334～
　　　　335；己酉條，頁 336；卷十六，建炎二年六月丙辰條，頁 341；乙丑條，頁
　　　　342～343；己巳至甲戌條，頁 344。
〔註38〕《宋史》，卷二十五〈高宗紀二〉，頁 456；《金史》，卷三〈太宗紀〉，頁 65；
　　　　《繫年要錄》，第一冊，卷十五，建炎二年五月辛卯至甲申條，頁 332～333；
　　　　丙申至乙巳條，頁 334～335；卷十六，建炎二年六月己卯條，頁 344～345。
〔註39〕《皇宋十朝綱要校正》，下冊，卷二十一〈高宗〉，建炎二年七月甲申至甲午
　　　　條，頁 612；《金史》，卷三〈太宗紀〉，頁 65；《宋史》，卷二十五〈高宗紀二〉，

八月乙卯（初三），婁室敗宋兵於華州，訛特剌破宋軍於渭水，取下邽。甲戌（廿二），河北京東都大捉殺使李成叛。丁丑（廿五），令徽欽二帝以素服見金太祖（1068～1123，1115～1123）廟，入見於乾元殿，金人羞辱二人，封徽宗為昏德公，欽宗為重昏侯。辛巳（廿九），李成犯宿州（今安徽宿州市）。〔註40〕

李成之叛未了，原為宗澤所招降的丁進，在宗澤死後，又在九月甲申（初三）叛，復寇淮西。這時韓世忠軍中有丁的餘黨百餘人，韓盡斬於揚州竹西亭。斬至王權（？～1161後）時，武臣段思勸韓釋放王而用之，王權才逃過一劫。王淵手下兩員大將韓世忠和張俊，他們的派系思想和狠辣手段不相伯仲。壬辰（十一），葉濃入浦城縣。為了平亂，宋廷即命御營右軍副統制劉正彥以所部討丁進。這次王淵沒有派苗傅而用劉正彥，以劉是他的心腹，放心給他立功。兵變不止，金兵的攻勢更兇猛，宋軍節節敗退。癸巳（十二），金兵陷冀州，權知州單某自縊死。守將李政力戰死。甲午（十三），金人再犯永興軍，經略使郭琰棄城，退保義谷。辛丑（二十），陝西節制司兵官賀師範與金將繩果戰於蒲城八公原，敗死。甲辰（廿三），又破宋軍於同州，丁未（廿六），東京留守統制官薛廣與金人戰於相州，亦敗死。是秋，金將窩里嗢、完顏昌破五馬山寨，信王不知所終，馬擴亦軍敗於北京的清平。〔註41〕

十月甲寅（初三），言者論揚州之城可步援上下，其濠池可步而往來，於是高宗命揚州濬隍修城，仍令江淮州郡閱習水戰。高宗的打算是長留揚州，故此他首要的是蕩清南方的盜寇，免有後顧之憂。河北制置使王彥本來應召入見，但黃潛善及汪伯彥不喜他主張北征之意見，就隨便加他一官而免對。戊午（初七），宋廷命大將御營都巡檢使劉光世進討李成。癸亥（十二），宗翰圍濮州（今山東菏澤市鄄城縣），金人於乙丑（十四）陷丹州，又再陷冀州。宋廷派韓世忠和范瓊領兵至東平府，張俊自東京至開德府分道拒戰，又命河外元帥府總管馬擴充河北應援使和韓張二軍相應援，惟宋廷不知馬擴已

<hr>

頁 457；《繫年要錄》，第一冊，卷十六，建炎二年七月癸未朔至乙未條，頁 348～351；甲辰條，頁 352～353。

〔註40〕　《金史》，卷三〈太宗紀〉，頁 65；《宋史》，卷二十五〈高宗紀二〉，頁 457；《繫年要錄》，第一冊，卷十七，建炎二年八月辛巳條，頁 361～362。

〔註41〕　《金史》，卷三〈太宗紀〉，頁 65；《宋史》，卷二十五〈高宗紀二〉，頁 457；《繫年要錄》，第一冊，卷十七，建炎二年九月甲申條，頁 363；壬辰至己酉條，頁 364～367。

敗。甲子（十三），為策安全，高宗聽從侍御史張浚的建議，命孟忠厚奉孟太后幸杭州。而以這時官拜武功大夫、鼎州團練使的苗傅為扈從統制。同日，本為宗澤麾下的統制官楊進叛，攻汝州、洛州。癸酉（廿二），命知河南府翟進討之，兩軍戰於鳴皋山。翟進躍馬而前，意外地中矢墮壕而死。其兄京西路副鈐轄翟興退保伊川。宋廷以他代其任。丁丑（廿六），范瓊引兵至京師。而先前所派的宇文虛中在這日才渡河使金。劉光世大軍於月底至光州（今河南信陽市潢川縣）。以統制官王德為先鋒，與李成遇於上蔡驛口橋，大破之，斬首三萬級，招降二萬餘人。李成以哀兵再戰。劉光世輕敵，以儒服臨軍，李成遙見白袍青蓋者，對眾說那必是大將。就併兵圍之。王德突破重圍，救出劉光世。劉下令獲李成者以其官爵予之。劉軍奮命爭進，再戰獲勝，李成遁去，其謀主陶子思為官軍所執。劉正彥也在是月底擊丁進，降之。需要一提的是，當劉正彥出征時，初至淮西，即要合肥（今安徽合肥市）提供兵員，但安撫使胡舜陟（1083～1143）固拒不給。劉正彥檄求愈急，且屯兵城下，以得兵而後退。胡閉關拒之踰月，劉大怒，驛聞於朝。宋廷詔胡解釋，胡亦劾劉逗撓失事，持兵不歸，應該重黜。當劉出師時，請通直郎劉晏（？～1130）隨行，劉晏是嚴州人（按：《會編》作遼東白巖州人，所引《中興姓氏忠義錄》作燕山府人，其名亦訛寫作「劉宴」），字平甫，入遼而登進士第，為尚書郎。宣和四年（1122）中率眾數百來歸，授通直郎。當金人犯京師時，宋廷以劉晏總遼東之兵，號稱赤心隊。他也以赤心騎八百從劉正彥行。劉軍至淮西，而丁進軍頗眾，劉晏說「兵固有先聲後實者，今賊勢甚張，當以奇計破之。」劉晏就造五色旗，使騎兵持之，循出而出。一色既盡，則以一色易之。丁進軍見官軍累日不絕，旗色各異，於是不戰而降。宋廷詔赦丁進罪，分其兵隸諸軍。這次劉正彥沒有殺降。劉正彥以功，自武德大夫進武功大夫、威州刺史，劉晏也自通直郎遷朝請郎（一作朝散郎），各賜金帛。劉晏悉以所賜分將士，將士皆悅。但劉正彥恥己的賞薄而劉晏卻得到高陞，開始有怨望。他也學劉晏散所賜金帛與將士，以收眾心。丁進之部不少歸入劉部。宋廷方慶降服丁進，在丁丑（廿六），金將蒲察和婁室敗宋軍於臨真。庚辰（廿九），金帥宗翰和宗輔更會於濮州，準備伐宋。〔註42〕

〔註42〕《皇宋十朝綱要校正》，下冊，卷二十一〈高宗〉，建炎二年十月戊午至癸酉條，頁613；《金史》，卷三〈太宗紀〉，頁65；頁74注8；《宋史》，卷二十五〈高宗紀二〉，頁457～458；卷三百六十八〈王德傳〉，頁11447；卷三百六十九〈劉光世傳〉，頁11480；卷四百五十三〈忠義傳八・劉晏〉，頁13334～13335；

當金兵和兵變交熾時，宋廷還內鬥，已被罷黜的李綱在十一月辛巳朔（初一），因被御史中丞王綯（1074～1137）所劾其過去三罪，再被責授單州團練副使、萬安軍（今海南萬寧市）安置。同日，劉光世及李成戰於新息縣，李成敗走。金人圍陝州，守臣李彥仙拒戰卻之。己丑（初九），劉光世還揚州，具上所獲李成黨的家屬男女六百餘人及獻上李成謀主陶子思。高宗詔分養於真州、泰州（今江蘇泰州市）和楚州（今江蘇淮安市淮安區）。另外李成軍士降者皆釋之。比起王淵及其手下的韓、張二將，劉光世沒有殺降的作風。庚寅（初十）（《宋史》作十二日壬辰），金將蒲察和婁室取延安府，守臣劉選及總管馬忠棄城去，通判魏彥明罵敵而死。癸巳（十三），張俊部將趙哲率兵破葉濃軍於建州城下，斬二千級。葉遁而降，復謀為變。甲午（十四），擒葉濃斬之。乙未（十五），金人陷濮州，知州楊粹中與守禦官博州簽判杜續力戰死之。同日，綏德軍（今陝西榆林市綏德縣）降，婁室再攻晉寧軍（今陝西榆林市佳縣縣城西北神泉鄉大西溝村西古城），守臣徐徽言固守不失。但知府州（（今陝西榆林市府谷縣）折可求以城降。金人又陷淄州。又陷東平府，知州權邦彥（1080～1133）棄城去。又破相州，守臣趙不試（？～1128）以糧盡外援不至，就向金人降，請勿殺，然後投井自殺。甲辰（廿四），金人陷德州（今山東德州市），兵馬都監趙叔皎（？～1128）死之。同日，濱州（今山東濱州市）賊蓋進陷棣州，知州姜剛之戰死。同日，涇原兵馬都監吳玠舉兵收復華州。因金人入寇，宋廷在是月壬寅（廿二）以韓世忠為御營平寇左將軍，領兵一萬軍京東以措置之。宋廷同時以劉正彥為御營平寇右將軍，接應韓軍，對劉而言，是

卷四百七十五〈叛臣傳上・劉正彥〉，頁13802～13803；《繫年要錄》，第一冊，卷十八，建炎二年十月癸丑至丁丑條，頁369～374；佚名（撰），汪聖鐸（校點）：《宋史全文》（北京：中華書局，2016年1月），第四冊，卷十六下〈宋高宗二〉，頁1104；《會編》，上冊，卷一百十八〈炎興下帙十八〉，建炎二年十月二日癸丑條，葉九上下（頁865）；下冊，卷一百三十八〈炎興下帙三十八〉，建炎四年五月十日辛亥條引《中興姓氏忠義錄》，葉九上（頁1006）；《中興紀事本末》，上冊，卷七，建炎二年十二月乙卯條，頁101。據《建炎維揚遺錄》所記，劉光世奉命出軍討李成，既至山東，與李成接戰，劉軍被圍，幾至敗績，靠苗傅力戰始得脫，李成軍遂潰，擒賊將數人，而李成一軍俱走，光世歸至行在，以功加檢校少傅。按苗傅在十月十三日已出發扈從孟太后往杭州（按：《中興紀事本末》繫於十二月乙卯），並未再隨劉光世征李成。救出劉的其實是勇將王德。《建炎維揚遺錄》所記有誤。參見佚名（撰），程郁、余珏（整理）：《建炎維揚遺錄》，載朱易安、傅璇琮（1933～2016）（主編）：《全宋筆記》第四編第八冊（鄭州：大象出版社，2008年9月），頁78。

委以重任。這可能是王淵的推薦。是冬，杜充決黃河入清河，自泗入淮以阻金兵，自是河流不復。〔註43〕

十二月乙卯（初五），苗傅以鼎州團練使為扈從統制官，率軍八千人護送孟太后抵杭州，苗軍駐奉國寺。時人趙姓之說苗傅拙直，不能曲侍內侍，故多譖之。大概為此，苗傅一直不獲得出征差事以立功。庚申（初十），金人犯濟南府（今山東濟南市），守臣劉豫以城降。丙辰（初六），宗弼取開德府，知府王棣、巡檢劉彭年力戰死之。甲子（十四），宗輔克大名府。大名尹張益謙、轉運使裴億率眾降，提點刑獄郭永不屈，全家被殺。金人又陷襲慶府（即兗州，今山東濟寧市兗州區），孔子四十八代孫衍聖公孔端友已避敵南去。一些幽州漢兒想啟孔子墓，被宗翰所殺，闕里得保。乙丑（十五），陷虢州（今河南三門峽市靈寶市）。丁卯（十七），鶻沙虎敗宋軍於鞏州（今甘肅定西市隴西縣）。然而，在己巳（十九），那禍國殃民的黃潛善竟然陞左僕射兼門下侍郎，汪伯彥進右僕射兼中書侍郎。另顏岐遷門下侍郎，朱勝非進中書侍郎，兵部尚書盧益（？～1139）同知樞密院事。劉光世也以平李成之功授檢校少傅。辛未（廿一），金人犯青州。〔註44〕

建炎二年年底，金兵已在黃河南北奪取了眾多重要府州軍。金人已決定要捕獲漏網之魚的高宗。金人的網已慢慢收緊，可高宗在黃潛善和汪伯彥一伙把

〔註43〕《皇宋十朝綱要校正》，下冊，卷二十一〈高宗〉，建炎二年十一月壬辰至甲辰條，頁613；《金史》，卷三〈太宗紀〉，頁65～66；《宋史》，卷二十五〈高宗紀二〉，頁458；《繫年要錄》，第一冊，卷十八，建炎二年十一月甲申至乙未條，頁375～380；壬寅至甲辰條，頁382；《會編》，上冊，卷一百十九〈炎興下帙十九〉，建炎二年十一月二十二日壬寅條，葉六上下（頁871）。

〔註44〕《中興紀事本末》，上冊，卷七，建炎二年十二月乙卯條，頁101；《皇宋十朝綱要校正》，下冊，卷二十一〈高宗〉，建炎二年十二月己巳條，頁613；《金史》，卷三〈太宗紀〉，頁66；《宋史》，卷二十五〈高宗紀二〉，頁459；卷三百六十二〈朱勝非傳〉，頁11316；《繫年要錄》，第一冊，卷十八，建炎二年十二月乙卯至己巳條，頁384～387；《會編》，卷一百十九〈炎興下帙十九〉，建炎二年十一月條，葉一上下（頁869）；《中興遺史輯校》，「建炎二年」，十二月五日乙卯條，頁103。考《會編》將苗傅扈從孟太后往杭州之事繫於十一月，並說劉正彥也率其赤心隊隨行。另將苗、劉二人之父名字訛寫為「苗禮」和「劉發」。另也引述《中興遺史》所云「傅拙直，不能曲奉內侍，故多譖之者」的說法。又《中興紀事本末》記高宗初開府時，苗傅為右軍統制官，與楊惟忠比肩，如王淵、張俊和韓世忠皆出其下。此說《繫年要錄》已辨其誤。考王淵和張俊在宣和時平方臘之亂，地位已在苗傅之上。張俊在高宗開府時，官階已比苗傅高。又考孟太后從揚州出發往杭州，在十月十三日，這時劉正彥正討丁進，不可能分身往杭州。《會編》誤記。

持下，只存有苟安東南之心，而無匡復中原之志。可惜了忠心為國的宗澤，浪費了他苦心招聚招安的義士軍民，許多本來投歸宗澤麾下的人如丁進、楊進以至李成等，當宗澤憤死後，他們又叛宋成為軍賊，攻城略地，無端耗費了大量高宗所倚靠的御營司的兵力去鎮壓。王淵一系的將領，包括後來成為所謂名將的韓世忠和張俊，借鎮壓民變兵變奪貨求財，卻常殘忍地殺降，那導致許多已降的人又叛，或去投降金人。

　　據《繫年要錄》所記，建炎二年末，金人橫行山東，群盜李成輩因之為亂。金帥宗翰已準備自東平府經徐州（今江蘇徐州市）、泗州以趨高宗所在的揚州。但黃潛善二人均無遠略，且斥堠不明。東京委之御史，南京委之留臺，泗州委之郡守，所報回來的情報都是道聽塗說，從未試多以金帛募人刺探金人的動向。當淮北累有警報，而黃汪二人就說這只是李成餘黨不足畏。金人間諜知宋廷不備。亦偽稱是李成黨，以欺宋軍。高宗以邊事未寧，詔百官言所見。吏部尚書呂頤浩上《備禦十策》，曰：收民心，定廟算，料彼此，選將帥，明斥堠，訓強弩，分甲器，備水戰，控浮橋，審形勢。人們都說其說甚備。戶部尚書葉夢得亦請高宗南巡，阻江為險，以備不虞。但高宗卻說自揚州至瓜州五十里，聞警而動未晚。葉說河道只通一舟，恐怕不是一日可以濟。他又請以重臣為宣總使，一居泗上，總兩淮及東方之師以待敵，一居金陵，總江浙之路以備退保。一日，高宗召諸軍議事，張俊也說敵勢方張，宜且南渡，又請移左藏府於鎮江。吏部侍郎劉珏也說備敵之計，兵食為先。現時以降卒為兵，以糴本為見糧，二者無一可恃。揚州城池未修好，若有不虞，何以待敵。但高宗聽不入忠言。殿中侍御史張守（1084～1145）上《防淮渡江利害六事》，並別疏論金人犯揚州之路有四。但黃、汪二人更不悅，就以張守撫諭京師，把他遣走。當北京陷落，議者以為金兵快來，而廟堂竟晏然不備。禮部侍郎張浚就率同列向宰執力言之。黃、汪二人笑且不信，在十二月戊寅（廿八）就以張兼御營使司參贊軍事，與呂頤浩教習河朔長兵。〔註45〕大變將至，高宗卻懵然不覺，信任的仍是黃、汪這些殘臣，寵信的仍是康履這些惡閹，一直扈從他的親軍將領苗傳和劉正彥是如何想的，他們很快便以激烈的行動表現出來。

〔註45〕《繫年要錄》，第一冊，卷十八，建炎二年十二月戊寅條，頁388～389；張守（撰），劉雲軍（點校）：《毘陵集》（上海：上海古籍出版社，2018年1月），卷二〈論防禦箚子〉，頁20～22。

第七章　明受之變：苗傅與劉正彥建炎三年三月發動兵變始末

一、山雨欲來：兵變前夕的情況

建炎三年正月始，宋廷仍然和亂兵及金兵兩面作戰，而以平亂為先，抵禦金人之次。正月庚辰朔（初一），以京西北路兵馬鈐轄翟興為河南尹、京西北路安撫制置兼招討使。命他討據鳴皋山北的叛將楊進，以楊有僭竊之意。是日京西賊貴仲正陷岳州。宋廷在甲申（初五），擢資政殿學士路允迪（？～1140）簽書樞密院事，意在加強樞密院的領導。丁亥（初八），金人再陷青州，殺權知州魏某，又陷濰州，但焚城而去，京東安撫劉洪道入青州守之。宋人為此對金人的進攻並未在此意。宋廷仍想求和，己丑（初十），促受命為大金通問使的李鄴、周望（？～1130後）、宋彥通和吳德休等往金軍前。西線方面，宋將陝西都統邵興在辛卯（十二）敗金人於潼關。並收復虢州。不過，東京留守杜充在乙未（十六），派部將岳飛和桑仲討叛將張用於城南，卻被張之部將王善擊敗。張、王二人在庚子（廿一）寇淮寧府，守臣馮長寧卻之。是月底，金兵的主力開始發動攻勢，丙午（廿七），宗翰陷徐州，守臣王復及其子王倚死之。軍校趙立結鄉兵為興復計。大事不妙的是，大將御營平寇左將軍韓世忠軍潰於沭陽（今江蘇沭陽縣），韓世忠軍被宗翰所邀擊，不能當，連夜引歸。但其軍無紀律，未曉至宿遷縣（今江蘇宿遷市），不虞金人躡其後，黎明始覺，奔於沭陽。韓在沭陽夜不安寢，與其帳下謀，就乘夜棄軍而逃，乘潮走往鹽城（今江蘇鹽城市）。翌日，諸軍方覺，遂大潰。部將張遇戰死。這一役是

韓世忠一生打得極窩囊的一仗，論理他應受軍法嚴譴。宗翰入淮陽軍（今江蘇邳州市），執淮陽軍守臣李寬，殺轉運副使李跋，以騎兵三千取彭城縣（今江蘇徐州市區），間道前往揚州。戊申（廿九），金兵已至泗州。雖然在同日，翟興擊楊進於汝州之婆店，破之並射殺楊，餘黨盡平，恢復西京。但揚州已快要兵臨城下。〔註1〕

　　二月庚戌朔（初一），急奏至，黃潛善二人仍不以然。但高宗已意識大事一妙，他御駕的龍舟泊於河岸，都人見到皆惶怖不知如何是好。知天長軍（今安徽天長市）楊晟惇奏已拆浮橋。高宗於是許士民從便避兵，官司不得禁。本來高宗想即時渡江，但黃潛善等請他稍留俟報，並且爭取時間搬左藏金帛三分一。戶部尚書葉夢得即準備舟船，命大將借二千人出發，要一日而畢。但當時公私舟船交錯河中，跬步難行。葉又請以戶部所餘物前期支付六軍春衣及官吏俸一月，高宗亦從之。高宗更命劉正彥以所部兵保衛皇子、六宮往杭州，以內臣幹辦陳永錫（？～1159）護皇子，是晚出門。再命吏部尚書呂頤浩、禮部侍郎張浚往沿淮河措置防務。同日，金數百騎由間道掩至天長軍，統制官俱重、成喜將萬人皆遁走。高宗立即命江淮制置使劉光世將所部迎敵。揚州人謂劉光世必能禦敵，誰知劉是大草包，劉軍士無鬥志，未至淮即潰。金人以支軍犯楚州，守臣朱琳降，軍民皆逃往寶應縣，欲自揚州渡江。金人察之，即驅之回城。是日，揚州城內居民爭門而出，踐死者無數，從官有到都堂問黃汪二人，二人卻說已有措置，不必憂慮。百官聞此，還自相安慰，以為知事實者莫如宰相。既然二人這樣說，就不宜輕動，居民也以為然。當晚江都縣大火，都是戍卒自焚其居。他們逃走前就一把火燒掉房子。〔註2〕

　　辛亥（初二），金人陷天長軍。高宗派內臣酈詢往天長軍覘事，知道金人快至，立刻奔回。是日，高宗聞知皇子和六宮已渡江。翌日（壬子，初三），酈詢馳騎向高宗告急。高宗聞訊大驚，馬上披甲騎馬出門南逃，隨他逃走只有他親信的內臣康履等數人及御營都統制王淵。據宋人筆記所載，宋高宗收到

〔註1〕《皇宋十朝綱要校正》，下冊，卷二十一〈高宗〉，建炎三年正月戊申條，頁614；《宋史》，卷二十五〈高宗紀二〉，頁459～460；《繫年要錄》，第一冊，卷十九，建炎三年正月庚辰朔至乙未條，頁392～394；庚子至己酉條，頁397～400。

〔註2〕《繫年要錄》，第二冊，卷二十，建炎三年二月庚戌朔條，頁401～402；《宋史》，卷二十五〈高宗紀二〉，頁460；趙鼎（1085～1147）（撰），來可泓、劉強（整理）：《建炎筆錄》，載朱易安、傅璇琮（主編）：《全宋筆記》第三編第六冊（鄭州：大象出版社，2008年1月），頁101。

郾詢急報時，竟受驚過度，得了陽萎之疾。君臣數人過市，市人認得是高宗。不久有宮人自大內星散而出。於是城中大亂。高宗與行人並轡而馳，也顧不得甚麼體統。黃、汪二人方會於都堂，有人問他們邊費，猶以不足畏告之。這時堂吏大呼，高宗已逃了。於是二人戎服策馬南逃，軍民見君相俱走，就爭相爭門而出，死者不可勝數。高宗經過揚子橋，有一衛士出語不遜，大概譏刺高宗逃命，就給高宗一劍刺死。這時揚州軍民恨黃潛善入骨，當司農卿黃鍔至江上，軍士呼曰：「黃相公在此。」眾人力數他誤國害民之罪，黃鍔還不及分辯他不是黃潛善，已被軍民斬斷其首。少卿史徽和司農丞范浩繼至，一樣給憤極的軍民所殺。給事中兼侍講黃哲方徒步，一騎士挽弓射之，他中四矢而亡。同日，鴻臚少卿黃唐俊渡江溺死，左諫議大夫李處遯（？～1129）為亂兵所殺，太府少卿朱端友和監察御史張灝不知存亡。呂頤浩和張浚聯馬追及高宗於瓜洲鎮，得一小舟，即乘之以濟江。經過西津口，高宗坐於水帝廟，取劍就靴擦血（他殺衛士之血）。這時百官皆不至，諸衛禁軍無一人從行，晡時渡過江至鎮江府。鎮江府聞高宗前來，居民都奔走山谷，城中一空。守臣錢伯言（1066～1139）發府兵來迎。當晚，金遊騎至揚州，守臣黃願先遁，通判吳某出降。金將拔离速入城，問高宗所在。眾人說已渡江了。金人馳往瓜洲，望江而回。金人引兵屯摘星樓下，縱火焚城，煙焰燭天。臣民子女及金帛所儲，盡為金人殺掠殆盡。當金人未至時，公私所載，舳艫相接，運河自揚州至瓜洲五十里，僅通一舟。當初揚州城中聞報，出城者皆為舟為利。及金兵至，潮不應閘。它們都盡陷泥淖中。金人取之如拾芥，高宗之乘輿服御，以及官府案牘，無一留者。高宗真是險過剃頭，差點給金人捕獲。他至鎮江，宿於府治。宰相從官都建議幸杭州而未決，而聞禁衛涕泣，而且語言不遜。高宗怕軍心有變，就命中書侍郎朱勝非和立於階下的管軍左言出府廳傳旨問所以。這時衛士或坐或立，有涕泣的。朱勝非屬聲相問，回答是未見家屬。高宗即允分遣舟師專渡衛士妻孥。軍心才稍穩。是日，金兵過揚子橋。〔註3〕

　　癸丑（初四），金兵游騎至瓜洲，民未渡的尚有十餘萬，奔墮江上而死者

〔註3〕　《繫年要錄》，第二冊，卷二十，建炎三年二月壬子至癸丑條，頁402～405；
　　　　《宋史》，卷二十五〈高宗紀二〉，頁460；《金史》，卷三〈太宗紀〉，頁66、
　　　　74注10；《皇宋十朝綱要校正》，下冊，卷二十一〈高宗〉，建炎三年二月辛亥
　　　　至壬子條，頁614；趙鼎：《建炎筆錄》，頁101；《會編》，上冊，卷一百二十
　　　　〈炎興下帙二十〉，建炎三年二月三日壬子條，葉十上至十一上（頁880～881）。
　　　　據趙鼎所述，他在二月二十二日，雇舟泛錢塘江往衢州。

半之。不及過江的被金人驅而去。金帛珠玉，積江岸如山。因事出倉卒，朝廷儀物，盡被委棄。太常少卿季陵（？～1131後）獨奉太廟神主行，至瓜洲，敵騎逼近，負責的親事官李寶竟丟失了太祖神主。據朱熹（1130～1200）所記，官民渡揚州時，真折殺了人。過不了江的極度怨恨。當時人骨肉相散失，沿路都帖滿尋人榜子。客店都住滿，樹下都是人。這裡卻放了幾個隨高宗走的宦官。是日退朝，高宗召宰執從官及諸將商議去向。劉光世在高宗前指責王淵專管江上海船，每言緩急濟渡，決不誤事，現時諸軍阻隔，他所部數萬人，二千餘騎，皆不能濟，如何用命？王淵為了自辨，就殺了江北都巡檢皇甫佐，將海舟不備，諸軍留滯的責任推在他身上。劉、王二將互相推卸責任之餘，王淵又請高宗幸杭州，他獲得康履諸內臣之同意，高宗接受並派內臣出告宰執。

高宗在甲寅（初五）經常州。乙卯（初六）至無錫縣。在苗傅一軍的扈駕下於丙辰（初七）抵平江府（即蘇州，今江蘇蘇州市）。這時高宗才敢脫下介冑，穿上黃袍，而侍衛者才有生意。丁巳（初八），下詔慰撫揚州遷徙的官民。於此變故，高宗要向臣民交待，就在是日下詔罪己。戊午（初九），高宗準備離開平江，中書侍郎朱勝非自鎮江府來見，即命他充平江府秀州控扼使，控扼軍馬，命禮部侍郎張浚副之。己未（初十），高宗抵秀州。庚申（十一），高宗經崇德縣，江淮制置使呂頤浩從行，高宗即拜呂同簽書樞密院事、江淮兩浙制置使。令劉光世和楊惟忠並受節制。呂即以王淵所部精兵二千還屯鎮江府，命恩州觀察使張思正統之。又命御營中軍統制張俊以兵八千守吳江（即蘇州、平江府，今江蘇蘇州市吳江區），吏部員外郎鄭資之為沿江防託，監察御史林之平為沿海防託。仍以劉光世為殿前都指揮使充行在五軍制置使，駐鎮江，控扼江口。馬帥楊惟忠節制江東軍馬，駐江寧府。值得注意的是，當時宋廷方以金人渡江為慮，故命楊惟忠守江寧府，劉光世守京口，王淵守蘇州，分受二大臣節度。這時另一大將韓世忠在海道未還，而范瓊自壽春渡淮，引兵往淮西境上，扈駕者就惟有苗傅一軍。而御營左軍統制李安一軍也奉派為兩浙西路馬步軍副總管，鎮江府駐劄。就是這特殊的情況，造成苗傅和劉正彥可以在杭州發動兵變，不受他軍制約。據《中興紀事本末》引述汪伯彥的《時政記》所記，當時黃潛善等也有顧慮，說高宗已留朱勝非、張浚和王淵在平江，若更差張俊去，他們慮行在只有苗傅一軍，不但緩急有警，苗傅不可倚仗，兼恐無以相制，可慮非常。黃請留下張俊，庶行在不至誤事。但高宗不聽，而黃的憂慮

不幸而言中。〔註4〕

　　壬戌（十三），高宗一行抵達杭州，以州治為行宮，顯寧寺為尚書省。癸亥（十四），高宗朝群臣於行宮，高宗再一次手詔罪己。黃潛善等宰執各上疏請罪。乙丑（十六），降德音，赦雜犯死罪以下囚，放還士大夫被貶者，惟不赦李綱。己巳（二十），用御史中丞張澂（？～1143）之言，將黃潛善和汪伯彥雙雙罷相，黃出知江寧府，汪知洪州（今江西南昌市）。張澂陞為尚書右丞，戶部尚書葉夢得為左丞。壬申（廿三），呂頤浩派將渡江敗金餘兵，收復早在戊辰（十九）被金人焚燒搶掠一空而放棄的揚州。甲戌（廿五），宋廷再將黃、汪二人落職。乙亥（廿六），高宗也為陳東和歐陽澈平反。是日，召朱勝非往杭州，而留張浚守平江府。丙子（廿七），詔中外士民直言政事。這次「維揚之變」之始末，王曾瑜教授稱之為高宗的「維揚驚夢」，實在很準確。〔註5〕不過，高宗另一場噩夢又快到來。據《宋史》所記，高宗初至杭州時，久霖雨。占曰：「陰盛，下有陰謀。」當時他不料到那是示警苗傅和劉正彥不久為亂。〔註6〕

　　三月己卯朔（初一），天出現異像，日中出現黑子（按：《文獻通考》作白氣貫天）。但高宗並不以為意。庚辰（初二），高宗調整中樞人事，從平江府還朝的中書侍郎朱勝非以晡時入見，高宗特遷朱三官，為宣奉大夫為右僕射兼中書侍郎兼御營使，接替被罷的黃、汪二人。辛巳（初三），尚書左丞葉夢得罷，葉以往與朱勝非不睦，朱入相，加上為顏岐所沮乃罷。高宗以葉深曉財賦，就特除他提舉中太乙宮兼侍讀、提領戶部財用充車駕巡幸頓遞使。他辭不拜，徑歸卞山。葉想不到他被罷而讓他逃過一劫。同知樞密院事盧益（？～1139）為尚書左丞，未拜，復罷為資政殿學士。高宗最失策的是，卻是聽信康

〔註4〕　《繫年要錄》，第二冊，卷二十，建炎三年二月癸丑至庚申條，頁404～412；《宋史》，卷二十五〈高宗紀二〉，頁460～461；卷三百六十二〈朱勝非傳〉，頁11316；卷三百六十九〈王淵傳〉，頁11486～11487；《皇宋十朝綱要校正》，下冊，卷二十一〈高宗〉，建炎三年二月癸丑至戊午條，頁614；《宋史全文》，第四冊，卷十七上〈宋高宗三〉，頁1117；《朱子語類》，第八冊，卷一百二十七〈本朝一・高宗朝〉，頁3052；《中興紀事本末》，上冊，卷八上，建炎三年正月壬戌條，頁116。

〔註5〕　《繫年要錄》，第二冊，卷二十，建炎三年二月壬戌至乙亥條，頁412～420；《皇宋十朝綱要校正》，下冊，卷二十一〈高宗〉，建炎三年二月壬戌至丙子條，頁614；《宋史》，卷二十五〈高宗紀二〉，頁461；王曾瑜：《荒淫無道宋高宗》，第四章〈維揚驚夢〉，頁43～61。

〔註6〕　《宋史》，卷六十五〈五行志三・木〉，頁1423。

履等的意見，擢陞人望不孚的王淵，由御營都統制為同簽書樞密院事仍兼都統。王從平江府赴行在，既對，乃有是命。但諸將多不悅，而高宗竟不察。維揚之變，王淵大有責任，他卻竟然陞任兩府執政。同日，同簽書樞密院事呂頤浩為江南東路安撫制置使知江寧府。值得一提是，當年苗傅在信德府的上司梁揚祖，因既不渡江，又不赴行在，故被貶提舉亳州明道宮。不過，他沒有來杭州，卻是塞翁失馬，逃過一劫。壬午（初四），朱勝非留身奏事，他向高宗報告，察覺擢陞王淵，諸將不服，又說他記得武臣作樞臣，有免進呈及書押劄子故事。而王淵又兼御營都統制，於諸將尤有利害，他請罷王淵兼官，據故事免進呈、書押，以免眾論，勸高宗收回成命，高宗即詔王淵免進呈書押本院文字，只依執政恩例，但不預院事。高宗卻萬萬想不到，大錯已成。一直隨扈的兩員御營大將苗傅和劉正彥，對他寵信的王淵和內臣康履的怨憤已到臨界點，苗傅自負他是世將有勞，特別他是五代世將，家世勝過王淵，忿王淵驟然得高陞，而他不過是武功大夫、鼎州團練使，和王淵已拜節度使差了許多。朱熹算是厚道，他評說王淵也是善戰，卻沒有大功，不及當時諸老將，一旦拜簽書樞密，就人皆不服。至於那個無功無勞的入內內侍押班康履則已是宣政使、金州觀察使。而原為王淵所用的劉正彥怨他招降劇盜丁進而賞薄，另外，王淵又檄取所予劉之兵，劉堅持不予，以此怨之，這亦教劉不自安。高宗在揚州日，康履等內臣恣橫，不討好他們就不獲陞遷，而苗、劉二將尤其不甘。當高宗逃往杭州時，從行者就只是康履等五六人，於是高宗愈見親信，而康就愈有輕外朝之心。諸將皆嫉之，只是等機會發作。當高宗幸浙，道出蘇州，康履一黨競以射鴨為樂。到杭州後，在錢塘江下觀潮，康等供帳，帳設塞滿街，赫然遮道，軍士皆憤惋不平。苗傅等看在眼裡，就向部眾說，天子顛沛至此，康、王等竟敢如此不法。據朱勝非《秀水閒居錄》所記，王淵在正月間從揚州來杭州時，杭人都傳言他所裝的大船十隻，皆是囊橐。船上所載都是王淵建炎二年平陳通時殺奪富民家財。他先令陳通供出杭州富民所寄贓物，當盡殺陳通一黨後，就盡取其家貲，又以他所供的文字一一追究涉事的富民，違拒者亦殺之，所取之財物不可勝計。船中所載的就是這些奪來的財物。而內侍康履等搬家，舟亦數十隻。那時康履恃著得寵，威福由己出，相繼來到杭州後，其徒奪民居，強市民物，肆為橫暴，軍民皆憤怨不能平。王淵就以財賄康履等而獲進身。傅的黨羽張逵（？～1129）乘機激怒諸軍，說王淵為都統制，不能捍賊，而致此狼狽，前日先發金玉百船來，便有不守揚州之意。今高宗來杭州，王淵必來，行見杭

州又似揚州矣。若能殺王淵而取其物，並取內臣家計的，就人人可致富。眾人
一同為之，朝廷就不能遍加罪。苗傅等積不能平，就與其黨王世修（？～1129）、
張逵、王鈞甫（？～1129）和馬柔吉（？～1129）等謀起事。王鈞甫等皆燕人，
所將號「赤心軍」（即前述劉晏的赤心隊）。據《宋史‧趙良嗣傳》所載，趙良
嗣（？～1126）在收復燕京後，上書徽宗求致仕，就說他「頃在北國，與燕中
豪士劉範、李奭及族兄馬柔吉（按：趙良嗣本名馬植）三人結義同心，欲拔幽
薊歸朝，瀝酒於北極祠下，祈天為約。」而據《契丹國志》所載，馬柔吉就是
童貫所約的內應，令他結燕人開門迎降。至於苗傅的謀主是他的幕客王世修，
他是王能甫（疑為王鈞甫訛寫）兄子，以選人出身而在靖康末知鄭州滎澤縣，
以金兵不曾到而保得邑全，而李綱特予他改京秩，而成為苗傅幕賓（按：《繫
年要錄》及《宋史全文》等書均記王世修階為中大夫，中大夫是舊制秘書監改，
王只做到知縣後改京秩，應不可能授中大夫之階，疑誤記，或將他後來授工部
侍郎的階寫上）。他常疾康履等恣橫，他曾向尚書右丞張澂言之。但張不納，
他就退而說服了劉正彥共誅王淵然後殺康履等內侍。劉正彥說王世修所言甚
忠，當與他同去此輩。苗、劉二人計劃已定，就騙王淵說臨安縣有劇盜，欲出
兵捕之，意欲調虎離山，使王淵調其親兵出外。康履的從者這時得到黃卷小文
書，有統制作「田」、「金」字署於卷末，康履問此何謂，回答說軍中有謀變者，
以此為信號，從之者書其名於前。康履馬上密奏高宗，高宗命他至都堂諭朱勝
非，使召王淵為備。朱問康知其謀否？康說略知，他們期以明早集於天竺寺。
田和金一看就知指苗、劉二人，康以告王淵。卻不知那是苗、劉之計，以誤王
淵，讓他派部曲親兵出外。康履走後，朱即召王告之。日暮，王淵中計，派一
將將精兵五百人，使臣十人，伏兵於天竺寺側。是夜，城中驚惶，居民杜門不
敢出，俗號為沙魘，人們皆通夕不寐。〔註7〕

〔註7〕《中興紀事本末》，上冊，卷八下，建炎三年三月壬午條，頁122～123；《宋
　　　　史》，卷二十五〈高宗紀二〉，頁462；卷三百六十二〈朱勝非傳〉，頁11316；
　　　　卷三百六十九〈王淵傳〉，頁11487；卷四百六十九〈宦者傳四‧藍珪康履附〉，
　　　　頁13668；卷四百七十二〈姦臣傳二‧趙良嗣〉，頁13734；卷四百七十五〈叛
　　　　臣傳上‧苗傅〉，頁13803～13804；葉隆禮（？～1279後）（撰），賈敬顏（1924
　　　　～1990）、林榮貴（點校）：《契丹國志》（北京：中華書局，2014年1月），卷
　　　　十一〈天祚皇帝中〉，頁141；李心傳（撰），徐規（1920～2010）（點校）：《建
　　　　炎以來朝野雜記》（北京：中華書局，2000年7月），上冊，甲集卷十八，第
　　　　494條，「赤心忠毅忠順強勇義軍」，頁423；《宋史全文》，第四冊，卷十七上
　　　　〈宋高宗三〉，頁1120～1121；《皇宋十朝綱要校正》，下冊，卷二十一〈高宗〉，

二、平地驚雷：行在危城三月

　　建炎三年三月癸未（初五）是神宗忌辰。宋廷制以劉光世為殿前都指揮使。百官入聽宣制。此時，苗、劉等擐帶器甲，聲稱教閱，忽然把截街巷不放人行。另令王世修伏兵於城北橋下。當王淵退朝，就與劉正彥相逢，被苗、劉的伏兵捽下馬，指他結內臣謀反，劉正彥還親手殺死王淵，王淵死年五十三。朱熹對王淵被殺一節略有不同的描述。大概當日目擊者告訴朱熹，當天早上，人們只見街上「闐闐地」，人不敢開門。目擊者偷偷地從門隙窺視，但見人馬皆滿路，只見苗傅左手提著王淵的頭，右手提一劍以徇眾。一會兒，所有內臣逃在人家的夾壁躲藏的，也一齊被捉出來殺。苗、劉為何要殺掉王淵？除了嫉他無功陞官外，我以為王淵一眾一貫殺降奪寶的惡劣作風也刺激了苗、劉麾下自群盜招降的兵，其中有份招降的苗傅弟苗翊就難以釋懷，而燕人組成的赤心隊，更不免有兔死狐悲之感。《宋史》的編者也點出他平群盜時多殺降，而與康履深交，故致殺身之禍。殺了王淵，苗傅又即派兵包圍頭號目標的內臣康履第，另分兵搜捕其他作惡的內臣，甚至凡無鬚的人均殺之。苗傅跟著揭榜於市，指出他們發動兵諫的動機，文曰：

> 統制官苗傅謹伸大義，播告天下民庶、官吏、軍兵等：邇者大
> 金侵擾淮甸，皆緣奸臣誤國，內侍弄權，致數路生靈無罪而就死地，

建炎三年三月庚辰至癸未條，頁 614；朱勝非：《秀水閒居錄》，「佚文」，頁 370～373；《繫年要錄》，第二冊，卷二十一，建炎三年三月庚辰至壬午條，頁 424～429；《會編》，上冊，卷八〈政宣上帙八〉，宣和四年六月十二日己亥條，葉十上至十三下（頁 57～58）；下冊，卷一百二十五〈炎興下帙二十五〉，建炎三年三月五日癸未條引《秀水閒居錄》，葉一下至四上（頁 913～915）。李幼武（？～1172 後）（纂集）：《宋名臣言行錄・別集》，文淵閣《四庫全書》本，下卷二〈朱勝非　忠靖公〉，葉十七下至十八上；馬端臨（1254～1323）（著），上海師範大學古籍研究所暨華東師範大學古籍研究所（點校）：《文獻通考》（北京：中華書局點校本，2011 年 9 月），第十二冊，卷三百〈物異考六・白眚白祥・天雨毛地生毛〉，頁 8186；《朱子語類》，第八冊，卷一百二十七〈本朝一・高宗朝〉，頁 3052；《揮麈錄》，後錄卷九，第 268 條，「王廷秀《閱世錄》載明受之變甚詳」，頁 149。考《繫年要錄》、《宋史全文》和《宋史・王淵傳》均說王淵「輕財好義，家無宿儲」，又記他每說「朝廷官人以爵。使祿足代其耕也。若切切事錐刀，愛爵祿。我何不為大賈富商耶？」又記高宗在應天府時，聞王淵在疾，派內臣曾擇問疾。曾還，說王的帷幔茵褥皆不具，於是高宗輒所御的紫茵賜之。其實苗傅一定要殺的曾擇顯然和王淵勾結，受他的賄賂而為他說假話，而為王淵貪財掩飾。他若非獻財帛交納康履等，他們焉會推薦他陞官。

數百萬之金帛悉皆委棄，社稷存亡，懸於金人之手。今此大臣、內侍等不務修省，尚循故態，為惡罔悛，使民命皇皇，未知死所。進退大臣，盡出閽寺，賞罰士卒，多自私門。金人去住罔測，朝廷安然坐視，又無措置，即日兩浙之民，遂有維揚之禍。嗟爾士庶，興言及此，寧不傷感？朝廷微弱，未能明正典刑。天其以予為民除害，應大臣罪惡顯著，及內侍官等，並行誅戮。期爾士庶，一德一心，共圖中興之業。慎無生疑，以致後患。本為生靈，別無所希。爾等若獲安居，傅等赴死未晚。昭示此心，誠貫白日，宜相訓告，以信萬方。

這篇寫得擲地有聲的檄文，似乎出於王世修的手筆。苗、劉二人揭著王淵首級，引兵直犯行宮北門外。守衛宮門的衛士亮出兵刃，當時中軍統制吳湛（？～1129）守宮門，他其實早就和苗暗通。宮門尚閉時，尚書右丞張澂方留身曲謝，康履已收到急變消息，他奏稱有軍士於通衢要攔截行人，就馳馬逃免。高宗召朱勝非等告之，朱說吳湛在北門下營，專委伺察非常，今有報否？高宗說無報。很快吳湛就派人口奏，說苗、劉手殺王淵，領兵入內奏事。朱說既殺王淵，反狀已著，他說請往問之。及門，吳湛迎語曰，說人已逼，門不可開。朱就與張澂與門下侍郎顏岐、簽書樞密院事路允迪急趨城樓上。這時苗傅、劉正彥、王鈞甫、馬柔吉、王世修和張逵等介冑立於樓下，以竹竿梟王淵首。朱勝非趨樓上，厲聲詰問專殺之由。苗、劉二人仰首對朱說，王淵渡江敗事當誅，卻除樞密。黃潛善和汪伯彥作相誤國卻行遣極輕，康履、曾擇陵侮將帥，人人切齒。朱說王淵確有罪，但二人安得專殺？黃、汪二人貶責自有次第，康曾二人作過而高宗不知。他會陳奏，要二人速率軍回營。但二人不肯，並叫權主管殿前司公事王元（？～1130後）登樓，大呼高宗來。和二人相通的中軍統制吳湛引苗傅所派使臣入內，附奏說：「苗傅不負國家，止為天下除害耳。」知杭州康允之見事急，就率從官扣內東門求見，請高宗上御樓，慰諭軍民，不然無以止變。稍後高宗獨召允之入。日將午，高宗步自內殿，登闕門，即杭州雙門，百官皆從。王元大呼聖駕來，苗傅等見到高宗，仍山呼而拜。高宗憑欄，問苗、劉二人何故兵變。苗傅就厲聲說出眾多將士的心聲：

陛下信任中官，賞罰不公，軍士有功者不賞，內侍所主者乃得美官。黃潛善、汪伯彥誤國至此，猶未遠竄。王淵遇敵不戰，因交康履，乃除樞密。臣自陛下即位以來，立功不少，顧止作遙郡團練使。臣已將王淵斬首，中官在外者皆誅訖，更乞康履、藍珪、曾擇

斬之，以謝三軍。

苗傅所言，都是事實，若非高宗寵信宦官，賞罰不公，弄成維揚之變，苗、劉二人一直隨扈，未必會冒險發動兵變。可高宗仍然說內侍有過，當流他們海島，而叫苗等罷兵，軍士歸營。當苗不肯，說今日之事盡出他之意，三軍無預焉。他說「且天下生靈無辜，肝腦塗地，止緣中官擅權，若不斬履、擇，歸寨未得。」高宗又改口說知他們忠義，已除苗傅慶遠軍承宣使御營使司都統制，劉正彥渭州觀察使御營使司副都統制，軍士皆放罪。但苗傅不退，其下揚言說，他們等欲遷官，只須牽兩匹馬與內侍，何必來此？據王明清所記，這時有一內臣驚懼走入學士院，卻自剄不死，臥於前廊。高宗問百官計將安出。浙西安撫司主管機宜文字時希孟和軍器監葉宗諤都主張順從苗傅之意，交出元凶康履，以慰三軍。葉宗諤說高宗何惜一康履以慰三軍。高宗不肯，說豈可因叛將勒兵向闕便交中官給他們殺之。杭州通判章誼越班斥時希孟，問三軍何義，想鼓亂乎？時希孟卻立屏息。過了良久，苗傅兵仍不肯退。高宗雖嘉許章誼敢說話，卻對苗、劉二人之要求不得不從，命吳湛捕得康履於清漏閣仰塵上，將康履交給苗傅。苗對此與其父苗履同名的惡閹毫不留情，即在樓下腰斬之，並梟其首及臠其肉，和王淵的首級相對。康履既死，高宗諭苗等歸寨。但苗等因前出不遜語，苗傅屬官張逵更說民為貴，社稷次之，君為輕，又說天無二日。苗等又說高宗不當即位，將來欽宗回來，如何以處。高宗命朱勝非縋出樓下，委曲諭之。苗傅提出請孟太后同聽政，及派人使金人議和。高宗被迫，只好下詔，請孟太后垂簾權同聽政。百官皆出門外，但苗、劉二人聞詔不拜，又提出立皇太子，高宗退為太上皇。群臣均不肯接受，但刀斧在前，高宗君臣只好將退位之事交由孟太后議定作為下台階，而命吳湛諭苗、劉等。據載是日北風勁甚，門無簾帷，高宗移御顯寧寺中，他坐一竹椅，又無藉褥。另一方面，百官方出宮，已見道傍臥尸枕籍，都是內侍。是日凡是入直在內的內臣均被殺。據陸游的記載，這場苗劉之變，內侍遇害至多，有秦同老者，自揚州奉命至荊楚，兵變前一日還行在，尚未得對便被殺。另一個名蕭守道的內侍，日侍高宗左右，忽然得罪，絀為外郡監當官，在兵變前一日出城，卻因禍得福而倖免。〔註8〕

〔註8〕《宋史》，卷二十五〈高宗紀二〉，頁462；卷三百六十二〈朱勝非傳〉，頁11316；卷三百六十九〈王淵傳〉，頁11487；卷三百七十九〈章誼傳〉，頁11685；卷四百六十九〈宦者傳四・藍珪、康履〉，頁13668～13669；《繫年要錄》，第二冊，卷二十一，建炎三年三月癸未條，頁429～431；卷二十二，建炎三年四

　　當孟太后被請登御樓時，苗、劉二人拜於輿前，說今日百姓無辜肝腦塗地，望太后為天下主張。孟太后即為高宗責任辯白，說自徽宗任蔡京（1047～1126）、王黼，更祖宗法度，童貫起邊事，所以招致金人，養成今日之禍，並不關高宗事。況高宗初無失德，止為黃潛善、汪伯彥所誤，今已竄逐。她說苗傅豈不知？苗傅卻堅持說他們已議定高宗須退位，豈可猶豫。孟太后說願依所請且權同聽政。傅等抗言，必欲立皇子。孟后說以承平時此事猶不易，況今強敵在外，皇子幼小，決不可行。不得已當與皇帝同聽政。劉正彥堅說，今日大計已定，有死無二，望太后早賜許可。孟太后說皇子方三歲，她以婦人之身，簾前抱三歲小兒，何以令天下？夷狄聞之，豈不轉加輕侮？但苗傅、劉正彥號哭固請。孟后不聽，苗傅和劉正彥並呼其眾曰，太后不允所請，吾當解衣就戮，遂作解衣袒背之狀。孟太后最後責備二人，抬出二人家世，說「統制名家子孫，豈不明曉今日之事實難聽從。」苗傅繼續相迫，說三軍之士，自早至今未飯，事久不決，恐生他變。苗又顧朱勝非說相公何無一言？今日大事正要大

月甲寅條，頁 487；《宋史全文》，第四冊，卷十七上〈宋高宗三〉，頁 1121～1122；鄭毅（撰），鄭明寶（整理）：《建炎復辟記》，載朱易安、傅璇琮（主編）：《全宋筆記》第三編第五冊（鄭州：大象出版社，2008 年 1 月），頁 216～218；朱勝非：《秀水閒居錄》，「佚文」，頁 373～375；《會編》，下冊，卷一百二十五〈炎興下帙二十五〉，建炎三年三月五日癸未條引《秀水閒居錄》，葉四下至九上（頁 915～917）；卷一百二十七〈炎興下帙二十七〉，建炎三年三月盡其月條引《建炎復辟記》，葉一上至九上（頁 923～927）；《朱子語類》，第八冊，卷一百二十七〈本朝一‧高宗朝〉，頁 3052；王明清：《揮麈錄》，後錄卷九，第 268 條，「王廷秀《閱世錄》載明受之變甚詳」，頁 148～149；魏了翁（1178～1237）：《鶴山集》，文淵閣《四庫全書》本，卷一百八，「霸陵帝臨廟」條注，葉二十三下；劉時舉（？～1244 後）（撰），王瑞來（點校）：《續宋中興資治通鑑》（北京：中華書局，2014 年 5 月），卷二，頁 30～32；陸游（1125～1210）（撰），李劍雄、劉德權（點校）：《老學庵筆記》（北京：中華書局，1979 年 11 月），卷一，頁 1。考《建炎復辟記》的作者，《全宋筆記》的整理者仍作無名氏撰。好友顧宏義教授在 2021 年的專著已考出作者是時任右諫議大夫的鄭毅，惟顧氏認為書末述及韓世忠「後釋其爵位，謙和自守，以終天年」之句，疑為鄭毅後人所撰或補述。參見顧宏義：《宋代筆記錄考》（北京：中華書局，2021 年 1 月），中冊，「建炎復辟記」條，頁 714～716。又《建炎復辟記》記苗傅等以兵士守王淵之門，而淵兵隨之。王淵見士卒皆甲冑，仍不悟，問為何披甲？語未終，就被飛兵斷其首。這與群書說劉正彥手殺王淵不同。又一內臣逃入學士院，自殺不成臥於前廡的事，不知為何，也為晚宋的道學家魏了翁所引述。又據陸游所記，據臨安父老所言，王淵被殺於朝天門外，即今都進奏院前。惟宋人的日曆和諸臣的記錄均不書，只說王死於路衢。至於邵彪所記，說王死於家中，更是不確。

臣果決。朱勝非不能對。顏岐這時上前來奏，說高宗已令他奏知，已決意從苗傅所請，乞太后宣諭。孟后仍然不允。苗傅等語言益迫，太后還入宮門。高宗遣人白以事無可奈何，須禪位。朱勝非泣說他要下樓以死相詰。但高宗附耳密囑他當為後圖，遂命朱勝非以四事約束苗傅：

一曰尊事皇帝如道君皇帝故事，供奉之禮務極豐厚；二曰禪位之後諸事並聽太后及嗣君處分；三曰降詔畢，將佐軍士即時解甲歸寨；四曰禁止軍士無肆劫掠殺人縱火。如遵依約束。即降詔遜位。朱勝非傳達此諭後，苗傅等找到下台階，皆曰諾。高宗即命兵部侍郎權直學士院李邴（1085～1146）草詔。李請得高宗御札而後敢作。詔書隨即派人持下，宣示苗、劉二人。朱勝非至樓下，呼苗之幕屬將佐問之，朱勝非問二將之舉，諸軍知否。回應說知道。朱再問此事出於忠義為國，還是別有所圖。回應說他們是忠義為國，欲定和議。當朱說金人興兵，近在江岸，和議成否固未可知。眾人就說由朝廷措置。這時苗的參議官王鈞甫出來說，苗、劉二將忠有餘而學不足耳，仍力稱二人忠心無他。朱就說若他們真的忠於國家，別無奸謀，自今以後，就要循守法令，聽朝廷指揮。朱宣詔畢，苗、劉二人麾其軍退，移屯祥符寺。以甲士守城門，禁命官和婦女出城，除非得其手判狀。而守闕甲士因物色邀阻險校篋笥攘取之。無鬚者乃被執，久之方得釋放，人情更不安。至於高宗則只好步行返禁中。據載高宗獨召朱勝非至後殿，高宗承認康履、曾擇凌忽諸將，至於馬前聲諾，或倨坐洗足，使諸將立於前，是致禍之由，朱說康履和曾擇必有所求，求而不得則怨矣。朱又說剛才王鈞甫說二將忠有餘而學不足，這正是二人的弱點。朱又請從苗傅開始，仍與其徒每日引一人上殿，以釋其疑。孟太后後對高宗說，幸而相朱勝非，若仍是黃、汪二人就大事已去。孟太后後來當苗傅入對時，都勞勉之。苗、劉等皆喜，由是臣僚獨見論機事，苗、劉二人都不疑。是日，高宗移駕顯忠寺。〔註9〕

苗、劉兵變發展到這裡，已從誅殺王淵及康履，以慰軍心民心，發展到迫高宗退位，以至要派人和金人議和。為何苗、劉二人不乾脆殺掉高宗，自立為王，又或是挾天子以令諸侯？而要繞一個圈由孟太后聽政？苗、劉二人是何心

〔註9〕《繫年要錄》，第二冊，卷二十一，建炎三年三月癸未條，頁432～434；《宋史全文》，第四冊，卷十七上〈宋高宗三〉，頁1123；《建炎復辟記》，頁219～221；朱勝非：《秀水閒居錄》，「佚文」，頁375；《宋史》，卷二百四十三〈后妃傳下・哲宗昭慈孟皇后〉，頁8635；卷三百六十二〈朱勝非傳〉，頁11316～11317；卷三百七十五〈李邴傳〉，頁11606。

態？群書均記苗傅自負世將，不甘屈居於王淵之下。而孟太后又特別稱他們是名家子孫。許多人都忽略了世將和名家子孫這點，考在高宗諸將中，和苗傅同樣出於幾代將家的，只有劉光世和郭仲荀可以和他相比，其餘韓世忠、張俊以至王淵都起於行伍。至於劉正彥，父為西邊名將劉法，雖然不及苗傅家世顯赫，但他也一樣以世家自負。苗、劉二人身負名家之後，他們怎樣也不願被人視為叛臣，而如其徒王鈞甫所說，一心以忠臣自居，而不想敗壞得來不易的幾代將門家聲。他們總希望這場兵變能有一個好的結果，可惜二人及其黨太天真了，不是魚死就網破，這場兵變已沒有回頭路。

甲申（初六），孟太后與高宗子魏國公旉垂簾。朱勝非稱疾不能出。太后命執政詣其府，他才肯出。是日，群臣上高宗徽號曰「睿聖仁孝皇帝」，大赦天下，以顯忠寺為睿聖宮，留下內侍五十人，其餘內臣送諸州編管。高宗被尊為「睿聖仁孝」實在是極大的諷刺，他沒有吸收乃父徽宗寵信內臣而致亡國的教訓，繼位後偏深寵康履這幾員無知兼狂妄的內臣，而開罪了他所要倚靠的武將。而一直長期扈從在旁的御營大將苗傅的心態如何，他竟一無所知。當蕭牆禍起時才知道軍心已失。在苗、劉控制下，以新君魏國公旉名義發出第一度制文和詔書：

> 朕以幼沖之資，承傳序之休。比者大國侵凌，奄至淮甸。太上睿聖仁孝皇帝以權宜之計，駐蹕吳江，深慮敵人指為釁隙，興師內侵，結禍彌深，濫使無辜肝腦塗地。上畏天戒，下失生靈，發於至誠，匪由勤請，退避大位，傳於眇躬。隆祐太后德厚母儀，道侔坤載，練達國家之務，深得臣庶之情，恭請垂簾，同聽政事。眾志既定，寶祚維新，宜需湛恩，以宥多辟。可大赦天下。

> 詔曰：王淵身為都統制，車駕駐蹕維揚，金人輕兵前來，並無措置，斥堠不明，致倉猝南渡，士民肝腦塗地，宗廟傾危，及交結內侍康履等，並已正典刑。令尚書省出榜曉諭。

孟太后又以尚書右丞張澂權中書侍郎，兵部侍郎權直學士院李邴為翰林學士，起居郎張守試中書舍人仍權直學士院。在外的王淵麾下兩員大將韓世忠加捧日天武四廂都指揮使、御營使司專一提舉一行事務都巡檢使，張俊亦加捧日天武四廂都指揮使，命他以三百人赴秦州，二千人付統制官陳思恭，一千人付楊沂中留蘇州把守，餘令以次統領官管押赴行在。自然，韓、張二人不會聽令於苗、劉。丙戌（初八），在平江府的禮部侍郎張浚及在江寧府的呂頤浩，

均先後收到後來為岳飛申冤、大名鼎鼎的宗室南外宗正事趙士儇（？～1153）派其長子趙不凡的蠟書密報，知悉苗、劉叛變之詳。以呂、張為首的一場勤王和平叛之鬥爭即將展開。〔註10〕

丁亥（初九），宋廷除了加東京留守杜充為資政殿大學士，節制京東西路外，又以東京副留守郭仲荀為昭化軍節度使。另外，孟太后也對苗、劉的部屬加官，以安撫他們。其中御營都統制司參議官王鈞甫為右文殿修撰，馬柔吉、王世修、張逵並直龍圖閣。據朱勝非說，王鈞甫來見他，朱試探地問當日在樓下，王為何言苗、劉學不足？王回答說，好像如劉正彥手殺王淵就是，因軍中亦有以為非者。朱說王必以為苗不對。這回王就唯唯不答。朱察其意已喻，就不再問下去。朱又說徽宗待燕士如骨肉，一旦兵難，竟無一人能效力的。古人說燕趙多奇士，似是虛語。但王回答說，不可謂燕無人，只謂朝廷未剴得腳。朱接著說宋廷未剴得腳，只未可與金人角力，自治豈無良策？朱說以高宗天資英睿，春秋鼎盛，尚且剴不著腳。金營近在江北，孟太后抱疾臨朝，將來秋深，事當如何？王說這確是可憂。朱乘機進言，說王與馬柔吉都是燕地知名人，曾獻策欲滅遼，現時金人所信任的多是遼舊人。若金人能渡江，則一定先收拾他們。他勸王等當早為朝廷效力，為他們剴腳之謀。朱這番志在分化苗、劉部下的話，王聽罷就只唯唯而去。這時呂頤浩和部下商議內禪詔書，認定高宗遜位而兵變所致，就往杭州觀察，並且寓書張浚和劉光世。同日，也有人從杭州來，持苗、劉二人之檄文至。張浚收到後，據他的行狀所說，他當眾慟哭，雖然平江府兵少，也決策舉兵，急召知平江府湯東野（？～1136）和兩浙提點刑獄趙哲來，喻以忠義，二人感激願助，因秘其事，而以急切防江為名，令趙哲盡調浙西弓兵，又令湯東野密治財計。〔註11〕

〔註10〕《繫年要錄》，第二冊，卷二十一，建炎三年三月甲申至丙戌條，頁435～436；《宋史》，卷二十五〈高宗紀二〉，頁462；卷二百四十七〈宗室傳四‧趙士儇〉，頁8753～8754；卷三百六十七〈楊存中傳〉，頁11434；卷三百六十九〈張俊傳〉，頁11471。考趙是擁戴高宗的第一批宗室，以功封光山軍節度使，扈隨高宗南幸。他論黃潛善等誤國，被黃斥之，出為南外宗正事。苗劉兵變，他易服入杭州，他命長子趙不凡以蠟書遺張浚，又遺書呂頤浩。勉其與張浚同濟國難。當苗、劉下旨貶張浚，他又遺書張浚，說朝廷無他意，只是讓苗、劉不疑。亂平，他以功加檢校少保，除知知大宗正事。他是少數為岳飛申冤的宗室，以此被秦檜貶居於建州十二年而卒。高宗哀之，贈太傅，追封循王。

〔註11〕《繫年要錄》，第二冊，卷二十一，建炎三年三月丁亥條，頁437～438；《宋史》，卷二十五〈高宗紀二〉，頁462；卷三百六十二〈朱勝非傳〉，頁11317；《建炎復辟記》，頁222；朱勝非：《秀水閒居錄》，「佚文」，頁375～376；《中

　　戊子（初十），苗、劉二人以孟太后之命，以王孝迪（？～1140）為中書侍郎，盧益為尚書左丞。二天後，即以二人並充奉使大金國信使，而以武臣忠州防禦使辛道宗及永州團練使鄭大年為副使。是日，王世修召對簾前。同日，張俊以兵八千至平江府。統制官辛永宗（？～1149後）從杭州乘小舟至張俊軍中，具言城中事。張軍將士洶洶，張俊諭之，說會往張浚處就決。二張見面，張浚告訴張俊，高宗遜位是苗傅等欲危社稷。二人大哭表態後，張俊就說他遍喻諸將校，都表示請張浚作主。不久，辛永宗和趙哲到，辛對張浚說，苗傅每事都取決王鈞甫、馬柔吉。苗素乏心機，而劉正彥則輕踈。他說聞知張浚舊識王鈞甫，請先以書離間二人，然後徐圖之。張浚用其說，即同趙哲馳入張俊軍，撫諭且給張俊軍衣糧并及其家，如此厚犒下，人情大悅。張浚又以蠟書諭呂頤浩和劉光世，約以起兵，又命張俊先遣精兵二千扼守蘇州。〔註12〕

　　當張浚等已密謀起兵時，在杭州的苗、劉卻懵然不知。朱勝非看穿王世修可以利動，就許以從官。王果然上當，以為可以趁此機會建立功名，他表示無意從軍，因循至此，朝廷若有除授，固所願。這時苗傅請改年號，在王世修的往來傳達下，孟太后從提出的明德和明受二字選取後者。己丑（十一），詔以建炎三年三月十一日為明受元年。這時劉正彥請移駕建康府。朱勝非趁向孟太后表示不同意移駕建康府時，就向孟太后指出「臣近款二兇，皆兇愚無英氣。鈞甫、世修皆有悔意，未敢深詰，但以利動之，約其再來。」孟太后又密告朱，宮中的內夫人張夫人可使從中聯絡高宗。朱又從苗傅的統領官張昕處知悉，張逵當初許諾殺王淵及眾內侍後，人人可致富。但後來所得不副所聞，人有悔意。數日來，小校有遁去的。他請由張夫人告訴高宗此變化。他又說這個張昕本秦州人，本為王淵部曲，後在苗傅軍中，以劉正彥殺王淵，故極恨之。苗傅等正在改年號時，張浚已和眾人商議好，以好言安撫苗、劉

　　　　興紀事本末》，上冊，卷八下，建炎三年三月丁亥條，頁 126；朱熹（1130～
　　　　1200）（撰），郭齊、尹波（點校）：《朱熹集》（成都：四川教育出版社，1996
　　　　年 10 月），第八冊，卷九十五上〈行狀・少師保信軍節度使魏國公致仕贈太
　　　　保張公行狀上〉，頁 4808。
〔註12〕《繫年要錄》，第二冊，卷二十一，建炎三年三月戊子條，頁 438～441；《中
　　　　興紀事本末》，上冊，卷八下，建炎三年三月壬辰條，頁 128；《朱熹集》，第
　　　　八冊，卷九十五上〈行狀・少師保信軍節度使魏國公致仕贈太保張公行狀上〉，
　　　　頁 4808～4809；《宋史》，卷三百六十一〈張浚傳〉，頁 11298；卷三百六十九
　　　　〈張俊傳〉，頁 11471。

二人，他以手書遺二人說他久病無聊，每日思趨行在，只為靳賽人馬過平江，平江的人各不安居，不容他出城，待事畢他便登程，他又說：「太母垂簾，皇帝嗣位，固天下所願。向所慮者，宦官無知，時撓庶政。今悉戮其無狀者，最快人望，惟睿聖退避一事，若不力請，俾聖意必回，與太母分憂同患，中興之業，未易可圖。二公忠義之著，有如白日，若不身任此事，人其謂何？浚愚拙，死生出處，當與二公同之。」張浚一面欺騙苗、劉，一面計算張俊和韓世忠會效死，而呂頤浩屯兵江寧府，威望為人所信，況且他通亮剛決，能斷大事，由他倡導，加上劉光世屯軍鎮江，兵力強悍，可以倚仗。而呂頤浩在江寧收到明受改元詔赦後，他會同監司官員議，眾人皆不敢說話。呂就說必定有兵變。其子呂抗也說高宗春秋鼎盛，而徽欽二帝蒙塵，早晚盼望高宗來救，怎肯忽然傳位於幼子，一定是兵變無疑。於是呂頤浩就馬上派人致書張浚，說時局如此，他們應有所作為。在張浚聯絡，呂頤浩首肯下，各路勤王人馬已整師待發。〔註 13〕

　　值得一提的是，據劉宰（1165～1239）《京口耆舊傳》所載，此刻張浚作出明智的決定，還得力於他的屬下丹陽人邵彪的意見。邵還拆穿苗、劉騙張浚入杭的陰謀，叫他萬不可挺身而入。〔註 14〕可說明受改元之日，正是兵戈將

〔註 13〕《繫年要錄》，第二冊，卷二十一，建炎三年三月己丑條，頁 441～442；《建炎復辟記》，頁 222～223；《朱熹集》，第八冊，卷九十五上〈行狀・少師保信軍節度使魏國公致仕贈太保張公行狀上〉，頁 4809～4810；《宋史》，卷三百六十二〈呂頤浩傳〉，頁 11320；卷三百七十八〈寧止傳〉，頁 11675。當苗劉兵變時，兩浙轉運判官寧止就分別去鎮江和建康見呂頤浩和劉光世，勉以忠義，他退而具軍須以佐勤王。

〔註 14〕劉宰：《京口耆舊傳》，文淵閣《四庫全書》本，卷三，葉十下至十二上。據是書所記，邵彪字希文，北宋仁宗朝名臣邵亢（1014～1074）後人。他登宣和三年（1121）進士第，歷任崑山縣簿及登州教授。原注記《呂忠穆勤王記》作《密州邵氏錄》為邵彪所撰，《勤王錄》作登州，後敘邵彪履歷作楚州，未知孰是。據載當邵彪秩滿返丹陽，聽到苗傅、劉正彥之變，他便往平江見張浚。張浚問計於他，邵彪說以至順誅大逆，易於反掌，就看張浚怎樣做。張浚說今日張俊自誓以死援君父之辱，而韓世忠有仗節死難之志，二將可倚以成功，只是他綿力，士卒單弱，怕不足任茲事。而時官簽書樞密院事的呂頤浩，駐兵江寧，志在靖難，威望為人所信，當為天下倡。邵彪即說兵貴神速，此行當有迅雷不及掩耳之勢。但呂頤浩在數百里外，奈何？張浚就說呂見事明而剛決，聞國家之急，必奮義而起，何患不速？邵就留在張幕下，一時密謀多所參預。張浚顧慮苗、劉二人計窮生變，就派遣辯士馮轎入說，以觀其意。據載苗、劉二人傾心附結，授馮轎奉議郎、尚書兵部員外郎，賜五品服（案原書注，《宋史・苗傅劉正彥傳》，馮轎初往說二凶反正，傅按劍瞋目視轎，正彥解之之日，須張侍

起之時。

　　孟太后和朱勝非等繼續誆騙他們認為是素無心機和輕踈的苗傅和劉正彥。改元明受翌日（庚寅，十二），百官朝謁於睿聖宮，苗傅自慶遠軍承宣使、御營使司都統制建節為武當軍節度使，劉正彥自起復渭州觀察使（大概喪母）、御營使司副都統制為武成軍節度使。制文都出於翰林學士李邴之手筆。右諫議大夫鄭毅（1080～1129）所撰《建炎復辟記》載其制文全文，苗傅之制文為：

> 功多厚賞，既衛社稷以勤王家；輔周者強，宜登壇而建上將。朕欽承慈訓，躬受寶圖，投艱於身，凜若淵水之未濟；注意於將。庶幾柱石之扶危。爰輯群功，宣颺大號。具官苗傅，姿材英特，器宇雄深。洞將略之五權，心達玉璟之秘；習兵家之三陣，世推虎落之勳。比總制於天營，克訓齊於貔虎。軍師整肅，號令靜嚴。豈惟高護佑之功，固以茂綏懷之略。屬邊隅之未靜，慨國步之多艱，奮不顧身，義形於色，憤嫉姦慝，大刑既正於國章；扶獎阽危，嘉績遂書於廟社。顧酬庸之未稱，豈詔爵之敢忘？推轂受命，任總十連之長；分茅胙社，榮開四履之封。并實戶田，厚加轅賦。於戲！有嚴翼以共武服，予亦並賞於勳多；無寵利以居成功。爾則永膺於茅祿，往只明訓，益戒壯猷。可特受武當軍節度使，依前御營使司都統制，進封武功縣開國子，食邑五百戶，實封二百戶。」

劉正彥之制文為：

> 威武，文德之輔助，人主所以選任於英豪；忠義天下之節概，君子所以扶持於社稷。乃建利閫之將，久欽武服之共。比建奇謀，克宣忠力。方序功而詔爵，宜發號以揚庭。具官劉正彥，氣暴以剛，

郎來乃可。轍既歸，又遣至臨平，與傅等議。傅曰：爾尚敢來耶？欲拘轍。及勤王兵大集，二凶乃與轍議復辟。此書云傅正彥傾心附結，證之《宋史》當在大兵既集之後。又此書稱授轍尚書兵部員外郎賜五品服，《宋史》闕書）。苗、劉遣還馮通誠於張浚，張浚以馮轍言告訴邵彪，說苗、劉二人現甚悔過，且懼被誅，請張浚挺身入觀，朝廷可不煩兵而定，於計如何？邵彪說一定是有姦人，謀沮軍以惑眾者。張浚不要入杭，入則俎上肉耳。張浚喜說誠哉是言，他說自己心如山嶽，不可言也。當苗、劉被誅後，邵改奉議郎、國子監丞，尋被張浚辟為江淮招討使司幹辦公事，從平李成，還轉朝奉郎幹辦行在諸軍糧料院，出知泰州，移楚州兼營內安撫，後以耳聵告老卒於家。邵彪以文受知當世，苗、劉之誅，李成之滅，皆有紀載。他字畫端勁，能世其家。按本書所記之事，與群書所記略同，惟沒有提及邵彪之作用。

智周以敏，襲弓冶、箕裘之緒，豈止讀其父書？保山河帶礪之銘，固已載之盟府。蓋以武賢之世胄，永懷定邊之壯圖，折衝獨運於奇兵，緩帶惟稱於儒將。屬邊隅之震擾，慨國步之阽危。首陳大義之公，亟斷巨姦之戮。刑章昭著，邦祚妥安。惟才大而志益謙，顧功高而賞弗稱。麾旌導節，授北國之成師；輿地按圖，祚東方之樂土。贊書作命，血食衍封，以彰徇國之勤，以迪懋官之勸。於戲！敏我公而錫祉，既嗣續於前人，守爾典以承休，宜對揚於朕命。益兼忠藎，用濟艱難。可特授武成軍節度使，依前御營副統制，進封彭城縣開國子，食邑五百戶，實封二百戶。〔註15〕

值得注意的是，在這兩道制文，除了表揚二人誅殺王淵等之功勞外，劉正彥的制文還特別表揚他的「襲弓冶、箕裘之緒，豈止讀其父書？保山河帶礪之銘，固已載之盟府。蓋以武賢之世胄，永懷定邊之壯圖」的將門家世。二人這次獲得其祖苗授和其父劉法所授的節度使顯職（按：苗傅父苗履有否建節不詳）。只是宋廷沒有進一步加他們像張俊、韓世忠所獲授的軍職。

宋廷同日授劉光世為太尉淮南制置使，范瓊加慶遠軍節度使湖北制置使。據載這番任命出於苗、劉之意，因二人素畏劉光世，又知其與韓世忠和張俊舊不平，欲高陞劉來離間之，使為己用。另也知范瓊素跋扈，至是他引兵屯淮西，故首擢之。另外，又加建武軍節度使楊惟忠為檢校少保，並召呂頤浩赴樞密院供職，命呂以其兵屬楊惟忠。再以張浚試禮部尚書，以所部赴行在。苗、劉二人又以其黨御營中軍統制吳湛主管侍衛步軍司公事。吳與二人合領中軍寨於宮門前，建議除執政侍從外，餘人悉於中軍寨門下馬，使悍卒持梃呵問，人皆畏之。殿中侍御史王庭秀（？～1136）再上疏於朝，才稍為收斂。在苗、劉主導下，兩名禍國佞臣黃潛善和汪伯彥再責秘書少監，黃衡州（今湖南衡陽市）居住，汪永州（今湖南永州市）居住。就在同日，金兵攻陷西邊重鎮鄜州（今陝西延安市富縣）。〔註16〕

〔註15〕《繫年要錄》，第二冊，卷二十一，建炎三年三月庚寅條，頁 444～445；《建炎復辟記》，頁 223～224。

〔註16〕《繫年要錄》，第二冊，卷二十一，建炎三年三月庚寅條，頁 445；《建炎復辟記》，頁 224；《宋史》，卷二十五〈高宗紀二〉，頁 463；卷三百六十二〈呂頤浩傳〉，頁 11320～11321。考苗、劉二人召呂頤浩赴行在供職，呂也有他的計算。他以江寧士民人心惶惶，就檄楊惟忠留屯以安人心。最重要的是，他顧慮萬一苗傅計窮，會挾持高宗從廣德縣（今安徽宣城市廣德市）渡江，於是戒楊惟忠先為控扼防備。不過，苗傅卻沒有渡江的打算，呂是高估了苗的謀略。

　　辛卯（十三）（按〈張浚行狀〉繫於十二日），張浚派出身太學，與他有舊而有辯才，年已四十餘的遂寧府人馮輯（馮康國，約1087～1142）往杭州，張浚寫咨目，請高宗親總要務事稟朱勝非，同時，他又寫信給苗傅和劉正彥，勸他們以事當改圖，不宜固執，要他們讓高宗重新執政。他又分化苗劉集團，寫信給馬柔吉、王鈞甫，大略云：「浚與二公最厚，聞苗廣道（即苗傅）、劉子直（即劉正彥）頗前席二公，事每計議而行，今日責在二公。浚初聞道路傳餘杭事，不覺驚疑，繼聞廣道、子直實有意於宗社大計，然此事不反正，終恐無以解天下後世之惑。」張浚於是備奏，並檄報諸路，還約呂頤浩和劉光世會於平江府。這時苗傅還以宰相朱勝非的堂帖促張俊赴秦州，以趙哲領後軍。但趙哲不受命。苗又以付統領官陳思恭。張浚召問陳，陳說張俊統此軍已日久，他怎會接受此命？張浚令陳具報。同日，張浚檄文至江寧府。〔註17〕張浚來一個軟硬兼施，若苗、劉識趣，還政高宗，他就不必動起刀兵。

　　這裡值得一提是苗劉之變中馮輯這一個關鍵小人物，據馮時行（1101～1163）為馮輯父所寫的墓誌，提到他在這次兵變中因緣際會而發跡的經過：

　　　　蜀士有不由科舉，奮布衣，出萬死不顧之計，持危排難，登名太史此之籍，自近臣以來，吾得一人，曰：遂寧馮康國，隱君即其考也。隱君於諸子，獨以康國，謂必貴。康國偃蹇學校，年四十餘

〔註17〕《繫年要錄》，第二冊，卷二十一，建炎三年三月辛卯條，頁447；《宋史》，卷三百七十五〈馮康國傳〉，頁11619；卷三百九十九〈鄭毅傳〉，頁12121～12122；《朱熹集》，第八冊，卷九十五上〈行狀·少師保信軍節度使魏國公致仕贈太保張公行狀上〉，頁4810～4811；楊時（1053～1135）（撰），林海權（校理）：《楊時集》（北京：中華書局，2018年2月），第三冊，卷三十七〈誌銘表碣八·樞密鄭公墓誌銘〉，頁920。考張浚致書馬柔吉和王鈞甫，張浚行狀繫於十二日。另鄭毅面折苗、劉時，還直言苗、劉凶燄甚，不請外援無可為，並上章待罪求去。他退見呂頤浩，商議大計。孟太后降詔不允他辭職。為此，朱勝非薦他陞任御史中丞。他當日這番表現，高宗的寵臣曹勛（1098～1174）在跋鄭的行狀時就說鄭當時奮不顧身凶險，幾乎被苗傅所殺：「嘗謂士抱非常之才，故能定非常之事，有啟天闢地之識，始建衛社稷之功。彼碌碌輩過而不顧者有矣。僕比官泉南，得與樞密弟致遠聯事，備聞公當阽危之際，獨立柏臺，力抗非類，盡忠節，叱不臣，罄一時之仁勇，伐二兇之逆謀。方苗傅曳其帶時，變在須臾。公視之如拉朽，初無避就。凜然直與段、顏英烈並驅。誠大丈夫哉！他日第復辟，最當揭若日月矣。」元人張光祖（？～1304）編次《言行龜鑑》一書時，也將鄭毅忠勇之言行編入，以為模楷。參見曹勛：《松隱集》，文淵閣《四庫全書》本，卷三十三〈跋鄭樞行狀後〉，葉三上下；張光祖：《言行龜鑑》，文淵閣《四庫全書》本，卷六，葉五十上下。

未售，隱君勞勉，益謂即貴不疑。已而康國客三吳，見今前宰相張公，相與定匡復大計，授奉議郎、兵部員外郎，出撫諭川陝。康國拔起諸生，驟遭逢光寵，全蜀聳動，所至道戢戢，企踵爭矚望，縣令治道路，傳舍郎守郊，見視館謹饋餽，燕勞兢兢，懼不及事。於時鄉父老豪長者爭入賀。〔註18〕

馮轓就是冒死達成張浚等交下的任務，幫助平定苗劉之變而博得後來的榮寵。

壬辰（十四），朱勝非推舉曾庭立面折苗、劉的右諫議大夫鄭毅試御史中丞。是日，武功大夫王彥致仕。當王彥之疾愈後，他從真州（今江蘇揚州市儀征市）渡江。苗傅一廂情願地以王彥為御營司統制，但王對人說苗、劉好比鴟梟逆子，行將誅鋤，竟想拖他下水。於是稱疾力辭。但苗仍力請，王就佯狂，請致仕而許之。旁人已看出苗、劉來日無多。為了加強杭州的防禦力，苗之黨羽御營都統司參謀兼提點選鋒軍馬王鈞甫請令江浙四路分造弓弩共二萬枝赴行在，誰先造成者推恩。這時劉光世已派人至鎮江商議勤王事。是日，張浚奉旨以所部赴行在。他奏辭新命，並且寫信給苗傅等，說朝廷屢差官交割張俊人馬，但所遣官皆畏避生事，不敢任責。他說猜想將士久從張俊，且人皆強悍，除了張俊外無以彈壓。張浚這番話，志在安撫苗傅等，免他生疑。〔註19〕

癸巳（十五），馮轓到杭州，住在馬柔吉家。他即往都堂見朱勝非，表達臣下請求由高宗親總要務之求。朱唯唯而已，並問他曾見其他人否？馮就說張浚曾致書苗、劉二將。朱就令馮親至轅門，勸苗、劉聽從。馮於是謁二人於軍中。劉對苗說，張浚所論，正與初議同。跟著又引馮與馬柔吉及王鈞甫同坐，對馮說他必是張浚心腹之人，叫他勿廣傳張的話。是日，苗傅等派統制官俱重持詔書至平江府撫諭軍民，且要取代張俊。俱重到平江府，初時頗桀

〔註18〕馮時行：《縉雲文集》，文淵閣《四庫全書》本，卷四〈馮隱君墓誌銘〉，葉十四上下。又馮時行及其《縉雲文集》，胡問濤和羅琴已有校注本，〈馮隱君墓誌銘〉收入該書上篇的卷五，可以參考。參見胡問濤、羅琴：《馮時行及其【縉雲文集】研究》（成都：巴蜀書社，2002年4月），上篇《縉雲文集校注》，卷五〈馮隱君墓志銘〉，頁212～214。又李裕民教授即引用〈馮隱君墓誌銘〉所記馮轓見張浚時已年四十餘，以年四十三計，而推斷馮當生於元祐二年（1087）。參見；李裕民：《宋人生卒年月日考》（北京：中華書局，2023年4月），卷四，「馮時行條」，頁451；「馮康國條」，頁452。

〔註19〕《繫年要錄》，第二冊，卷二十一，建炎三年三月壬辰條，頁447～448。

驚，對張俊說為何他不速赴新任？說此正騎鶴上揚州，安問人主？張俊將此告張浚，張浚與辛道宗謀作飛書，置其座側，做成將士準備殺之的假像。俱重倉皇失措而逃。這時韓世忠已從鹽城縣收得散卒數千人，以海舟回來赴難。是日他到常熟岸，張俊聞之，就馳見張浚，並說韓之來事必辦。二張即遣使召韓，韓得到張浚書號慟。另一方面，辛道宗見張浚，問以發兵之期。並指出陸路措置固當，但萬一苗、劉由錢塘江轉海道就有問題。張驚愕未定，辛就說他家有青龍海船甚眾，若載兵由海道趨錢塘，出苗、劉不意，就可破之，且無後虞。張浚於是以辛為節制司參議官，專一措置海船，並報上宋廷，假稱有海盜來犯，故令辛措置海船，以釋苗、劉之疑。〔註20〕

　　甲午（十六），早朝時朱勝非向孟太后奏陳遣使向金議和，起初孟太后不願，但朱勝非向她解釋，他是為應付苗、劉原來要議和而作出緩兵之計。孟太后同意。孟太后再下詔以外侮憑凌，國勢削甚，不接受臣下所上太皇太后之號。那顯然是孟太后知高宗行將復辟而為。同日，苗、劉等再重貶已被貶嶺南的內臣，苗傅使人捕得曾擇等。詔貶曾擇昭州（今廣西桂林市平樂縣西南）、藍珪（？～1142後）賀州（今廣西賀州市）、高邈象州（今廣西來賓市象州縣）、張去為（？～1162後）廉州（今廣西欽州市浦北縣）、張旦梧州（今廣西梧州市）。御史中丞鄭瑴言凡內侍之處大內及睿聖宮者，並令擇純實謹愿椎朴的人，勿任以事，惟令掌門闌備掃除。指出官高職隆，曾經事任而招權納寵的，屏之遠方，輕者補以外任。他又請告諭都統制苗傅等，自後軍法便宜止行於所轄軍伍，其他有犯，當具申朝廷，付之有司，明正典刑，所以昭其尊君親上之禮，而全其臣子忠義之節。鄭這番話前半部自然入得苗傅等之耳，後後半部是苗等所不願聽的。鄭氏這疏自然留中不出，以免刺激二人。事實上，苗、劉就把他們極痛恨，行了一程的曾擇追還斬之。〔註21〕

〔註20〕《繫年要錄》，第二冊，卷二十一，建炎三年三月癸巳條，頁 449～450；《朱熹集》，第八冊，卷九十五上〈行狀‧少師保信軍節度使魏國公致仕贈太保張公行狀上〉，頁 4811；《宋史》，卷三百七十五〈馮康國傳〉，頁 11619；《秀水閒居錄》，「佚文」，頁 376。據朱勝非說，張浚在十四日派馮轄持其奏並申都省，請高宗貶損位號，柔服金情。十五日，苗、劉二人就要朱遣使和金議和，不可緩。朱就耍弄二人，說已決定派王孝迪和盧益不日出使，而現時先由樞密院派低級的使臣尋訪報信。

〔註21〕《繫年要錄》，第二冊，卷二十一，建炎三年三月甲午條，頁 450～451；《宋史》，卷二十五〈高宗紀二〉，頁 462；卷三百九十九〈鄭瑴傳〉，頁 12122；《楊時集》，第三冊，卷三十七〈誌銘表碣八‧樞密鄭公墓誌銘〉，頁 920；《秀

苗、劉二人繼續自行其是，他們詣都堂，打算分所部衛士代替禁衛守睿聖宮。尚書右丞張澂力持不可，堅決反對。苗、劉二人又想挾持高宗往徽州（今安徽黃山市）和越州（今浙江紹興市）。朱勝非婉轉地諭以禍福，且以忠義的帽子加於二人頭上。在朱勝非力勸下，苗傅才收回往徽州和越州之議。當時苗、劉二人以殺人為事，每至都堂，即傳呼滿道，並之悍卒隨從，過路的人皆避之。馮轓這時再去見二人於軍中，從容地說他是為國事而來，今已多日，未聞苗、劉有還政高宗之命，請他們一言而決。他說今日之事，若說之當會觸其怒，就會立死於他們前。若不言，則他日事故愈大，他亦會死於亂兵之手，只是等死而矣。他說而死，就使苗、劉知他不是貪生的人。他說自古宦官亂政，根株相連，不可誅鋤，誅必受禍。東漢末年事可考而知。他說苗、劉二人一旦為國家去數十年之患，天下蒙福甚大。然高宗春秋正盛，天下不聞其過，豈可迫其傳位幼子？且前日之事，名為傳位，其實廢立。自古廢立在朝廷，不在軍中，二人本有為國之心，豈可以此負謗天下？苗傅聽後，即按劍瞪視馮，說金人意在高宗，現魏國公登極，太后臨朝，將復見太平，天下咸以為是。如張浚處侍從，曾建立何事？而敢梗議？馮反駁說太后深居九重，安能勒兵與金從事，天下自有清議，請苗傅熟思。當苗更被激怒，劉見馮辭色不屈，即與王鈞甫、馬柔吉引苗耳語。然後對馮說，張浚想高宗復辟，此事固善，然須面議。詞語變為甚遜。翌日，即派歸朝官趙休與馮偕還，送書給張浚，約張浚到杭州面議。〔註22〕很明顯，苗、劉不會聽從馮的忠言，因事情已難逆轉。但劉正彥也不笨，志在誘張浚來杭州擒之。

乙未（十七），宋廷也做了一件大快人心的事，應御史中丞鄭毅之劾，也是苗、劉所首肯，就是再將黃潛善責鎮東節度副使，英州（今廣東英德市）安置，其弟黃潛厚因殿中侍御史王庭秀之劾，責秘書少監道州居住。是日，呂頤浩引兵至丹陽，劉光世引部曲來會。金部郎中李迨（？～1148）也自鎮江馳至，一同前往杭州。丙申（十八），韓世忠以所部至平江府。當初韓看到張浚及張俊留下的書信時，讀之大哭，舉酒酹神發誓與苗、劉不共戴天。當然他是王淵一手提拔於微時，待之絕等，他在私要為王報仇。他見到張浚時，說今日大事，他願與張俊任之，即欲進兵。但張浚說事不可急，投鼠忌器，急則恐有

水閣居錄》，「佚文」，頁376～378；考曾擇等被貶月日，《宋史》繫於三月丁亥條。惟《繫年要錄》考證《中興遺史》同載為三月丁亥，恐有誤。

〔註22〕《繫年要錄》，第二冊，卷二十一，建炎三年三月甲午條，頁451～452；《宋史》，卷三百六十二〈朱勝非傳〉，頁11317。

不測，並說他已派馮轓以甘言誘苗、劉二人。這時劉光世的大將王德擊敗張彥軍，併其眾。朱勝非以蠟書招之，而劉光世又以告身數通及所被服戰袍細甲送他，於是王德將所部自采石渡江。劉得到王德部，其軍復振。於是趨平江府，以王德為前軍統制。劉光世因言苗、劉逆狀，王德說救亂之軍，當百舍一息，他請率輕兵，由桐廬縣（今浙江杭州市桐廬縣）趨杭州，出其不意，則擒苗、劉易於反掌。但劉光世以諸帥之議已定，就沒取王德之議。〔註23〕

丁酉（十九），馮轓和趙休一同來到平江。張浚收到苗、劉的覆信，都是不情之語，其中說：「苟可安社稷，利國家，救生靈，息兵戈，傅等當聽命。」而馬柔吉和王鈞甫亦有書來。張浚得到，便即欲帶親兵至杭州，與苗、劉面決。張俊和韓世忠皆說苗、劉知道主導其事是張浚，勢必加害，請張浚不要聽。這時呂頤浩和劉光世的書亦至，皆說以軍行。是日，呂頤浩率師經常州，與守臣周杞（字子山，縉雲人）約，命治兵扼其險要。值得一提的是，這個周杞十分乖巧，他順應時勢，又與臣僚多人聯名上書孟太后，請高宗復辟。但他的上奏留有餘地，沒有斥責苗、劉叛逆。他說統制王淵不能備禦金人，至高宗南渡，卻結連內侍，獵取樞使之位。而近聞統制官苗傅、劉正彥被奉聖旨，將本官王淵及內侍誅殺，委屬委當。只是認為高宗即位以來恭儉憂勤，過失不聞，當天下多事之際，是人主馬上圖治之時。深恐由太后垂簾，而嗣君尚幼，不能戡平禍亂。他疏請諸路兵往行在，請高宗復位。周杞這番上書，可能是呂頤浩等授意，去麻痺苗、劉，教他們不懷疑。〔註24〕

〔註23〕《繫年要錄》，第二冊，卷二十一，建炎三年三月乙未至丙申條，頁453～454；卷二十二，建炎三年四月甲寅條，頁487；《中興紀事本末》，上冊，卷八下，建炎三年三月乙未條，頁129；《朱熹集》，第八冊，卷九十五上〈行狀·少師保信軍節度使魏國公致仕贈太保張公行狀上〉，頁4811；《宋史》，卷三百六十四〈韓世忠傳〉，頁11359；《全宋文》，第一百六十一冊，卷三四九八〈孫覿八十一·和州通判胡公墓誌銘〉，頁158～161。另據孫覿所記，當王德擊破張彥軍後，當初馳書激勵王德破張彥的和州通判胡集（1081～1129），在犒宴他們時，又對王德等說現時苗劉之變，王室有難，正是他們功名之會。諸將於是皆投筯起立，奮然請行。酒罷，胡集又為他們置舟楫，具糧糗。明旦餞於郊，王德軍即由采石渡江。

〔註24〕《繫年要錄》，第二冊，卷二十一，建炎三年三月丁酉條，頁455；《朱熹集》，第八冊，卷九十五上〈行狀·少師保信軍節度使魏國公致仕贈太保張公行狀上〉，頁4811；周南（1159～1213）：《山房集》，文淵閣《四庫全書》本，卷八〈雜記〉，葉二十八下。曾棗莊、劉琳（編）：《全宋文》（上海：上海辭書出版社，2006年8月），第一百七十五冊，卷三八三七〈周杞〉，〈請建炎皇帝復位疏〉，頁267。原載清抄本《建炎紀事》。

戊戌（二十），韓世忠以所部從平江府出發。當初苗傅聞得韓從海道還，就以都統司的檄命要韓屯江陰。韓至平江府，即以詭詞報苗傅，假稱他所部殘零人馬不多，想赴杭州。苗傅大喜，許之。是日，張浚大犒韓世忠和張俊兩軍，酒行五巡罷，張浚引諸將至府園，屏左右說，問眾人今日之事誰順誰逆。眾人都說他們順而苗、劉逆。張浚又說若有人迷天悖人，可以直取他的頭歸苗、劉，就可得到觀察使富貴。不然，一有退縮，當以軍法從事。眾人皆諾。韓世忠起初在沐陽之潰，部曲皆散，幾不能成軍。張浚以其兵少，就命張俊以統領官劉寶（1095～1141）二千人借之。韓從平江出發，舟行不絕三十里。甲士盡載其上，軍勢甚振。部將有後來在海州一役破金兵立功的張俊姪張子蓋（1112～1162）。張浚怕苗傅等以偽命易置官吏，就命韓世忠偏將張世慶搜絕郵傳，凡從杭州來的信或旨意，盡投之於水中。〔註25〕

己亥（廿一），朱勝非以馬擴為拱衛大夫利州觀察使充樞密都承旨兼知鎮江府，竢條畫防秋事畢之任。因朱令馬至苗、劉軍中察伺人情向背，以他實有才而復用之。是日，張浚再派馮輔入杭州，致書苗傅等，告以禍福，希望他能改圖。苗、劉及張浚一直在試探對方意圖，起先苗傅致書張浚，說朝廷以尚書右丞執政之官以待張浚，就是想由張浚行伊尹周公廢立之事，而請他速赴杭州。張浚回覆苗、劉說，自古言涉不順則謂指斥乘輿，事涉不順則謂之震驚宮闕。至於遜位之說，則必其子孫年長以賢，因託以政事，使之利天下而福蒼生，不然就是廢立。廢立之事，惟宰相大臣得專之。伊尹和霍光之任是也。若不然，則謂之大逆，要滅族的。他又說凡為人臣的，握兵在手，遂可以責其君之細故而議廢立，自古豈有此理？他說高宗春秋正盛，不聞失德於天下。一旦遜位，似非所宜，他說豈不知廢置生殺，苗、劉二人得專之？蓋其心自處已定，言之雖死無悔。他又說天祐大宋，所以保佑高宗，歷歷可數。說高宗出質則金人欽畏不敢拘，奉使則百姓謳歌而有所屬。他說天之所興，誰能廢之？他願苗、劉二人畏天順人，無顧一身利害。借使事正，而或有不測，猶愈於暴不忠

〔註25〕《繫年要錄》，第二冊，卷二十一，建炎三年三月戊戌條，頁455；《朱熹集》，第八冊，卷九十五上〈行狀・少師保信軍節度使魏國公致仕贈太保張公行狀上〉，頁4811～4812；羅大經（？～1252後）（撰），王瑞來（點校）：《鶴林玉露》（北京：中華書局，1983年8月），卷二，乙編，「張魏公討苗劉」條，頁153～154；《宋史》，卷三百六十九〈張子蓋傳〉，頁11476～11477；李幼武：《宋名臣言行錄・別集》，上卷十二〈張子蓋〉，葉六上下。張子蓋字德高，張俊是其叔父，他從韓世忠擒苗傅，以功補承信郎。他後以軍功擢安德軍節度使，檢校少保淮東招撫使。

不義之名而得罪於天下後世。起初，張浚所發苗、劉的信，及所措置之事，皆託他詞，未敢誦言誅之。苗傅等雖聞張浚等大集兵，猶未深信張浚真得要對付他們。收到張浚這通直白的檄文，才悟張浚要討伐他們，於是就奏請誅殺張浚，以令天下。〔註26〕張浚一直以忠義兩字扣緊苗、劉的頭上，以他們所為就是不忠不義，他們迫高宗退位就是廢立就是叛逆。這當然不是苗、劉二人所能接受的指責。雙方自此正式攤牌翻面。

苗、劉二人當然也不是省油的燈，他們除了可以挾天子令諸侯，以孟太后名義發出各樣詔令外，也一樣暗中收買對方。張俊所部的統領官安義便暗中投靠了苗傅，欲取代張俊。他斷吳江橋以協助苗、劉。張浚發覺後，即令韓世忠屯秀州以破其謀。韓至秀州，稱病不行，而造雲梯，治器械。苗傅等才恐懼。而在城中，不少朝臣也想辦法解決危機。其中秘書省正字馮檝（1075～1152）曾和直龍圖閣黃概、軍器監葉宗諤密議，想勸說苗、劉二人，主動請高宗復辟。葉同意，就買一小舟欲去平江見張浚，他卻出不了杭州城。也有直秘閣范仲熊（范沖子）曾為河內丞，陷金人而得歸，而與苗、劉常交遊，也和王鈞甫、王世修、張逵和馬柔吉等均交厚，他諷顏岐薦他上殿，除吏部員外郎。馮檝問范仲熊，王鈞甫和馬柔吉的為人，范就說王疏而馬直。馮問范可否以此勸說苗、劉。范說軍中氣盛仍未可。庚子（廿二），馮再問范可否？范說現時可以，因苗、劉近日派人出問卜，必是有疑。范猜測苗、劉已對復辟事心動。〔註27〕

辛丑（廿三），苗、劉聞知張浚即將起兵，就請孟太后內降詔書，聲稱有侍從掌兵之官，不能明白內禪本末，不計宗社安危，輕易以惑人心，遷延而違詔命。另外，又陞授韓世忠為定國軍節度使，張俊為武寧軍節度使知鳳翔府。一廂情願地以為將二人建節，他們就不聽張浚之命。另一方面，下詔責張浚陰有邪謀，欲危社稷，將他責黃州團練副使郴州（今湖南郴州市）安置。又令由平江府差兵級押送，經由杭州赴貶所。當苗傅收到張浚書時，即請黜張浚，但朱勝非一再反對。苗傅在都堂見到朱，就說張浚詆他們為逆賊，他們不能堪，而說呂頤浩就曉事。他意欲殺張浚，朱見苗悖甚，恐生他變，就說可以

〔註26〕《繫年要錄》，第二冊，卷二十一，建炎三年三月己亥條，頁456；《朱熹集》，第八冊，卷九十五上〈行狀‧少師保信軍節度使魏國公致仕贈太保張公行狀上〉，頁4812～4813；《宋史》，卷三百六十一〈張浚傳〉，頁11299。

〔註27〕《繫年要錄》，第二冊，卷二十一，建炎三年三月己亥至庚子條，頁456～457；《揮麈錄》，後錄卷九，第268條，「王廷秀《閱世錄》載明受之變甚詳」，頁149。

罷張的兵權，而授呂頤浩，就必無事。朱真的怕苗老羞成怒，會傷害高宗以至孟太后。朱這麼說，苗意稍解。於是下詔貶張浚郴州。起初苗、劉二人每日到都堂議事，侵秉大政，而又肆行殺戮。御史中丞鄭毅上奏說他訪知朝廷差除行遣人事，多出於苗、劉二人。而二人出入都堂，殆無虛日。他說當日王淵、康履之交結，黃潛善、汪伯彥的自謀，都以所為是舉天下不能動搖，殊不知弄到人神共怨，而禍變之起，易於反掌。他說現時廟堂之上，請託干與行而不疑者，必以謂兵之強足恃，是未曾深思。他說都堂，是國論所出，不是外廷之臣可得與，他望戒諭苗、劉無以私請干預朝政。鄭抗章力言，請告示苗、劉，宜遵守典法。他所言雖是正理，卻是秀才遇著兵。苗傅早前使其黨建言（一說是范仲熊的主意），凡臺諫章疏，請露名行下。志在使言者畏懼他們而不敢言。鄭之奏章自然留中不下，鄭見疏入不出，就請見太后，請將其疏付三省，並說亂臣雖會以橫逆加於他，但他不怕不避。孟太后於是出其章示苗、劉，二人果出怨言而恨之。據載苗、劉倒是稍為收斂。鄭知道苗、劉使出奸謀，假借朝命以對付呂頤浩和張浚，他便請留呂頤浩守建康，而反對貶張浚於郴州。太后令鄭至都堂，與宰執商議，朱等就唯唯。鄭太天真，再上疏，說張浚只以私書給苗、劉二人，往來切磋而為忠義，現時要重責之，是堅天下之疑心，以致動四方之兵。孟太后自然不報。鄭於是派親信奉議郎謝嚮扮成商人，往平江府具言杭州城中狀況，令他們遲重緩進，使苗、劉自行逃遁，而不致激起城中之變。張浚同意鄭之意見。苗、劉知道事情不妙，於是派苗傅弟御營都統司統領官苗瑀、參議官馬柔吉以赤心隊及王淵舊部精銳駐臨平縣，以拒勤王之兵。但韓世忠扼秀州，張俊前軍在蘇州，苗、劉軍士氣大沮。這時節制司參議官辛道宗總舟師，與統領官陳思恭亦從華亭進發。張浚又親作蠟書，令不得驚動三宮聖駕。張浚和張俊聯名，募人持往見在杭州的管軍左言等八人，張擔心苗傅因大軍之入，或有他變，而書不能達，所以用蠟書方式。當晚，馮轓到臨平，馬柔吉見到他，就說他還敢到來。他說昨日張浚有書來，詞已不再委曲。苗、劉大怒，要出兵杭州。馮說張無他意，只是想規正苗、劉，故不得不直言。馬意稍解。夜二鼓，馬與馮俱縋入城。翌日，與苗傅等議於軍中。王世修堅持不可聽馮之言，欲拘留馮不遣。張浚又假意為書給馮，說他近日發苗傅書，論列高宗事，反覆數百言。剛有客自杭州來，知苗、劉二人於朝廷社稷初並無不利之心，甚悔輕易行事，不知他們體察否？張浚又說他無他意，只想此忠義大節終歸苗、劉二人，不使他人為之。苗傅起初以

為張給馮的信有他謀，看後見無異詞，於是大喜，就放過了馮。〔註28〕張浚這裡再抓著苗、劉要顧全「忠義」之矛盾心態，而實行緩兵之計，最重要的是防止苗、劉狗急跳牆，做出傷害高宗等激烈行動。可笑苗、劉二人再一次上了張浚的大當。

壬寅（廿四），尚書左丞盧益罷為資政殿學士，提舉西京嵩山崇福宮。以初時議派他使金求和，但朱勝非諭他力辭，故將他罷免。同日，苗、劉又令詔募人尋訪聞檢院御封函，他們以為是在渡江時遺棄，卻不知是張浚派人故意沉於江。是日，呂頤浩軍已行至平江府之北。呂起初以所部萬人從江寧府出發，途中募得三千人從征。到平江府之北四十五里，張浚乘輕舟迎之。道遇小舟，得到一郵筒，他屏開人發封，乃是將張浚貶郴州的謫命。因苗傅等以張浚限截往來文字，於是再派遣使臣，從湖州轉遞去平江，卻想不到仍給張浚截獲。張不想將士知道而觀望不盡力，就呼送書吏說朝廷促他赴杭州，叫書吏申報他會即日出發。然後他見呂，相對而泣。呂說事不諧，不過滅族，他說往昔諫開邊之失，幾死於宦官之手。後來要他負責漕運軍糧，幾乎陷於窮邊。近日倉卒南渡，舉家幾喪。今日為社稷而死，豈不快耶？張浚壯其言，呂即召其屬官李

〔註28〕《繫年要錄》，第二冊，卷二十一，建炎三年三月辛丑條，頁 457～460；卷二十四，建炎三年六月辛酉條，頁 512；《宋史》，卷三百九十九〈鄭毅傳〉，頁 12122～12123；《楊時集》，第三冊，卷三十七〈誌銘表碣八・樞密鄭公墓誌銘〉，頁 920～921；馬光祖（？～1269）（編）、周應合（？～1275 後）（纂），王曉波（校點）：《景定建康志》，收入王曉波、李勇先、張保見、莊劍（點校）：《宋元珍稀地方志叢刊》甲編，（成都：四川大學出版社，2007 年 6 月），第二冊，卷二十六〈官守志三・侍衛馬軍司題名〉，頁 1246。按所謂管軍八人，據《景定建康志》的記載，在建炎三年兵變發生時，在杭州的三衙管軍有馬軍副指揮使權主管殿前司公事的王元、以步軍都虞候常德軍承宣使權主管侍衛馬軍司公事的左言，另在兵變後，在三年六月辛酉（十四）（按：〈馬軍司題名〉作建炎三年九月，疑誤書），以中侍大夫、明州觀察使、帶御器械陞任權同殿主管殿前司公事的李質，在兵變前就任權主管侍衛步軍司公事，而與李質同時以龍神衛四廂都指揮使、萊州防禦使擢權主管侍衛馬軍司公事的邊順（？～1137），也是位列管軍之人（李質大概是捧日天武四廂都指揮使），即是說在兵變時，在杭州的管軍依次為王元、左言、李質、邊順等四人，另外四人是誰待考。至於時任殿前副都指揮使郭仲荀、自主管馬軍司公事陞任為殿前副都指揮使的楊惟忠，以及殿前都虞候劉光世、捧日天武四廂都指揮使范瓊，而後來以明州觀察使、龍神衛四廂都指揮使權主管侍衛馬軍司公事的劉錫。雖位屬三衙管軍，但他們都不在杭州城內。另〈馬軍司題名〉記隨張浚勤王的趙哲，在建炎年間，以左武大夫、明州觀察使、樞密都承旨權主管侍衛馬軍司公事，那當是兵變平定後對他的賞功，而非在兵變前的職位。

承造（？～1033後）於舟中草擬檄文，而由張浚潤色。〔註29〕

　　值得一提的是，苗、劉為了阻止韓世忠起兵，當韓在秀州時，就將韓之妻子梁氏（1102～1135，即小說和戲曲中的梁紅玉）及其子保義郎韓亮取到軍中作為人質，且防守嚴密。朱勝非聞之，就好言勸苗傅說，他即當啟奏孟太后，派梁氏母子報告平江府，撫慰韓世忠，諸人就更安心了。苗同意，朱見苗中計，就喜說二兇無能為矣。孟太后召梁氏入宮，封她為安國夫人，賜予甚渥。孟太后執其手泣說，國家艱難至此，若韓世忠首來救駕，可令速清巖陛之賊。梁氏馬上奔馳出城，遇苗翊領赤心軍屯於臨平，梁告之出城之理由。梁氏見苗翊面色動，其手自捽其耳，察覺他意不善，更快馬疾馳。經一日夜得見韓世忠於秀州。不久，苗傅等遣使以麻制授韓節度使。韓不受，說他但知有建炎（即高宗），豈知有明受（即魏國公）？即斬其使，焚其詔。進兵更急。據〈韓世忠神道碑〉所記，苗等大懼，派將領張永載謝罪，並出高宗御札說：「知卿已到秀州，遠來不易。朕居此極安寧，苗傅、劉正彥本為宗社，終始可嘉。卿宜知此意，遍諭諸將，務為協和，以安國家。」韓世忠自然不理會，對張永載說高宗復位，事乃可緩，不然就以死決之。苗又遣使持麻制授張俊，張將使者械以送獄。這時馮輄又勸說王鈞甫，說此事若在他人手上了結，王何以贖過？王被說得心動。〔註30〕

〔註29〕《繫年要錄》，第二冊，卷二十一，建炎三年三月壬寅條，頁460～462；李幼武：《宋名臣言行錄‧別集》，下卷二〈呂頤浩　成國忠穆公〉，葉二上。

〔註30〕杜大珪（？～1194後）（編），顧宏義、蘇賢（校證）：《名臣碑傳琬琰集校證》（上海：上海古籍出版社，2021年12月），上卷十三〈韓忠武王世忠中興佐命定國元勳之碑〉（沂公趙雄撰）（以下簡稱〈韓世忠神道碑〉，頁278～279、292；《全宋文》，第一百六十一冊，卷三四九一〈孫覿七四‧宋故揚武翊運功臣太師鎮南武安寧國軍節度使充醴泉觀使咸安郡王致仕贈通義郡王韓公墓誌銘〉（以下簡稱〈韓世忠墓誌銘〉，頁54；《繫年要錄》，第二冊，卷二十一，建炎三年三月壬寅條，頁462；李幼武（？～1172後）：《宋名臣言行錄‧別集》，下卷六〈韓世忠　蘄國忠武王〉，葉十三上；《宋史》，卷二百四十三〈后妃傳下‧哲宗昭慈孟皇后〉，頁8635；卷三百六十二〈朱勝非傳〉，頁11317；卷三百六十四〈韓世忠傳附韓彥直傳〉，頁11359、11368～11371；鄭戩：《建炎復辟記》，頁228。考《建炎復辟記》說梁氏往秀州，是韓世忠召之，而苗傅不與。後來太后召她入禁中，封安國夫人而遣之，並沒有記述梁氏逃出杭州的曲折。據〈韓世忠神道碑〉所載，苗傅將梁氏及「二子」質於軍，防守甚嚴。所謂二子是指韓亮及其弟，抑指韓第二子韓彥朴？據孫覿（1081～1169）撰的〈韓世忠墓誌銘〉和趙雄撰的〈韓世忠神道碑〉，韓有四子，長彥直（1130～1190後），次彥朴、彥古、彥質，而不載韓亮。此處載韓世忠子韓亮是否即韓的長子韓彥直？他有否隨母梁氏前往平江府？據〈韓世忠神道碑〉，記梁氏疾

　　癸卯（廿五），苗、劉做出重大妥協，以孟太后名義下詔，說高宗宜稱皇太弟，領天下兵馬大元帥，復封康王。明受皇帝（即高宗子）稱皇太姪，監國。另許賜給苗、劉二人鐵券。苗、劉二人為何出此怪招？據說他們聞勤王軍大集，已甚懼。就傳呼馮轓來商議高宗復辟。馮看出二人可動，就見朱勝非說現在國步艱難，當以馬上治之。他說今日之事，當以欽宗為主，而高宗曾受欽宗詔為大元帥，宜仍舊。而少主為皇太姪。當太后垂簾時，有持服奉議郎宋邠等數人上書，亦和馮的意見相同。朱勝非令馮與苗、劉計議之。二人許諾。於是即日派張逵與馮往都堂。朱勝非仍猶豫，不敢信苗、劉真的同意這方案，未敢即應。劉正彥和王鈞甫聞之，即促苗傅去都堂見朱，而王及馬柔吉也同意其言。朱勝非大喜，答之說「二太尉有意如此，宗廟社稷之幸。」朱勝非在晚朝時，就以太后之命召苗、劉、王鈞甫和馮轓同對。苗、劉說：「今日之事，安國家，恤生靈，禦強敵。若便此三者，臣萬死不辭。」王鈞甫這時又說苗、劉忠有餘而學不足。馮亦說如對朱所言的，他又請褒獎苗、劉二人如開國元勳趙普（922～992）故事。太后即慰勞苗、劉二人，亦同意賜二人鐵券。一會後，太后立召百官，宣布此詔書。略曰：「敵人以睿聖皇帝不當即位，兵禍連年。今宜稱皇太弟，領大元帥。皇帝稱皇太姪，監國。太后臨朝聽政，退避大位，務在息兵。」制出，在庭群臣愕然。御史中丞鄭瑴、殿中侍御史王庭秀不知其中曲折，欲留百官班論之，但臺諫只有鄭、王二人要留下來。事遂不果。這時正下大雨，百官冒雨朝高宗於睿聖宮。朱勝非等奏事議論幾乎數刻。高宗說若真如此做，傳之後世，豈不貽笑？張逵旁觀者清，兩道無用的鐵券竟成功騙了苗、劉二人掉進朱勝非等的圈套。他退出來便對苗傅說「趙氏安矣，苗氏危矣。」王世修亦以為然，苗傅聽後，於是又想改易初議。至於立了功的馮轓就特補奉議郎守吏部員外郎，並賜緋衣，更名馮康國。秘書省正字馮檝這時至都堂見朱勝非，說他聞知大計已定，士大夫都能說好，只怕諸軍尚有疑阻。朱勝非問他從何而知。馮說他擔心而已，他想入苗、劉軍傳諭朝廷之意。朱就說大計已定，諸軍當無疑阻。若馮擅入營寨生事，就要將他

馳至秀州，見到韓世忠。韓驚曰：「汝輩在耶？」似乎梁氏母子均成功出走。〈韓世忠神道碑〉又記梁氏見孟太后前，先去見苗傅，對他說：「太尉作如許事，公來矣，於太尉何如？」苗傅乃屈膝拜曰：「願奉兄嫂禮，謹具鞍馬，煩夫人好為言。」梁氏和苗傅這一番對話，是否撰寫碑文的趙雄（1129～1194）的誇大，暫未可考。又考新編京劇《安國夫人》即記梁氏的故事，劇中苗傅以丑角出現，而突出梁氏智勇雙全。

收下獄。馮想邀功不成，懼而退下。馮康國又請求至平江府與張浚計事，朱也不許。〔註31〕

新編京劇《安國夫人》中的梁氏與苗翊

新編京劇《安國夫人》的苗傅與劉正彥

〔註31〕《繫年要錄》，第二冊，卷二十一，建炎三年三月癸卯條，頁464；《朱熹集》，第八冊，卷九十五上〈行狀‧少師保信軍節度使魏國公致仕贈太保張公行狀上〉，頁4815；《宋史》，卷三百九十九〈鄭穀傳〉，頁12123；卷三百七十五〈馮康國傳〉，頁11620。

　　是日，呂頤浩和張浚商議進兵，以韓世忠為前軍，張俊以精兵佐之。劉光世親以選卒為遊擊，呂頤浩和張浚就總中軍，劉光世又以其嫡系大將武經大夫程全（？～1129）為殿後。他們即以勤王所為名，呂、張二人傳檄中外，由呂、張領銜，檄文直斥苗、劉二人是逆臣，不再提忠義二字。由呂頤浩屬官李承造所撰之檄文云：

　　　　恭惟宋有天下，垂二百年。太祖、太宗開基創業，真宗、仁宗德澤在民，列聖相傳，人心未厭。昨因內侍童貫首開邊禍，遂致敵騎歷歲侵陵。逆臣苗傅，躬犬豕不食之資，取鯨鯢必戮之罪，乃因艱難之際，敢為廢立之謀；劉正彥以孺子狂生，同惡相濟，自除節鉞，專擅殺生。仰惟建炎皇帝憂勤恭儉，志在愛民，聞亂登門，再三慰勞，而傅等陳兵列刃，凶焰彌天，逼脅至尊，倉皇避位，語言狂悖，所不忍聞。大臣和解而不從，兵衛皆至於掩泣。詔書所至，遠邇痛心。駭庶人情，孰不憤怒？顧惟率土，何以戴天？況傅等揭榜闤市，自稱曰予，祖宗諱名，曾不回避。迹其本意，實有包藏。今者呂頤浩因金陵之師，劉光世引部曲之眾，張浚治兵於平江，韓世忠、張俊、馬彥溥各率精銳，辛道宗、永宗、陳思恭總率舟師，湯東野、周杞據扼險要，趙哲調集民兵，劉誨、李迨饋餉芻糧，楊可輔等參議軍事，並一行將佐官屬等，同時進兵，以討元惡。師次秀州，四方響應。用祈請建炎皇帝亟復大位，以順人心。今檄諸路州軍官吏軍民等，當念祖宗涵養之恩，思君父憂廢之辱，各奮忠義，共濟多艱。所有朝廷見行文字，並係傅等偽命，及專擅改元，即不得施行。敢有違庶，天下共誅之。建炎三年三月二十四日，朝奉大夫權發遣常州兼兩浙西路兵馬都監周杞，新除左武大夫觀察使兩浙路提點刑獄公事趙哲、秘閣修撰知平江府兩浙西路兵馬鈐轄湯東野、寧武軍承宣使帶御器械秦鳳路馬步軍副總管御營前軍統制張俊、起復定國軍承宣使帶御器械鄜延路馬步軍總管御營平寇左將軍韓世忠、試尚書禮部侍郎充御營使司參贊軍事張浚、新除檢校太保奉國軍節度使殿前都指揮使制置使劉光世、新除資政殿學士同簽書樞密院事江淮兩浙制置使呂頤浩。

　　呂、張又派迪功郎王彥覺持檄文諭江陵府，迪功郎洪光祖諭越州，修武郎張復諭湖州，遠方就入遞傳發，又派統制官張道率三千人屯湖州安吉縣，

以分苗、劉軍之勢。〔註32〕時知宣州（今安徽宣城市）、前中書舍人劉珏聽屬
下知宣城縣郭僎的勸告，募勇士倍道赴難，揭榜復用建炎年號，人們都以之
為是。〔註33〕

　　當初呂頤浩至平江府，張浚見之涕泣，說高宗待他輩厚，今日惟一死相
報，他日夜望呂頤浩到來，以為盟主。呂就好言慰勉之。是日，劉光世亦以所
部至平江，劉見到張俊，相與釋憾，於是苗傅之前想離間二人之計落空。另一
方面，當先前派遣的大金告請使黃大本等過平江，呂頤浩問起高宗的情況，這
個不識時務的黃大本反而稱美苗、劉等，且告言廢立之謀。呂就將他械以送
獄。等到事平後，呂才釋放黃大本，將他貶為貴池縣丞。〔註34〕

　　甲辰（廿六），當呂頤浩等已經行將出師之時，在杭州城內的迂腐臣僚，
還去爭議高宗改稱皇太弟之事，御史中丞鄭毅和殿中侍御史王庭秀在是日抗
疏論高宗不當改號。是日早，鄭請獨對，對孟太后力言不可。跟著又退與王庭
秀再上疏力爭。午後疏入，太后召鄭與宰執同對於簾前。孟太后解釋說所以改
號，無非是讓高宗以兵馬大元帥身份總領兵馬。但鄭仍力爭此舉即是在旬日之
間易兩君。當朱勝非到來，從他的青囊拿出宋邴等所上之書以示鄭、王二人。
但鄭仍力言昨日的詔書不可宣示於外，必會召變。尚書右丞張澂就對鄭說，
若以五日時的事勢，豈當爭此名位？張澂要離開，鄭等一同阻止他。當晚王世
修亦往朱勝非府力爭此詔不可發出，一切如舊。朱妥協，馮輔力爭，朱說不要

〔註32〕《繫年要錄》，第二冊，卷二十一，建炎三年三月癸卯條，頁 465～466；《朱
　　　　熹集》，第八冊，卷九十五上〈行狀・少師保信軍節度使魏國公致仕贈太保張
　　　　公行狀上〉，頁 4813～4814；《全宋文》，第一百八十五冊，卷四零七二〈程易・
　　　　宋故左武大夫開州團練使充池州駐箚御前諸軍統制休寧縣開國伯食邑九百戶
　　　　贈協忠大夫累贈太尉程公全神道碑〉，頁 324～336。考程全字禹昌，徽州休寧
　　　　（今安徽黃山市休寧縣）人，宣和二年（1120）方臘兵犯休寧，程全率鄉兵擊
　　　　退軍軍。知州曾孝蘊（1057～1121）上其功，授承節郎。童貫平方臘，程全隸
　　　　劉延慶軍，而與其子劉光世並肩作戰，此後成為劉延慶父子得力悍將，並從劉
　　　　延慶征遼。靖康元年底，他後從高宗於大元帥府。靖康二年六月，高宗即位，
　　　　他轉武翼大夫，劉光世以鄜延副總管入衛，為御營五軍都提舉，就奏留程為御
　　　　營計議官。程一直追隨劉光世平諸盜及抗禦金兵，轉武經大夫。平定苗劉之
　　　　變，他以功陞武德大夫開州團練使，進封開國子，加食邑二百戶。但在是年十
　　　　一月，卻在守禦池州任上，寡不敵眾，被金帥宗弼擊敗而戰歿。紹興三年
　　　　（1133），劉光世進駐池州，就以其愛將之死事上奏宋廷，宋廷於是將程進官
　　　　六等，官其後一人。贈程為協忠大夫，後再贈太尉。
〔註33〕《宋史》，卷四百五十二〈忠義傳七・郭僎〉，頁 13307～13308。
〔註34〕《繫年要錄》，第二冊，卷二十一，建炎三年三月癸卯條，頁 466。

計較，其實都是一樣。事情遂止。〔註35〕

　　乙巳（廿七），朱勝非又變戲法，換了另一道詔書，說考慮宰執侍從內外將帥的陳奏，說高宗自從靖康之初，實已總元帥之重，後來因臣下推戴而繼統。因強敵侵凌，生民荼毒，才退處於別宮，以釋金國之言。但欽宗之命誰敢廢，臣庶之願不可違。若只仍太上之號，何以慰天下之望？現就依太后之旨意，加太上睿聖仁孝皇帝，處分兵馬重事。當馮康國以此問朱勝非，朱就說不要計較，其實都是一樣。重點就是讓高宗有總領兵馬之身份和權力。孟太后隨即又詔不要避她父名，又罷其姪孟忠厚提舉巡幸一行事務。是日，張俊以勤王兵自平江出發，部將有統勝捷軍的楊沂中，而劉光世率軍繼之。呂張二人餞別張劉軍於門外，二人登樓閱兵，見勤王兵器甲鮮明，士氣甚銳。他們也收到消息，杭州已有復辟之議。是日，勤王軍的檄文至湖州，新除資政殿學士提舉中太一宮的前執政葉夢得行舟至碧瀾堂下，召守臣梁端、通判張燾（1092～1166）及寓客的龍圖閣直學士許份、徽猷閣直學士曾楙（？～1144）及徽猷閣待制致仕賈安宅（1088～1140）等商議大事，葉想和梁端等共為一檄文，調湖州諸縣射士勤王，而留平江檄書不發。但賈安宅不同意，認為時勢已後，此事豈可欺人？直秘閣主管南京鴻慶宮曾紆（1073～1135，曾布第四子）聞之，亦勸梁端張榜，並說逆順之理甚明，出師無可疑者，促令張榜立刻復用建炎年號。葉、梁等同意。數日後，苗傅來取軍器，曾紆請梁端械繫使者，不令其還。於是葉夢得發出一道奏章，奏請高宗復辟，譴責苗、劉作亂。他說苗傅等乘高宗倉卒過江，人情未定，而諸將防托出外，杭州兵衛寡弱之際，就給苗、劉乘機脅迫高宗退位。他自表他們「戴天履地，孰不憤激？」又說他世受國恩，又曾經為執政，自然扼腕飲泣，義難苟生。又說聞呂頤浩和張浚等已迤邐前進，他就請加入勤王。葉夢得此奏，沒有說高宗寵信內臣致禍，只說苗、劉能輕易發難之原因。他自然表忠不甘後人，他引兵至平望，以待呂頤浩和張浚之至，並且想一同赴杭，張燾募兵三千亦隨之。偏遇上舟師壅隔不得前，葉所率之隊伍才停止。這時宋廷已召曾楙為翰林學士，賈安宅為吏部侍郎，他們見苗、劉大勢已去，自然不會應召前往。苗傅聞知湖州嚮應平江，就派兵三千，屯於湖州之徑路曰小林，以扼來援之兵，他又於輔郡調兵。〔註36〕另外，苗

〔註35〕《繫年要錄》，第二冊，卷二十一，建炎三年三月甲辰條，頁467～468；《中興紀事本末》，上冊，卷八下，建炎三年三月癸卯條，頁132。

〔註36〕汪藻（1079～1154）：《浮溪集》，《叢書集成初編》本（北京：中華書局，1985年新版），卷二十八〈誌銘·右中大夫直寶文閣知衢州曾公墓誌銘〉，頁349～

傅等懼怕勤王軍之至，日思備禦之策。他檄杭州集保伍，選器造械，局城門和塞河道者二十八事。但杭州守臣康允之盡收這些檄文而不做。康允之又與呂頤浩暗通消息，又派健卒持書報告城中虛實曲折，然而途中卻被苗傅弟苗翊繳獲。〔註37〕

丙午（廿八），朱勝非取回人事大權後，是日任命張浚、同知樞密院事翰林學士李邴，以及御史中丞鄭毅並為端明殿學士同簽書樞密院事。李邴獲得擢陞，因當高宗登樓撫諭苗、劉二人時，他敢趨前叱責苗傅等。他又曾向苗傅諭以禍福逆順之理。苗不聽，李又密勸殿帥王元，勸他出禁兵擊苗、劉。但王元懦怯不敢從。於是朱勝非留身，向孟太后說請將李、鄭二人陞遷，以二人助朝廷之故。今諸軍已定，請並除他們執政，以示中外。好像中書舍人林遹和刑部侍郎衛膚敏就稱疾杜門不出，坐觀成敗，那是何意？實在無人臣節。午間，宋廷就發出諭旨，張、李、鄭三人並除樞使。惟張浚此時不敢受。是日，呂頤浩和張浚統大軍從平江出發。據《中興遺史》所記，呂、張又密遣甄援攜蠟彈書間行，入杭州顯寧寺高宗退居之所，奏知呂、張勤王之事甚詳。高宗得知江上諸軍勤王之消息，皆甄援之力。事平後，甄只補一小武職，時論甚惜之。〔註38〕

350；《周必大集校證》，第三冊，卷六十一，《平園續稿》二十一〈神道碑·資政殿大學士左大中大夫參知政事贈太師忠定公燾神道碑·乾道二年〉，頁898；《繫年要錄》，第二冊，卷二十一，建炎三年三月乙巳條，頁468～469；《宋史》，卷三百六十七〈楊存中傳〉，頁11434；張守：《毘陵集》，卷四〈箚子·乞錄用曾紆箚子〉，頁59～60；《全宋文》，第一百四十七冊，卷三一六八〈葉夢得七·奏乞皇帝復辟狀〉，頁99～100；《宋會要輯稿》，第十冊，〈選舉三十四·特恩除職二〉，頁5907。考葉夢得此奏原刊《石林奏議》卷六。按後來御史中丞張守便奏曾紆之功，以他寄居湖州時，苗傅作亂。諸路勤王，檄至湖州，但湖州守倅猶豫不決。曾紆首明大義，理宜褒錄。請用為監司或守臣，並請略賜旌賞，量材錄用。五月丁酉（二十），詔除曾紆直秘閣。另時為湖州通判的張燾也在亂平後轉一官。

〔註37〕《建炎復辟記》，頁231。

〔註38〕《繫年要錄》，第二冊，卷二十一，建炎三年三月壬辰條，頁447～448；丙午條，頁469；《中興紀事本末》，上冊，卷八下，建炎三年三月壬辰條，頁129；《宋會要輯稿》，第四冊，〈禮六十一·旌表〉，頁2107；第十冊，〈選舉三十四·特恩除職二〉，頁5908；《宋史》，卷三百七十五〈李邴傳〉，頁11606；卷三百七十八〈衛膚敏傳〉，頁11664；卷四百六十五〈外戚傳下·邢煥〉，頁13589～13590；《周必大集校證》，第三冊，卷七十，《平園續稿》三十，〈神道碑·資政殿學士中大夫參知政事贈太師李文敏公邴神道碑〉，頁1023；劉克莊（1187～1269）（撰），辛更儒（箋校）：《劉克莊箋校》（北京：中華書局，2011年11月），第十冊，卷一百八〈題跋·紹興獎諭詔〉，頁4496～4498；《中興遺史輯校》，「建炎三年」，四月條，頁113。據周必大所述，李邴在苗傅在場前，問

　　當朱勝非一切成竹在胸時，丁未（廿九），他就召苗、劉二人往都堂商議高宗復辟事。為何苗、劉二人肯屈服？乃因他們的謀主王世修見外兵至，心中恐懼，就說苗、劉二人急請復辟以自救。這正中朱勝非等下懷。前一日，當執政聚議要召苗、劉來時，顏岐和李邴還憂慮二人不至。是日，朱勝非令行首司發帖子召苗、劉、王世修、王鈞甫、馬柔吉和張逵到都堂。值得一提的是，秘書省正字馮檝先前見苗傅於軍中，且留下書給二人，書大略說：

> 今張樞密握兵在平江，遣馮郎中來，請上為大元帥，意在於復辟而後已也。元帥姑為皇帝主兵之漸耳。兵權既歸睿聖皇帝，然後下反正之令，太尉能違之乎？如不可違，是使他人有復辟之功，而自處以廢君之罪。如或違之，近則張樞密，遠則杜充、王庶、張深、張嚴、楊進、李彥仙、杜彥、蓋進之徒，咸起問罪之師，可亦一一為建節旄，便能已其事乎？太尉結睿聖一人之怨，是與天下為讎也。與天下為讎，則召天下之兵也宜矣。昨馮郎中乞太后賜太尉誓書鐵券，太尉勿謂受太后誓書鐵券，便可保無虞也。太尉結怨於睿聖皇帝，儻未復辟，上猶在睿聖宮，何解皇帝之怨？惟太尉自請反正，而得皇帝親賜誓書鐵券，則無後患矣。太尉儻從不肖之請，當為宰相言之。若出外，則許提兵而行，若欲在朝，亦不解今日軍政。皇帝賜誓書鐵券之外，更請御筆赦太尉擅誅內侍之詔，盡置內禪之事

朱勝非有何計策應變，又說他反覆詰問，人為他安危懼，但他並無懼危。他退下堂來，又勸朱勝非密引外援制苗、劉。他又說苗傅所聽的是劉，而劉所倚的是王世修。宜假作許王世修出任侍從來離間之，就事可濟矣。後來朱勝非對孟太后說，變亂以來，從官能助朝廷的惟有鄭毅和李邴二人，說他們協心於內，誦言於外，於是除他為翰林學士，而鄭擢御史中丞。考苗劉兵變時，高宗邢皇后父邢煥（？～1132）自度不能與苗、劉相爭，就以病求免，求之不已，改提舉江州太平觀，遂徙居忠州（今重慶市忠縣）。高宗並沒有怪責他，朱勝非自然沒有像責難其他人般責他。他在紹興二年入對，首陳川陝利害，請幸荊南，分兵以圖恢復，凡數百言，高宗甚嘉之，要任他為樞密都承旨，但他辭以疾。值得一提，那個被朱勝非批評的林遹卻受到高宗褒獎。高宗在紹興元年十月丁丑（十四）卻詔：「寶文閣待制知廣州林遹當苗傅劉正彥之時，首致仕不出，可除龍圖閣直學士以寵其節。」晚宋的劉克莊在〈跋紹興獎諭詔〉就言及此詔。劉克莊稱美林遹致仕不出為節，而譏刺朱勝非以下，當時順承苗、劉二凶，莫敢少忤，而又諉曰陳平（？～前178）誅呂氏，荀爽（128～190）圖董卓（？～192）。考林遹在苗劉之變發生後，首請致仕，三月壬辰（十四），宋廷就許他以中書舍人充徽猷閣待制，授在外宮觀致仕。據辛更儒教授所考，劉克莊的妻父林琇的祖父正是林遹，故劉克莊是林而非朱。

而不言，使天下無得而疑太尉，宰相必能為太尉辨之也。如此，身
亦可全，名亦可保。不然則決日之間，必制於他人之手矣。

馮檝這番危言兼詭言，據說苗傅和劉正彥只唯唯而沒有主意。若苗傅二人
有謀，就不會聽信這番鬼話，以為自請高宗復辟，就會無事，可以保全其身及
其名，不被人視為叛逆，至於鐵券誓書的許諾，居然可以騙到苗、劉兩個不學
之武夫。因馮先入之言，苗、劉二人便往都堂見朱勝非等。朱對二人說，反正
之事已定日迎請高宗，朝廷百官皆有章奏，他叫二人也另外作一章請高宗復
辟。據載苗傅面頸發赤，慚惡無語，他回望劉正彥，劉起立說，前日所請，本
來為了和金人議和。今日雖然使命不通，未嘗再派使。現時馬上請反正，似見
前後事體相違。朱勝非不似以前事事順從二人，就當場責備劉，說和金之使，
既無路可通，而且事已彰露，州縣誰人不知？且勤王之師未來者，是使他們自
行反正而已。前日王淵不當作樞密，人情猶能如此。今日之事，誰輕誰重？不
然，下詔率百官與六軍請高宗還宮，苗、劉等六人能置身何地？朱又說平時為
將帥者，皆賴國家官爵之號令，才能使人。一旦是非曲直既分，雖是三尺童子
皆知去就，將校軍士必不能誑惑。劉正彥沒有回應，苗傅就長吁說：「獨有死
耳。」一個月來的傲氣霸氣竟然消失殆盡。朱勝非以苗、劉二將的反覆責備王
世修，王世修卻以言逼苗傅，苗不能答。朱即令都堂之廚人具飯，命王世修即
在廡間草奏，持歸軍中，令準備將以上皆書名請高宗復辟。〔註39〕苗、劉等一
夕間如同鬥敗的公雞，又如行將被處置的罪犯。

朱勝非等宰執晚朝至漏舍，這時王世修持軍中將校請高宗復辟的奏狀呈
朱。朱即進呈孟太后。太后喜極說她的責任完成了。朱即召詞臣張守至都堂，
與李邴分別撰寫百官奏章。三奏三答，以及太后手詔與復辟赦文皆寫好。為了
獎賞王世修，就加他為工部侍郎。這時呂頤浩、張浚大軍已到蘇州，勤王軍一
眾臣僚將領合上一奏請高宗復辟，值得注意的是，措詞對苗、劉二人十分溫
和，不說他們是逆臣，反說他們有功。不過，那是朱、呂等內應外合，安撫著
苗、劉二人，以免生變。奏云：

> 同簽書樞密院事呂頤浩、制置使劉光世、禮部侍郎張浚、平寇

〔註39〕《繫年要錄》，第二冊，卷二十一，建炎三年三月丁未條，頁469～471；《秀
水閒居錄》，「佚文」，頁383～384。據朱勝非所記，二十九日當天從累日陰晦
至天放晴，人情大和悅。當下詔即往朝高宗的別宮時，於申時後，苗、劉到朱
的私第，稱有事稟告。二人說自從初五在樓下陳請見過高宗後，就未見過他。
他們請來早迎請，現時就想和朱一同去別宮向高宗請罪。

左將軍韓世忠、御營前軍統制張俊等言：契勘都統制王淵，不能備
禦金人，致乘輿南渡，結連內侍，蹔除樞筦。近有統制官苗傅、劉
正彥被奉聖旨，將本官及內侍誅戮，委屬允當外，有建炎皇帝以避
敵遜位一事，臣等竊詳，建炎皇帝即位以來，恭儉憂勤，過失不聞。
今天下多事之際，乃人主馬上圖治之時。深恐太母垂簾，嗣君皇帝
尚幼，未能戡定禍亂。臣等今統諸路兵，遠詣行在，恭請建炎皇帝
還即尊位。欲望聖慈特降睿旨，令百官有司早行祈請建炎皇帝復位，
或與太后陛下同共聽政，庶幾人心厭服，可致中興。

王世修聞之，即派人至軍中說高宗已處分兵馬重事，令勤王軍停屯秀州，
讓呂頤浩和張浚單騎入朝。呂隨即奏稱，他所統的將士，是忠義所激，可合不
可離，願提軍入覲。苗傅等知道計窮，越發憂懼。當晚，苗、劉二人再至都堂
見朱勝非，請求去睿聖宮見高宗謝罪。朱勝非覺得為難，但仍不得已稟告高
宗。據說苗、劉二人自知罪大，疑不得見高宗，皆憂懼失色。他們翌日抵宮
門，已是下午。高宗開門納之，且令衛士掖從陛殿。今時不比往日，苗、劉二
人請高宗降下御札，以緩在外的勤王軍。高宗這回耍弄二人，說人主的親札，
不是所以取信的。取信以天下者，以有御寶。他說現在退處別宮，不預國事，
用甚麼符璽以為信？他又說自古的廢君，杜門省過，豈敢更預軍事？苗、劉二
人極請，高宗才賜韓世忠手詔，說知韓已到秀州，遠來不易。他說居此極安
寧，又說苗、劉二人本為宗社，始終可嘉。囑韓宜知此意，並叫他遍告諸將，
務為協和，以安國家。看到這道手詔，苗、劉二人信以為真，退下來以手加額
說「乃知聖天子度量如此。」於是派杭州兵馬鈐轄張永載持高宗手詔見韓世
忠。韓得手詔後，對張說高宗即將復位，事乃可緩，不然，他就與之決一死戰。
苗傅等聞之大為恐懼。〔註40〕

就在高宗行將復位時，金人陷京東諸郡，時山東大饑，人相食，而嘯聚蜂
起，巨寇宮儀和王江每車載乾屍為糧，當時兵火之餘，又有河決之患，州郡不
能相救。金兵犯青州，守臣京東東路安撫使劉洪道不能守，就率餘兵二千棄城
而去。金人盡取山東地。金帥宗翰聞高宗渡江，就徙叛臣劉豫知東平府，充京
東西淮南等路安撫使，節制大名府和開德府以及山東及河北諸州，而以其子劉

〔註40〕《繫年要錄》，第二冊，卷二十一，建炎三年三月丁未條，頁471～473；《朱
　　　熹集》，第八冊，卷九十五上〈行狀・少師保信軍節度使魏國公致仕贈太保張
　　　公行狀上〉，頁4814～4815。

麟（？～1150 後）知濟南府。自舊河以南皆由劉豫所統。比起苗傅和劉正彥，降金的劉豫才是真正的叛臣。〔註41〕

關於這場兵變的大新聞，據宋人筆記所載，被俘往塞北的徽宗在是年七月十五日也從押送官阿計替處看到金人所傳的文字，其上書云：「今年南事未定，苗傅、劉正彥廢了官家，立明受太子。」又云：「已得建康府，車駕入海矣，二太子已得四川，四太子已至兩浙」據說徽宗看後，嗚咽不勝，對阿計說：「苗傅、劉正彥敢如是，吾兒子方即位四五年，作得甚紀綱。」良久，阿計替收文字入懷。〔註42〕徽宗在金邦卻未知高宗最後化險為夷。

〔註41〕《繫年要錄》，第二冊，卷二十一，建炎三年三月丁未條，頁 474～475。

〔註42〕舊題辛棄疾（1140～1207）（撰），燕永成（整理）：《南燼紀聞錄》，載《全宋筆記》第四編第四冊（鄭州：大象出版社，2008 年 9 月），頁 49～50。

第八章 五世而絕：苗傅、劉正彥的結局

　　折騰了整個宋廷內外的三月明受之變終於以有驚無險下落幕，大贏家是站在討逆道德高地的勤王軍的呂頤浩、張浚、劉光世、韓世忠和張俊諸人。他們以後始終得到高宗的信任，呂頤浩隨即拜相，他和韓、張二將後來且獲配享高宗的殊榮。高宗在紹興二十四年（1154）八月丙午（廿五），當議定剛去世的張俊贈典時，他就舊事重提，說張俊在明受之變時，有兵八千屯蘇州，當時苗傅要朱勝非降指揮與張秦州差遣，他不受，進兵破賊，實為有功。可與贈小國一字王。張俊在高宗心中，平定苗劉之亂，就是他忠的表現。他一生受寵也源此。〔註1〕

　　孟太后在此次兵變中一直維護高宗，並與朱勝非巧妙地周旋於苗、劉一黨之中，她後來也就贏得高宗真摯的敬重，也讓她孟氏一門獲得外戚的榮寵不替。朱勝非雖然後來自請罷相，但高宗對他恩眷不替。高宗自然是大輸家，苗劉之變除了影響他的身心健康，害得他絕嗣外，還在心中投下對武將的恐懼

〔註 1〕《繫年要錄》，第七冊，卷一百六十七，紹興二十四年八月丙午條，頁 2886；《宋史》，卷三十五〈孝宗紀三〉，頁 689。日本學者寺地遵在其刊於 1988 年論南宋初期政治史的專著中，在第三章第一節已指出苗劉之變與呂頤浩得勢的關係。惟他對苗劉之變所論不多。梁偉基於 2019 年所撰一文，便詳盡考述此問題，認為後來呂頤浩得到高宗的信任，關鍵的就是討苗劉之役。參見寺地遵（著），劉靜貞、李今芸（譯）；《南宋初期政治史研究》（新北：稻禾出版社，1995 年 7 月），第三章第一節〈禁軍叛亂事件與呂頤浩之得勢〉，頁 77～82；梁偉基：〈宋高宗起用呂頤浩考略〉，《新亞學報》第 36 期（2019 年 8 月），頁 211～246。

的陰影。苗、劉一時魯莽發動兵變，卻沒有周詳計劃，雖然殺掉大批惡閹和庸將是大快人心，但後來虎頭蛇尾，上了朱勝非一批文官的圈套。主動投降，最後卻逃不過被誅殺滅族之命運，還陪上世將名門之聲名，實在可憐可嘆。

一、復辟之後：苗傅與劉正彥亡命南方

　　建炎三年四月戊申朔（初一），朱勝非等上言，報告他們在三月二十九日召苗、劉等到都堂，諭以今國家多事，干戈未弭，當急防秋之計，高宗宜復辟，總攬萬機。並說苗傅等一一聽從。孟太后即下詔准奏。朱勝非即率百官上一表，請高宗還宮。高宗作態不允。辰時，新除工部侍郎的王世修以戎服見，這時將特賜他金帶，而內帑沒有。朱勝非就派吏人向戶部尚書孫覿（1081～1169）家購之，以錢七百千償之。區區一個侍郎和一條金帶，就把王世修騙了。這時孟太后又出手詔高宗，諭今天朔日宜入見於禁中。高宗作態說他病發，身體不安，已奉表請假，請到望日（即十五）才見。孟太后又詔說嗣君年幼，強敵未寧，事尤急於防秋。而臣僚懇請，不可重違，宜恢復御朝，以安中外。百官於是再上奏。高宗又說仍以太后垂簾，不然不敢獨當。孟太后自然准奏。百官三上表畢，時已是巳刻。戲已演得差不多，高宗也掙回足夠面子，於是御殿，並由朱勝非扶掖下乘馬返行宮。杭州人都配合夾道焚香，群情大悅。高宗隨即同孟太后一同御前殿垂簾。高宗下詔尊孟太后為隆祐皇太后，嗣君宜立為皇太子。所有三月六日赦書應干恩賞等事，令有司疾速進行。人事方面，中書侍郎王孝迪罷為資政殿學士，提舉西京嵩山崇福宮，當初王除執政使金，他不辭而至。高宗不悅就即罷之。是日，呂頤浩和張浚到秀州。韓世忠以下出郊迎接，具言苗傅等用意奸回，當更為防備。呂對諸將說，國家艱危，君父廢辱，一行將佐，力圖興復。今幸已反正，但苗、劉諸賊猶握兵居於城內，包藏奸謀。事若不濟，必定反以惡名加於我。他叫韓等勉之。並說討王莽（前45～23）而敗死的漢翟義（？～7）和討武則天（624～705）敗死之唐徐敬業（634～684）之事可為戒。〔註2〕

　　值得一記的是，苗、劉二人曾派刺客欲殺張浚於秀州。據載是夜張浚獨

〔註2〕《繫年要錄》，第二冊，卷二十二，建炎三年四月戊申朔條，頁478～479；《宋史》，卷二十五〈高宗紀二〉，頁464；卷三百六十二〈呂頤浩傳〉，頁11321；《皇宋十朝綱要校正》，卷二十一〈高宗〉，建炎三年四月戊申朔條，頁615；《建炎復辟記》，頁232～235；《中興紀事本末》，上冊，卷八下，頁133。按王世修除工部侍郎及賜金帶事，《中興紀事本末》繫於三月丙午（廿八）。

坐，而從者皆已睡，忽然一人找刃立於燭後，張浚知是刺客，就問刺客是否苗
傅和劉正彥派來殺他？刺客回答是。張鎮定地說，若是，就取其首吧。刺客
說是河北人，有母在，粗讀書，知逆順，況張浚忠節，怎會為苗、劉所用而加
害？只是怕張浚防備不嚴，怕有後來者，特此相告。張浚執其手，問他要金帛
否？刺客笑答殺了張何患無財？他邊說邊拿出腰間文書，乃是苗、劉使他來刺
張的甚厚賞格。張又說刺客要留下來隨他嗎？答有母在河北，未可留也。問其
姓名，刺客倞而不答（〈張浚行狀〉則記刺客表示，若言姓名，是徼後利），然
後攝衣躍而登屋，而屋瓦無聲。時方月明，他去如飛，行動超捷若神。翌日，
張浚取郡之死囚，詭言是刺客，斬之以徇。據載張浚曾於河北訪尋此人而不可
得。羅大經（？～1252 後）說此刺客又賢於春秋時刺晉大夫趙盾（前 656～前
601）之鉏麑。〔註3〕

　　己酉（初二），高宗與孟太后垂簾聽政。起初，孟太后即欲撤簾，日高仍
不出。高宗就以御筆令朱勝非陳請。朱說應先降詔，於是暫出御殿。孟太后說
既然高宗已還宮，她便不當出來。朱同意，於是詔以四日撤簾。孟太后在此事
上做得極有分寸。同日，詔沿路尋訪先前在瓜洲掉失的太祖神主，找到的人補
官。是日最重要的詔旨，是授苗傅為淮西制置使，劉正彥為副使，並賜他們鐵
券誓書。同日，馮康國至秀州，宣諭詔旨。庚戌（初三），詔復用建炎年號，
為時一月的明受年號廢止。宰相朱勝非等在是日上言，自責他們備位政府，當
三月五日之變，義當即死，他們所以忍辱偷生至今，正是為了力圖今日之事，
他說此事之始終委曲，高宗知道，他說所有三月五日以後一應政事差除，請令
有司條具取旨。於是朱勝非率執政顏岐、張澂、路允迪請求罷職。朱等如此謙
退知情，高宗自然不許。高宗因論勤王之事，朱就說勤王兵不為無助，但只令
他們作聲援，倘若進兵交戰，則禍變難測。至於論臣僚的利害，他認為在城中
者甚危而難為功，在城外者甚安而易取名。檄文說當與天下共誅之。此雖是大
義，然事若如此。雖誅殺逆黨又有何解救？他度勤王諸人朝夕必來，他自己則

〔註3〕　《繫年要錄》，第二冊，卷二十二，建炎三年四月戊申朔條，頁 479；《中興紀
　　　　事本末》，上冊，卷八下，建炎三年三月丁未條，頁 134；《朱熹集》，第八冊，
　　　　卷九十五上〈行狀・少師保信軍節度使魏國公致仕贈太保張公行狀上〉，頁 4816
　　　　～4817；羅大經：《鶴林玉露》，卷三，甲編，「秀州刺客」條，頁 45～46；趙
　　　　與時（1175～1231）（撰），齊治平（點校）：《賓退錄》（上海：上海古籍出版
　　　　社，1983 年 8 月），卷三，頁 29；《宋史》，卷三百六十一〈張浚傳〉，頁 11299
　　　　～11300。按《中興紀事本末》將刺客之事繫於三月丁未條。

必去。他請高宗試以此意諭他們。朱勝非一番合情合理的話為高宗接受。高宗御筆批示以張浚除中大夫知樞密院事，以獎其功。張浚時年三十三，人們以國朝執政，自太宗朝寇準（961～1023）以後，未有像張浚如此年少的。高宗又再加苗、劉二人官，加二人檢校少保，許他們以所部出行。又以其部屬直龍圖閣張達為淮南西路轉運判官，由他負責供應軍食。本來苗傅請以王世修為參議，但朱勝非說王世修已從官了，豈可再從軍。苗傅就沒話說。另朱勝非又以中書舍人兼權直學士院張守為御史中丞，以他曾參預復辟之議之功。朱勝非等授苗、劉淮西制置使之官，分明是調虎離山之計，而非放虎歸山。他不讓王世修隨行，以王是苗、劉謀主之故。苗、劉卻不知帶兵離開杭州，就失去了挾持高宗以及孟太后等作為人質，而可以和朱、呂、張諸人討價還價。〔註4〕

　　是日，呂頤浩和張浚大軍到達臨平山下，防守該地的苗翊和馬柔吉率赤心軍仍困獸猶鬥，以重兵負山阻河為陣，於河中流植木為鹿角，以梗行舟。苗翊以旗招韓世忠出戰。據韓世忠墓誌所記，韓看不起苗翊，說乳臭兒敢爾耶？當初韓世忠以劉寶非他所部，於是盡收其家屬詣軍。將戰時，韓世忠將其家屬之船靠於岸下，而率將士當前力戰，張俊軍在其後，而劉光世軍又在其後。韓軍小卻，韓叱其部將馬彥溥揮兵以進。岸間泥濘，馬不得馳騁，韓就下馬持矛突前，號令其將士說今日各以死報國。若將士面上不帶幾箭的，必斬之。軍士於是殊死戰。呂頤浩時在中軍，被甲立於水中，出入行伍間督戰。轉戰至翁刀山下，苗軍以神臂弓數千持滿以待。韓世忠瞋目大呼，挺刃而前，苗軍不及發矢，結果連戰擊敗苗翊軍。苗傅和劉正彥派兵援之，卻不能進。這時朱勝非命諸將集兵於皇城門外，城中震恐。知杭州康允之對朱說，不如派人諭苗、劉二人，命他們引兵速去淮西。呂頤浩等進兵至北關，苗、劉二人往見高宗，請設盟誓，兩不相害。高宗賜金勞遣，苗、劉二人退往都堂，請朱勝非速賜鐵券。朱勝非命所屬檢詳故事，如法製造。是夕，苗、劉二人引精兵二千人，開湧金門以出。他們命其徒所在縱火，幸而遇到大雨，火不能起，他們遂逃遁。當夜，尚書省檄諸道捕苗、劉等人。韓世忠、張俊和劉光世軍馳入城，至行宮門外，韓想進入，其屬下張介諫他不可，說雖聞苗、劉二人已去，其他尚未可知。守宮門的人聞知，即報告高宗。高宗步至宮門外，握韓手慟哭。劉光世和

〔註4〕　《繫年要錄》，第二冊，卷二十二，建炎三年四月己酉至庚戌條，頁480～481；
　　　　　《宋史》，卷三百六十二〈朱勝非傳〉，頁11318；趙鼎：《建炎筆錄》，頁102；
　　　　　《中興紀事本末》，上冊，卷九，頁136。

張俊繼至，並見於內殿。高宗嘉勞久之。〔註5〕高宗終於脫險，而苗、劉則成為落水狗，人皆喊打。

辛亥（初四），孟太后撤簾，呂頤浩和張浚引勤王兵入城，都人夾道聳觀，

〔註5〕 據岳飛孫岳珂（1183～1243）所記，朱勝非自述說當勤王軍已抵杭州，朱勝非從中調護，於是高宗復辟。這時有詔以苗、劉二人為淮南西路制置使，令二人將其部曲之任。當時劉正彥有挾持高宗等南走之謀，苗傅卻不從。朱等宰執微聞之而憂，盼他們速去。這時張浚為設計，使請鐵券。既朝辭，就往都堂袖箚子以進，朱詭二人說高宗賞二人忠義，一定不會吝此之賜。於是問堂吏取筆，判奏行給賜，令堂吏檢所屬故事，如法製造所謂鐵券，不得延誤。苗、劉聞言大喜，當晚便引眾遁去，不再譁變，那是建炎三年四月己酉（初二）。明日將朝會，郎官傅宿扣待漏院，稱有緊急事。朱勝非命召入。傅宿說，昨日收到堂帖，將給苗、劉二將鐵券，此乃非常之典，今日可以行嗎？朱取傅所持的堂帖，對其他執政秉燭同閱，忽然說命他檢詳鐵券故事，曾檢得否？回答說找不到。朱又問如法製造，其法如何？回答說不知。朱再問如此可給乎？執政皆笑。傅宿這時也笑了，並說已得到了，表示明白是甚麼回事。於是引退。後來傅宿論功遷一官。又關於鐵券的傳說，廖寅教授近撰一文，他從晚明浙江嘉興人李日華（1565～1635）的《六研齋筆記》找到一條記載，記宋太祖（927～976，960～976 在位）的從龍功臣，傳說有份出席所謂「杯酒釋兵權」酒宴的禁軍大將王審琦（925～974）的十三世孫王甫（字允剛），藏有太祖賜王審琦鐵券。李日華之詳載券詞內容，詞末記是建隆三年月日賜。李氏又記著名畫家王蒙、王甫的同宗亦記載了王審琦獲賜鐵券事。另李日華又引述王蒙所記，稱王甫乃王淵的八世孫，是元末明初人。廖氏相信李日華所記王甫所藏的祖傳鐵券是真的。廖文並引述苗傅和劉正彥索取鐵券的事，又論苗劉二人要索取鐵券，顯然是借助鐵券的免死功能來自保。廖文主旨在以王審琦獲賜鐵券之事聯繫「杯酒釋兵權」、「太祖誓碑傳聞的真偽。惟廖氏此文失考的是，所有宋人關於王淵生平的記載，都沒有記他是王審琦的後人，而所謂王甫是王淵的八世孫，是王審琦的十三世孫，就不知明人王蒙有何根據。在兩宋之際，真的是是王審琦後人而有名的，就有欽宗的母舅，在靖康年間任殿帥的庸將王宗濋（？～1131 後）。另廖文也失考朱勝非等人對苗劉二人索取所謂鐵券的態度，從上文所記朱勝非對堂吏的詢問的反應，可見朱不以為宋廷真的賜過功臣鐵券，那不過是人們的傳聞而已。是故明人李日華這則記載，只能聊備一說，除非太祖其他功臣如趙普等的後人能提供相同擁有的鐵券的確實記載。參見《繫年要錄》，第二冊，卷二十二，建炎三年四月庚戌條，頁482～483；《中興遺史輯校》，「建炎三年」，四月二日己酉條，頁111；《中興紀事本末》，上冊，卷九，頁136；《朱熹集》，第八冊，卷九十五上〈行狀·少師保信軍節度使魏國公致仕贈太保張公行狀上〉，頁4815；趙鼎：《忠正德文集》，文淵閣《四庫全書》本，卷七，葉二下；《宋史》，卷三百六十二〈呂頤浩傳〉，頁11321；卷三百六十四〈韓世忠傳〉，頁11359；岳珂（撰），吳企明（點校）：《桯史》（北京：中華書局，1981 年12 月），卷六，頁69；〈韓世忠墓誌銘〉，頁51；〈韓世忠神道碑〉，頁279；廖寅：〈王審琦鐵券與「杯酒釋兵權」、「太祖誓碑」新解〉，《史學月刊》（開封），2023 年第3 期，頁27～36。

皆以手加額慶祝。據《夢粱錄》所記，韓世忠入城時掩擊苗傅餘部的倚郭城北、羅場後的堰橋，杭州人就以韓取勝而改名為德勝橋，又名長板橋。當呂、張與諸將見朱勝非於殿廬並求對時，閤門就說故事臣僚無與宰執同對的。朱勝非即說呂頤浩是樞密固可隨班，然也須由高宗降旨免見，其餘的人則不知。不過，高宗很快下旨，命呂隨朱一班，餘人別作一班進見。二府奏事畢，呂出劄子，請索改年號以後事由朝廷看詳。高宗說已有旨。朱對呂說，昨日得旨，今三月五日以後事皆看詳，不但改年號後。班退後，朱留身請罷相。高宗問他何必一定要退下。朱就說國家厄會，君與相當之。以高宗聖德尚且避位二十餘日，他是甚麼人，豈可苟安相職？高宗拗不過他，就說他言之有理，但讓他更思之。朱頓首拜謝。呂張見過高宗後，高宗又召見勤王有功的趙哲、李迨、楊可輔、辛道宗、李承造和王圭。高宗又特召張浚至禁中，說孟太后知他忠義，想一識他面。剛才垂簾時已見到他自庭下走過了。張浚惶恐謝。高宗說想以他為相，但張浚辭以晚進不敢當。留在城內的苗傅黨羽王世修便首先被捕，韓世忠手執王屬吏，並拘押其妻。高宗詔劉光世鞫問其始謀以聞。這個發夢取功名富貴的王世修，很快便夢醒並大禍臨頭。同日，苗傅軍出杭州清波門，犯杭州附近的富陽縣（今浙江杭州市富陽區），因此路可通徽州、宣州、嚴州、婺州（今浙江金華市）、湖州、廣德軍（今安徽廣德市）諸州軍。宋廷除派統制官喬仲福（？～1137）追擊之，又詔現今逢敵潰散，要諸郡派將領各於界首防守。如遇上苗、劉潰兵，便可行招降，除了苗、劉等數人外，其餘被脅從的將佐、使臣、效用和軍兵等本不知謀，都係無罪之人，限一月出首，所在地方給公據，赴行在，依舊收管。其出首輒有擅行殺戮的，都依擅殺平人法。宋廷又詔在籍守制的官員率保甲追擊苗、劉殘兵。不過，在嚴州守制的宣教郎監池州永豐監王縉（1073～1159）奉詔起復率本部松村保甲追擊苗、劉軍時，王卻以未終制而不受命。幸而嚴州守臣王慶長（1055～1129）當苗傅率兵一夕入境時，他派人迎之，說嚴州城無現糧，非苗軍所宜守。他又檄境內官軍來援。苗軍見攻無所得就退去。當苗軍薄城時，居民震擾，有兵卒謀為內應。王慶長密何得之，盡寘之法。有人說其謀未露，宜在貸減。王說幸未露，乃能得之，不然悔不及。後來盡得其謀，州人始服王之決斷。〔註6〕

<hr>

〔註6〕《繫年要錄》，第二冊，卷二十二，建炎三年四月辛亥條，頁483～484；鄭毅：《建炎復辟記》，頁235～236；《秀水閒居錄》，「佚文」，頁386；《宋史》，卷三百六十二〈呂頤浩傳〉，頁11321；卷三百七十四〈李迨傳〉，頁11592～11593；

　　壬子（初五），高宗初御殿受群臣朝見。新任知樞密院事張浚等上言，以逆臣苗傅和劉正彥引兵由嚴州路遁走，他說除了行下嚴州、秀州、越州、池州、湖州、宣州、衢州（今浙江衢州市）、平江府和江寧府外，請下諸州，生擒二人者，白身除觀察使，不願就官的賞錢十萬緡。斬其首者依此賞。而捕獲王鈞甫、馬柔吉、張逵、苗翊、苗瑀的，並轉七官。其餘一行官兵將校，並與放罪，一概不問。仍請多降黃榜曉諭。高宗自然准奏。同日，又詔前日皇太子嗣位赦文內「優賞諸軍」改作「復辟優賞」，其餘就不行。這日，執政奏事畢，朱勝非再留身請罷，高宗不許。朱就說若他不去，人們必以為有所壅蔽。他去職後，公議乃見。他又說他備位宰相，至使苗、劉等賊臣敢弄兵犯闕，高宗不以他即死，而猶在相位，他有何面目以見士大夫？高宗仍不許，朱就說高宗若要用他，可待他日。他願以死報高宗。他說今日之罪，他不自安，請避相位。高宗問誰可為代，他說以時事而論，須由立功的呂頤浩和張浚。高宗再問二人誰較優。朱就說出二人的優劣，說呂頤浩練事而麤暴，張浚喜事而疎淺。高宗說都輕，而張浚太少年。朱說他自蘇州被召，軍旅錢穀，都交付於張浚。後來勤王所事力皆出於此。此舉實由張浚所主。但若從二人中擇一，他認為應先由呂頤浩。高宗首肯。朱拜辭將退時，高宗說即今由他押赴都堂，令劉光世、韓世忠和張俊皆參見都堂，以正朝廷之體。朱說他聞唐李晟（727～793）平朱泚（742～784）之亂，奏稱已肅清宮禁，只奉寢園。當時寇污宮禁，李晟擊出之，故云肅清。今高宗還宮已數日，將士直突呼叫，入至殿門，實在不知道

吳自牧（？～1274後）（撰），黃純艷（整理）：《夢粱錄》，收入戴建國（主編）：《全宋筆記》第八編第五冊（鄭州：大象出版社，2017年7月），卷七〈杭州·倚郭城北橋道〉，頁154；《宋會要輯稿》，第十四冊，〈兵十·出師·苗傅、劉正彥〉，頁8806；張栻（1133～1180）：《南軒集》，文淵閣《四庫全書》本，卷三十八〈王司諫縉墓誌銘〉，葉八上；劉一止（1078～1161）：《苕溪集》，文淵閣《四庫全書》本，卷五十〈宋故左中奉大夫致仕文安縣開國男食邑三百戶王公墓誌銘〉，葉十下至十二下。考李迨從高宗開大元帥府始，他就一直籌辦軍需無缺。當呂頤浩和張浚集勤王之師，李流涕對諸將說，叫他們放心出征，不用擔心軍食。師行所至，食皆先具。事平，他和趙哲入見，高宗慰勞之，詔轉三官，辭不拜，除權戶部侍郎。又順帶一提，朱勝非在其《秀水閒居錄》中，指韓世忠部將陳思恭和孫世詢等入城時，皆以塵土蒙面，而衣裳破裂，亦有面頰封藥如金瘡者。朱引杭州人笑說他們舟行未嘗有塵，又不曾戰鬥，何故損傷？據張曉宇的考證，那是朱勝非故意不提臨平之戰韓部之戰鬥，以貶損勤王軍之功。事實上臨平之戰雙方曾有激烈戰鬥。這點李心傳已辨明。參見張曉宇：〈汪應辰題跋「本朝史」意識之芻議〉，（未刊稿），「當代史書寫之理解」，注69～71。

理。朱退下，見劉光世等已下都堂。韓世忠說金人固難敵，若苗傅只有少許漢兒，何足畏者。韓是指苗手下的赤心隊。朱就請韓盡快追討，不要讓苗、劉過江。這時御史中丞張守上奏論朱勝非等不能思患預防，致苗、劉猖獗，請罷朱等。但疏留不出。朱勝非果然有先見之明，他久經官場，正如王曾瑜教授所說，朱「精通專制政治的三昧，盡管自己在這次驚心動魄的政變中，費盡心力保護保全官家，但事後卻必須及時引退」。知道一定有言官要參劾他沒有防止苗、劉起事，一定要人負上責任，雖然高宗和孟太后心中明白，朱勝非有功無過。真正應該負責的，其實是高宗本人。〔註7〕

癸丑（初六），高宗就順應朱勝非之請，將他罷為觀文殿大學士出知洪州。他在相位凡三十三日。制詞由工部尚書兼直學士院王綯所撰（按《宋宰輔編年錄》收錄制詞全文，而題為李邴所撰），自然寫得很得體，表揚其功，略曰：「具官朱勝非。襟度凝遠，才資偉閎。量涵廣博而持之以遜謙，識照機微而晦之以靜密。……亟馳召節，超秉國鈞。無何信宿之間，乃爾震驚之遽？深惟菲德，退避別宮。甫再踰旬，即復大位。雖援兵之交至，亦秘策之允臧。誠篤愛君，義深保國。靡弛討伐，專務靖安。既洪濟於多艱，忽力祈於丕責。章屢卻而仍上，使既召而復歸。深亮乃誠，重違其請。」趙甡之《中興遺史》對朱勝非的作為即評說：「勝非為相，適遭苗劉之變。勝非之性緩而不迫，雖柔懦而安審，故能委曲調護二賊，使不得肆為悖亂。王世修，賊之腹心謀事之人也，勝非牢籠之，反能得二賊之心，而二賊不覺。故世修與二賊言事，二賊信之，皆勝非所使也。至是，勝非乞罷相，且自陳苗傅申請十八事，臣等皆不為施行。識者聞勝非言於此，不及也。」這看到朱一直和苗、劉周旋之力。翌日，高宗賜手詔嘉勞朱，命他改知平江府。但朱很知情，他以平江是高宗巡幸所經過之地，就力辭。同日，高宗任命朱所推薦的呂頤浩為相，並引用朱勝非例，將呂遷五官。自資政殿學士太中大夫同簽書樞密院事特遷宣奉大夫，守尚書右僕射兼中書侍郎兼御營使。原執政門下侍郎顏岐、尚書右丞張澂並罷為資政

〔註7〕《繫年要錄》，第二冊，卷二十二，建炎三年四月壬子條，頁484～485；《建炎復辟記》，頁237；《秀水閒居錄》，「佚文」，頁386～388；《宋史》，卷三百六十二〈朱勝非傳〉，頁11318；卷三百七十五〈張守傳〉，頁11612；《中興遺史輯校》，「建炎三年」四月六日癸丑條，頁111～112；徐自明（撰），王瑞來（校補）：《宋宰輔編年錄校補》（北京：中華書局，1986年12月），第三冊，卷十四〈建炎三年〉，頁933；李幼武：《宋名臣言行錄·別集》，下卷二〈呂頤浩　成國忠穆公〉，葉二上；《宋會要輯稿》，第十四冊，〈兵十·出師·苗傅、劉正彥〉，頁8806；王曾瑜：《宋高宗傳》，第五章〈苗劉之變〉，頁56～57。

殿學士，顏提舉南京鴻慶宮，張知江州兼江東湖北制置使。張執政才四十六日。另簽書樞密院事資政殿學士路允迪仍舊職提舉醴泉觀兼侍讀。高宗擢陞端明殿學士同簽書樞密院事李邴守尚書右丞，端明殿學士同簽書樞密院事鄭瑴進簽書樞密院事。苗傅一黨第一個被誅的是王世修。起初高宗命劉光世處置他，後派監察御史陳戩鞫王世修於劉光世軍中。王供稱苗傅等疾閹官恣橫，當聞王淵為樞密，愈不平，於是和他等謀，先伏兵於城西橋下斬王淵，再殺內官，然後領兵伏闕，脅迫高宗禪位。陳戩以王之供詞以聞，詔斬王於市。苗傅是日尚未知王被殺，他續率兵犯桐廬縣。〔註8〕

高宗對朱勝非眷寵不衰，宣佈朱出知洪州後，又賜詔褒諭，重提朱勝非在平定苗、劉之亂的大功，過於勤王諸臣：

> 卿位宰司之三日，變起倉卒。方群兒肆虐，脅制上下，圖謀僭逆。卿在廟堂，能折姦言，拒而不行，保安兩宮，卒以無虞。雖在外大臣提兵入援之力，實卿謀慮周密，終始保佑之功。朕甚嘉之，已除卿觀文殿學士知平江府。蓋朕將幸建康以援中原，倚大臣為屏翰，委任矣。

朱勝非聞命力辭平江府之任，只請仍舊知洪州，高宗累詔不從，章五上乃許之。據朱自述，他因南渡而盡棄行囊，一簪不存，現時他只攜一布囊往洪州。他即奏請免謝辭，直往城外的接待院，路人皆笑，亦有嘆息見憐他逢大變，委曲調護二賊，不敢別生他心，實為大功。〔註9〕

甲寅（初七），高宗大封勤王有功臣僚：劉光世擢陞為太尉御營副使，本來御營副使皆以授執政，當劉還朝時，本來高宗要擢他為樞使，既而改命為御營副使以寵之。另外，高宗又擢韓世忠為武勝軍節度使，充御營左軍都統制。張俊擢為鎮西軍節度使充御營右軍都統制。秘閣修撰知平江府湯東野充徽猷閣待制，朝奉大夫知常州周杞充右文殿修撰。其餘將佐皆進官二等。張浚又表奏迪功郎呂擭自城中以蠟書密陳苗、劉反狀，而進士呂擢掌文字有勞。於是呂

〔註8〕《繫年要錄》，第二冊，卷二十二，建炎三年四月癸丑條，頁485～486；《宋史》，卷二十五〈高宗紀二〉，頁464；卷二百〈刑法志二〉，頁5002；《中興遺史》，「建炎三年」，四月六日癸丑條，頁111～112；《宋宰輔編年錄校補》，第三冊，卷十四〈建炎三年〉，頁932～933；《揮塵錄》，後錄卷九，第268條，「王廷秀《閱世錄》載明受之變甚詳」，頁149。考《宋史・高宗紀》將斬王世修事繫於四月甲寅條。

〔註9〕《秀水閒居錄》，「佚文」，頁388；《宋宰輔編年錄校補》，第三冊，卷十四〈建炎三年〉，頁933～934。

摭改京官，呂擢授官。韓世忠因曾受王淵厚恩，就為他請地厚葬，而韓經紀其家，不遺餘力。後來還詔贈王淵開府儀同三司（按王淵到乾道初獲賜諡襄閔）。而康履也獲贈官，諡榮節。同日，宋廷處決苗、劉另一同黨御營中軍統制官權主管步軍司公事吳湛。當韓世忠入宮見高宗時，高宗步至宮門，握韓手慟哭，指吳湛佐苗、劉為逆為最，吳現尚留在他肘腋，諭韓世忠先對付他。韓說此易事耳。這時吳已不自安，嚴兵為備，韓往見吳和他說話，突然折其中指，並執他出來，吳統的門下兵衛驚擾。韓按劍叱之，無敢動者。於是高宗詔戮吳湛於市。高宗再以勤王有功的統制官辛永宗為帶御器械，充御營使司中軍統制。而權主管殿前司公事王元責英州，左言責賀州安置。這時言官又來清算與苗、劉有來往的文臣。是日，殿中侍御史王廷秀入對，論徽猷閣待制知杭州康允之、直秘閣兩浙轉運副使劉蒙、吏部員外郎范仲熊、金部員外郎兼兩浙路提舉市舶公事吳說（？～1038後）之罪。另一言官張綱（1083～1166）也指他和陳鑄皆輕儇不端，素無行，而吳在苗傅叛逆時附會兇黨，不應授權發遣江南西路轉運判官。高宗認為范仲熊不是如此，王說范在宣和時實出於權閹梁師成（？～1126）門下。王廷秀論范仲熊，說他與苗、劉親暱，又說三月五日之事，後軍統制范實與聞。但高宗不信，而張浚又為他百拜力請。高宗於是輕判，詔康允之和劉蒙奪職，吳說免官，而范仲熊除名，柳州（今廣西柳州市）編管。王廷秀又劾當日力主殺康履的浙西安撫司主管文字機宜時希孟之罪。高宗信之，怒甚，要梟時之首，賴執政解救之，於是將他除名編管吉陽軍（今海南三亞市）。當日敢怒斥時的章誼遷二秩。這時始議反正，以樞密都承旨馬擴亦往來其間，以他為觀望，就停其官，永州居住。另外，杭州兵馬鈐轄張永載被指朋附苗、劉奸邪，除名編管瓊州（今海南海口市）。武功大夫永州團練使兩浙兵馬都監鄭大年則責授汝州團練副使英州安置。以言官劾他當苗、劉屯兵湖州之小林時，苗傅二人無緣知此徑路，當是鄭大年召之，於是將鄭重貶。宋廷特別是言官對涉及苗、劉的臣僚都窮追猛打，其實是報復異己。〔註10〕

〔註10〕《繫年要錄》，第二冊，卷二十二，建炎三年四月甲寅條，頁486～487；第四冊，卷八十一，紹興四年十月庚辰條，頁1359；第五冊，卷一百二十一，紹興八年八月辛酉條，頁2034；《中興紀事本末》，下冊，卷四十五，紹興八年八月辛酉條，頁662；張綱：《華陽集》，文淵閣《四庫全書》本，卷十七〈奏狀‧駁陳鑄吳說差遣指揮狀〉，葉一上至二上；《宋史》，卷二十五〈高宗紀二〉，頁464；卷三百六十四〈韓世忠傳〉，頁11360；卷三百七十九〈章誼傳〉，頁11685；卷四百七十五〈叛臣傳上‧苗傅〉，頁13808；《揮麈錄》，後錄卷九，第268條，「王廷秀《閱世錄》載明受之變甚詳」，頁149～150；〈韓世忠神道

　　乙卯（初八），宋廷經歷大變後，就大赦天下，宣佈舉行仁宗法度，而錄用元祐黨籍之人。即嘉祐法有與元豐不同的，賞格聽從重，條約聽從寬。凡係徽宗所立的石刻黨人，都給還元官職和合得恩澤。一應諸路上供木炭油蠟之類，有困民力而非急用之物並罷。天下民庶許置弓弩，技精者保試推恩。這場兵變總算帶來好的效果。丙辰（初九），苗傅遁至白沙渡，所過之處都焚橋梁以遏宋廷的追兵。劉光世派其大將前軍統制王德助喬仲福討之。丁巳（初十），在四月初二日從衢州抵杭州的朝奉大夫趙鼎（1085～1147）對張浚說，隆祐太后於復辟一事，其功甚大。應當檢會累朝捲簾之事，推恩其家。張浚用趙之言，並薦趙於高宗。高宗自然同意推恩孟家，是日，就擢孟太后姪孟忠厚從常德軍承宣使，建節為寧遠軍節度使醴泉觀使。高宗有感於苗劉之變禍起於入內臣，不管是否真心，是日他下詔言自崇寧以來，內侍用事，循習至今，理宜痛革。下令自今內侍不許與主兵官交通，假貸饋遺，及干預朝政。如違並行軍法。當年力主誅康履的軍器監葉宗諤，獲擢直龍圖閣充江淮發運副使。是日，苗傅軍犯壽昌縣（今浙江建德縣），所至掠居民，黥以為軍，以補充軍力。戊午（十一），喬仲福追擊苗傅至梅嶺，敗之，苗傅逃往衢州的烏石山。庚申（十三），宋廷改宰執的職名，宰相呂頤浩改同中書門下平章事，尚書右丞李邴改參知政事。是日，苗傅軍犯衢州，宗室衢州推官趙子瀟（1101～1166）佐守臣胡唐老（？～1130）繕完城具，據城拒之，時大雨雹，而城上矢石俱發，苗傅攻不克。只好引軍離去。胡以功擢秘閣修撰，趙也以功進一秩。〔註11〕

　　碑〉，頁 279～280；洪邁（1123～1202）（撰），李昌憲（整理），《夷堅志》（四），收入戴建國(主編)：《全宋筆記》第九編第六冊（鄭州：大象出版社，2018 年 3 月），《夷堅三志辛》，卷三，「王樞密招魂」條，頁 319～320。關於王淵的身後事，據《夷堅志》所記，他被殺後，骸骨不存。苗劉之亂平定後，宋廷詔令招魂以葬，官給其費，而子弟懦弱，久未得集。紹興三十年（1160），死於金人的王倫（1084～1144）獲宋廷許以在宜興作墓，他的家人卻發現其墓地為王淵的家人所奪。兩家幾乎為此動刀爭鬥。事聞於州縣，乃知曲在王淵家。但王淵的部將多顯貴，州縣官就命王倫子另卜地，而由轉運司負責興辦了事。以此觀之，王淵的後人恃著亡父部屬多為權貴（包括韓世忠），就橫行鄉曲，顯然不是善類。又考時為左朝散大夫的吳說因被指與苗傅軰有交情，屢被言官彈劾，十年不得調。高宗在紹興八年（1138）八月辛酉（初八），就對宰執說，吳說累赦不得自新，不是他用人之意。可諭言官，負過被廢之人，或已當行遣，以後不要再論列。另外，馬擴也因為苗傅之故而遭投閒置散，趙鼎在紹興四年（1134）十月，便對高宗盛稱馬有才可用，只為苗傅事而得罪被貶。

〔註11〕　《繫年要錄》，第二冊，卷二十二，建炎三年四月乙卯至庚申條，頁 488～491；卷三十，建炎三年十二月戊寅條，頁 604；《宋史》，二百四十七〈宗室傳四・

癸亥（十六），高宗以苗、劉未平，議遣大將，呂頤浩薦給事中周望，於是以他他為江浙制置使。周有口才，喜談兵，故呂薦之。另宋廷以戶部郎中朱異為江浙隨軍轉運使。因知衢州胡唐老之薦，周望辟頗有識見的迪功郎衢州司刑曹事張邵（1095～1155）為幕僚，充準備差事。同日，喬仲福與王德軍至衢州。宋廷以苗傅等犯壽昌縣，據險二寨，又令楊可輔催督嚴、徽、衢、信、饒、池州縣尉，部領新舊弓手，三合把隘。其縣尉兵，仍聽喬仲福節制，而不得勾赴軍前使喚。他們各州軍兵只令於本州守禦防托。乙丑（十八），周望上言以捕殺苗、劉二人之賞既重，而並眾想降的未有賞以來之，恐怕無以解疑。於是宋廷即詔苗、劉部眾降順的人，有官的遷一等，兵級親二資，無官的補進武校尉。丙寅（十九），宋廷詔諸路靖勝軍並撥隸御營右軍都統制張俊。又令兩浙轉運司運封樁米四十萬斛赴江寧府，因高宗準備巡幸。同日，苗傅又犯衢州的常山縣（今浙江衢州市常山縣）。丁卯（二十），高宗從杭州出發往江寧府，留下簽書樞密院事鄭毅衛孟太后。是日，韓世忠自請率兵討苗、劉，以韓為江浙制置使，從衢州和信州（今江西上饒市信州區西北）方向追擊之。韓入辭，對高宗說他當撲滅苗、劉二人，並說「主辱臣死，臣誓不與之俱生，請縛二凶以快中外之憤。」他問高宗要生擒他們還是函首以獻。高宗說能殺他們就夠了。韓說他發誓生擒二人，公開誅戮於市，為宗社雪恥。當時殿前衛士宋金剛和張小眼者，號有臂力的。韓就請二人隨行，使之護苗、劉二俘來獻。高宗壯之，取巨觥以餞韓世忠。戊辰（廿一），苗傅犯玉山縣（今江西上饒市玉山縣）。據張浚在是日覆呂頤浩十九日的手書，高宗在十九日因赤目而不視朝。他又說建康和鎮江入納軍需甚盛，供韓世忠一軍已可應付至五月二十五日。辛未（廿四），苗傅軍屯沙溪鎮，喬仲福和王德乘間入信州。這時統制官巨師古（？～

趙子瀟），頁 8746～8748；卷四百五十三〈忠義傳八·胡唐老〉，頁 13332～13333；卷四百六十五〈外戚傳下·孟忠厚〉，頁 13585～13586；卷四百七十五〈叛臣傳上·苗傅〉，頁 13808；《宋會要輯稿》，第十四冊，〈兵十·出師·苗傅、劉正彥〉，頁 8806；周南：《山房集》，卷八〈雜記〉，葉二十七上；《中興紀事本末》，上冊，卷九，建炎三年四月戊午條，頁 139。胡唐老在金人破京師時，被金人責以搜括金銀不力以幾被杖死，卻以疾得免稱臣於偽楚。當苗傅南犯衢州，檄時知衢州的胡唐老應辦軍需。胡諭屬下說，檄文用明受年號，他只知建炎而已。討叛可也，何以應辦軍需。苗軍攻城被他擊敗後，他歷知鎮江府兼浙西安撫使。到建炎三年十二月戊寅（初四），杜充降金，建康失守。潰卒戚方欲犯臨安府，挾胡以從，胡怒罵戚，為戚所殺。宋廷後贈胡徽猷閣學士，諡定愍。趙子瀟後官至龍圖閣直學士知泉州（今福建泉州市），乾道二年（1166）卒於官，年六十六。

1145後）自江東討賊還，就與喬合軍會信州。苗傅未至信州十里，聞官軍在，於是還屯於衢州和信州之間。當苗軍將入信州時，信州人情洶湧將潰，幸而信州通判田有嘉（1077〜1142）率州兵拒之，苗軍不能入，就退往福建。〔註12〕

御史中丞張守對於派周望討賊，大有保留，他說周望不曾用兵，兼人數不多，未必可恃。他又說道路傳說，苗、劉軍在嚴衢之間大肆猖獗，又謂官軍小敗，王德戰歿。他說聞得范瓊將兵十萬已到衢州常州縣，他請高宗以御札諭范瓊，令他措置捉殺苗、劉。他又說聞得范瓊昨在淮西，曾作書遍告諸郡，自辨壽春之事並非其部曲之過，是本府兵自為亂，說看來他亦有畏義之心。他說范瓊之來，必以苗傅之事勤王，因而獎用，必能效力。不過，張守所見大有問題，王德並未戰死，而范瓊也絕不可靠，他和安撫使胡舜陟為軍糧爭執，胡傳檄諸郡，勿給其糧。他就自光州、蘄州（今湖北黃岡市蘄春縣）渡江，引兵往洪州駐屯。完全沒有討苗、劉之意。〔註13〕

壬申（廿五），高宗立其子魏國公旉為皇太子，以工部尚書王綯為資政殿學士權太子少傅。因當時苗傅之眾仍盛，勢未可擒。於是言者說王、馬二人現統率赤心隊，為先鋒以拒宋官軍，請下詔寬二人之罪，以誘致其降。於是臣僚在是日奏稱王鈞甫和馬柔吉前後用心，實非負國，望特赦其罪，許其率其自歸，仍給旌賞。這一分化苗、劉部眾的手段，高宗自然准奏。值得一提的是，當年苗傅的上司梁揚祖曾被任為徽猷閣待制充淮東制置使，但權給事中劉寧論他怯懦避事，且數其父子，頁交結權貴之罪，於是宋廷收回成命。梁幸而沒給人劾他和苗傅有何往來，不然罪責更大。

二、末路浦城：苗傅劉正彥的兵敗被擒

苗傅和劉正彥在四月向浙江和江西南竄，最後逃往福建的絕地，他們已是

〔註12〕《繫年要錄》，第二冊，卷二十二，建炎三年四月癸亥至辛未條，頁 492〜493；《宋會要輯稿》，第十四冊，〈兵十·出師·苗傅、劉正彥〉，頁 8806〜8807；《宋史》，卷三百六十八〈王德傳〉，頁 11448；胡寅（撰），容肇祖（1897〜1994）（點校）：《斐然集》（與《崇正辨》合本）（北京：中華書局，1993 年 12月），下冊，卷二十六〈墓誌銘·朝議大夫田公墓誌銘〉，頁 572〜574；〈韓世忠墓誌銘〉，頁 51；〈韓世忠神道碑〉，頁 279；《周必大集校證》，第三冊，卷六十五，《平園續稿》二十五〈神道碑·敷文閣待制贈少師張公邵神道碑·慶元五年夏〉，頁 956；李偉國（編）：《宋文遺錄》（上海：上海書局出版社，2022年 12月），第二冊，卷七十一〈張浚·與元鎮丞相簡手字帖〉，頁 1310。

〔註13〕張守：《毘陵集》，卷四〈箚子·乞令范瓊討苗傅劉正彥箚子〉，頁 60；《繫年要錄》，第二冊，卷二十二，建炎三年四月丁丑條，頁 494。

窮途末路。五月戊寅朔（初一），當高宗估計苗、劉早晚會被擒獲，不再成為大患，他在經過常州時，就詔以張浚為宣撫處置使，以川陝、京西和湖南北路為其所部。高宗委張浚以大任的理由，是張被問及方今大計時，張自請身任川陝事，置司秦州（今甘肅天水市），而請別委大臣與韓世忠鎮淮東，另由呂頤浩扈駕至武昌（今湖北武漢市），由張俊和劉光世隨行，這樣安排，就可與秦州首尾相應。高宗接受張的計劃。起初高宗除張浚為招討使，但左司郎中兼權中書舍人李正民（1073～1151）表示川陝是宋境，不當以招討之名。請用唐代裴度（765～839）故事。高宗同意，於是張浚除宣撫制置使，並許他便宜黜陟官吏。高宗親作詔書賜之。高宗君臣這番作為，是經歷苗劉之亂後，想收復失土以振奮人心。這時御史中丞張守聞得呂張二人同議，準備奉高宗幸武昌，為趨陝西之計，又想徙中原之民於東南。張守與左諫議大夫滕康（1085～1132）皆持不可，說東南今日之根本，高宗要遠去，則奸雄易生窺伺之心。況且將士多是陝西人，以蜀地近關陝，可圖西歸，不過將士為此計耳，不是為高宗和國家計。張守併陳其害十，至殿廬又對滕康說，高宗幸蜀之事，他們當以死力爭不可。張守又以苗、劉竄身東走，未知他們往何處去，若知高宗西巡四川，則必定攻江浙之虛弱之地以逞其暴。高宗最後採納其言，並擢滕為翰林學士。這時顯謨閣直學士翟汝文（1076～1141）也上疏請幸荊南，他高宗不從。高宗君臣這時的注意力就放在從何處恢復疆土，但意見不一。〔註14〕

　　宋廷言官處置完苗、劉有關的一黨後，又回過頭來嚴辦早已被重貶的黃潛善和汪伯彥。右司諫袁植劾黃、汪二人是國之奸賊，其罪不在宣和賊臣王黼（1079～1126）和蔡攸（1077～1126），且二人怙寵擅權，蔽賢嫉能，登相府皆未踰年，而天下幾失三分二。他說高宗縱釋二人不誅，奈何廟社稷何？他請檻送二人斬於都市，以崇國體。高宗礙於言官之論，就詔責黃降充江州團練副使，汪降充寧遠軍節度副使，並即其州安置。若非苗劉之變之影響，言官可能不會對二人窮追猛打。是日，韓世忠兵發杭州。〔註15〕

　　庚辰（初三），江浙制置使周望引兵至衢州，而苗傅與其眾就犯江山縣（今浙江衢州市江山縣）。攝江山丞的守臣江惇（1079～1138）沒有像其他地方的守臣輕遁，而聽從其妻胡氏（1077～1149）激勵而死守不去，江山縣得以

〔註14〕《繫年要錄》，第二冊，卷二十三，建炎三年五月戊寅朔條，頁496；張守：《毘陵集》，卷三〈論幸蜀箚子〉，頁29～30。
〔註15〕《繫年要錄》，第二冊，卷二十三，建炎三年五月戊寅朔條，頁496～497。

不失。據汪藻（1079～1154）所記，這位盡責的江山丞並對屬下說，苗傅軍將趨福建，而且得險攻之，現在追兵之機，間不容髮。為州縣者，亟索所有以供官軍餉，不要再等命令，即押廩齎糧而前，宋軍賴以濟。士大夫服其知變。苗傅行軍，常以王鈞甫和馬柔吉所將的赤心隊為先鋒，去大軍十里而屯。當時高宗命諸將以罪只及苗傅兄弟、劉正彥、王鈞甫、馬柔吉和張逵，其餘的人都不究治。赤心軍士聞詔寬大，於是背叛苗傅。王鈞甫叛苗傅，焚河梁，以斷其路，率赤心軍降於周望。周望使人受降書未成，苗傅的前軍統領官張翼等七人謂王反覆，就斬王鈞甫及馬柔吉與其子馬忠、馬懋、馬憲及馬良輔、周祐首以降，賊黨大懼。詔以張翼為翊衛大夫溫州觀察使。赤心隊諸將趙秉淵、張桂孫並與轉拱衛大夫，趙秉淵授處州觀察使，張桂孫授康州觀察使，楊忠憫轉拱衛大夫成州防禦使，劉祕轉拱衛大夫忠州刺史，歸朝官趙械轉中奉大夫除直祕閣，趙休轉奉議郎除直祕閣。宋福等十一人各轉三官資。選人依條例施行，杜簡等三人并補承信郎。苗傅等聞知韓世忠將至，於是引兵趨信州。韓聞之，怕他逃往閩廣，就從浦城先出師以邀擊之。苗傅至此已大勢已去。〔註16〕

　　高宗在辛巳（初四）抵鎮江府，他應翰林學士滕康所請，命人祭祀他當日殺掉的陳東，另又令一併致祭故執政張慤，說張是古之遺直，陳忠諫而死，又命厚恤其家。癸未（初六），高宗擢滕康簽書樞密院事，張浚西行之議就被擱置。同日，又擢曾楙為翰林學士。高宗經下蜀鎮，建武軍節度使節制江南東路軍馬楊惟忠將萬餘人迎駕，他部伍甚整，高宗按轡顧望，頗稱其能。高宗這時心情大好。甲申（初七），他罷免逢迎他即位以來無纖毫之失的中書舍人張悫。高宗此舉無非想收復人心，以贖前過。乙酉（初八），他抵江寧府，詔改為建康府。高宗又以起復朝散郎洪皓（1088～1155）為徽猷閣待制，充大金通問使，恢復和金聯絡議和。〔註17〕

〔註16〕《繫年要錄》，第二冊，卷二十三，建炎三年五月庚辰條，頁497～498；第四冊，卷九十，紹興五年六月壬子條，頁1547；《宋史》，卷二十五〈高宗紀二〉，頁465；《會編》，下冊，卷一百二十九〈炎興下帙二十九〉，建炎三年六月六日癸丑條，葉四下（頁937）；范浚（1102～1150）：《香溪集》，文淵閣《四庫全書》本，卷二十二〈安人胡氏墓誌銘〉，葉四下至六上；汪藻：《浮溪集》，卷二十七〈誌銘・左朝奉郎知處州江君墓誌銘〉，頁329～330。

〔註17〕《繫年要錄》，第二冊，卷二十三，建炎三年五月辛巳至乙酉條，頁498～499；《宋會要輯稿》，第十顆冊，〈兵十・出師・苗傅、劉正彥〉，頁8806～8807。關於王鈞甫之死，《宋會要》記宋軍在四月七日把他殺獲，當誤記。另《繫年要錄》又記斬殺王鈞甫的，其實是劉晏部曲燕人貫道（？～1135後），當初貫道以斬王鈞甫之勞，當循賞格遷二資。吏部奏言他無依格舉主，所以沒有獲應

丁亥（初十），高宗以沿江措置使陳彥文為徽猷閣直學士都大提領水軍並措置江浙防托事務，要他速來行在奏事，又詔防江措置，自池州至平江府並隸陳彥文。惟高宗在是日卻詔他寵的內臣藍珪，以苗傅作亂，無辜譴斥，命所至州軍，火急遣他赴行在。這是不得人心的做法。幸而同日傳來喜訊，苗傅兵敗於浦城縣。是日苗傅犯浦城縣，當時劉光世愛將、御營副使司前軍統制王德因殺韓世忠部將陳彥章於信州郡廳，又殺其下十餘人，他至福建，遇上韓世忠，怕韓對他不利，就要和韓世忠戰。但韓對部屬說苗、劉未平，若和王德內鬥，乃是更生一敵，不如避之。當晚韓世忠將兵至浦城北十里，與苗、劉遇於漁梁驛。劉正彥屯於溪北，苗傅屯於溪南，跨溪據險設伏，相約為接應。韓世忠率諸軍力戰，驍將李忠信、趙竭節恃勇陷陣，右軍統制官馬彥溥馳救被殺，趙竭節和趙竭忠亦陣亡。苗軍乘勝至韓的中軍，韓瞋目大呼，徒步挺矛而入。劉正彥望見，失聲說他以為是王德，原來竟是韓世忠。劉軍少卻，韓揮兵以進。劉不慎墜馬，被韓的部將孫世詢（？～1130）生擒，盡得其金帛子女。苗見劉敗，就棄軍遁去，他也墜馬但不死，逃去無蹤。其弟苗瑀收餘卒千六百人（一說萬六百餘人），進破劍川縣（今浙江麗水市龍泉市），又犯虔州（今江西贛州市）。宋廷後贈戰死的馬彥溥武成軍節度使，諡忠壯，擒得劉正彥的孫世詢加觀察使。在這場大戰中，本來曾是劉正彥謀主，苗傅使統赤心隊的朝散郎劉晏背叛了二人。他對其部曲說，他豈肯從逆黨反邪？韓制置（世忠）來事情就解決了。果然，韓到來後，他就率眾降韓。浦城之戰，韓命他統六百騎反戈一擊，作為疑兵伏於浦山之南，苗軍見之大懼。劉晏以部力戰，韓世忠奏上其功，後遷一官為朝散大夫。當金人犯建康，杜充兵潰，韓世忠退保江陰，他亦領赤心隊百五十騎屯青龍。群盜犯常州，群守請劉為援，劉以精銳七千人出奇破之，以功進直龍圖閣。他駐馬跡山以捍寇，有兵八百人。寇再至。他選舟師迎敵，降其眾千五百人，郡人為他立生祠。但在翌年（建炎四年）五月辛亥（初十），巨寇戚方（？～1171）圍宣州，知州李光乞援於朝。宋廷命他急援，宣州就以觀察使巨師古為其副。他統赤心隊軍馬翌日至城下，未立營壘，出其不意，從城南轉城西，直趨城北，直攻戚方帳下。戚大驚而走。劉恃勇想生擒戚方，乃單騎追之。戚方見官軍不多，於是就駱駝山後設伏以斷劉路，戚就率親隨迎戰。劉一人不能敵，退還至天寧寺隔一小溝。當時暑雨方漲，劉坐騎陷於泥淖不能

得之賞。紹興五年六月壬子（初十），宋廷就將貫道自右承直郎添差衢州西安縣丞，特改次等合入官。

出。橋左有戚軍伏兵，以鉤槍搭劉，劉猶手殺數十人，最後無援而陣亡。劉死數日，巨師古軍才到宣州城下。李光將劉死事具奏宋廷。高宗憫之，贈劉龍圖閣待制，官其子四人，並於其死處立廟曰義烈，歲時祀之。據周南（1159～1213）所記，南宋後期於常州也有繪其像於烈帝廟，廟下有碑誌其事。也有人說他曾以明法入官。他是赤心隊最後的猛將，可惜輕敵而亡。〔註18〕

據《江西通志》所引的傳說，韓世忠這次討苗傅，雖有驚險，卻如有神助。據載他率軍路過信州廣豐縣（今江西上饒市廣豐區），他宿於廣豐縣周安鄉西巖寺。他禱於神，後果得神助而戰勝，事後奏聞，宋廷賜額為廣福羅漢院。〔註19〕

乙未（十八），平苗劉之變的大功臣張浚以招降高郵（今江蘇揚州市高郵市）盜薛慶的事被劾，呂頤浩與李邴、滕康共議，請罷張知樞密院事，以御營

〔註18〕〈韓世忠神道碑〉，頁280；《繫年要錄》，第二冊，卷二十三，建炎三年五月丁亥條，頁499～500；《建炎復辟記》，頁242～243；《宋史》，卷二十五〈高宗紀二〉，頁465；卷二十六〈高宗紀三〉，頁478；卷三百六十四〈韓世忠傳〉，頁11360；卷三百六十九〈解元傳〉，頁11488；卷三百七十〈成閔傳〉，頁11502～11503；卷四百五十三〈忠義傳八・劉晏〉，頁13335；卷四百七十五〈叛臣傳上・苗傅〉，頁13808～13809；《會編》，下冊，卷一百二十九〈炎興下帙二十九〉，建炎三年六月六日癸丑條，葉四下（頁937）；卷一百三十八〈炎興下帙三十八〉，建炎四年四月二十五日丙申條，葉二下至四下（頁1003～1004）；建炎四年五月十日辛亥條，葉八下至九上（頁1006）；卷二百十二〈炎興下帙一百十二〉，紹興十二年十二月十四日壬申條，葉九下至十上（頁1528）；《宋會要輯稿》，第十四冊，〈兵十・出師・苗傅、劉正彥〉，頁8807；李幼武：《宋名臣言行錄・別集》，下卷六〈韓世忠　蘄國忠武王〉，葉十三下；周孚（1135～1177）：《蠹齋鉛刀編》，文淵閣《四庫全書》本，卷二十八〈碑銘・宋故保信軍節度使侍衛親軍馬軍都虞候解公神道碑銘〉，葉一上至二上；周南：《山房集》，卷八〈雜記〉，葉二十七下至二十八下；鎮江博物館（撰文王結華、彭衛城、何未艾）：〈丹徒左湖南宋岳超墓發掘簡報〉，《東南文化》，2004年第1期，頁32～35（岳超墓誌錄文及生平介紹見頁34～35）。考擒得劉正彥的孫世詢字諮道，開封府人，他原隸韓世忠選鋒將解元（1089～1142），解元隨韓世忠戰苗、劉於臨平，解元為先鋒，在浦城破劉正彥，孫世詢因緣際會擒得劉正彥，就以賞格超授觀察使，但孫在建炎四年四月二十五日，隨韓世忠與金帥宗弼大戰於鎮江黃天蕩一役中，卻與另一驍將嚴永吉戰死。解元後來隨韓世忠屢立戰功，官至鎮江府御前諸軍都統制、侍衛親軍馬軍都虞候、保信軍節度使，紹興十二年（1142）十一月十三日卒于軍，享年五十四。另外從征的還有官至太尉的猛將成閔（1094～1174）和後來官至龍神衛四廂都指揮使的岳超（？～1160），岳超以功擢武功郎兼閤門宣贊舍人。

〔註19〕高其倬（1676～1738）等（編纂）：《江西通志》，文淵閣《四庫全書》本，卷一百十二〈寺觀二・建昌府・西巖寺〉，葉四十六下。

使司前軍統制王瓊代為淮南招撫使，統所部往平之。張浚之罷，顯然是他和呂等三人爭權及意見不合所致。不過，到辛丑（廿四），張浚從高郵至行在（建康府）見高宗，高宗知道張其實成功招降了薛慶，就將張復職為知樞密院事。對高宗和張浚欣慰的事，是苗傅一眾終於全被收捕。己亥（廿二），苗傅弟苗翊率眾出降，但他並未解甲，再用其將孟皐之計，想遁往溫州（今浙江溫州市）和台州（今浙江台州市）。裨將江池聞之，就殺孟皐而擒苗翊，向制置使周望投降，餘眾都解甲。有舉子程妥，是崇安縣（今福建武夷山市）人，當時被擄在苗傅軍，卻為苗傅謀，和苗瑀和張逵收餘兵從小路入崇安縣。劉光世派王德和趙士成協助統制官喬仲福共追之，盡降其眾。苗瑀被王德所殺，馬柔吉則被擒。只有苗傅連夜脫身而去，變姓名為商人，與其愛將張政逃亡至建陽縣（今福建南平市建陽區）劍峰村一村舍。土豪承節郎詹標（按：《續宋中興資治通鑑》作崇安富民）邀之停留數日。張政知不免，就出賣主人，密告詹標苗傅的真實身份。詹標執以出告南劍州（今福建南平市延平區）同巡檢呂熙。呂熙將他們押送至福建提點刑獄公事林杞，林怕張政分其功，就與呂熙使護兵殺這個賣主求榮的張政於崇安縣境上。他們就將苗傅送交韓世忠，於是將苗檻赴行在。壬寅（廿五），高宗詔諸將班師，以劉正彥和苗翊就擒故也。高宗這時尚未收到苗傅就擒的消息。〔註20〕

〔註20〕《繫年要錄》，第二冊，卷二十三，建炎三年五月己丑至壬寅條，頁501～503；卷三十二，建炎四年三月甲寅條，頁642～643；第五冊，卷一百二十九，紹興九年六月丁卯條，頁2176；《建炎復辟記》，頁242～243；《宋史》，卷二十五〈高宗紀二〉，頁465；卷三百六十八〈王德傳〉，頁11448；卷三百六十九〈劉光世傳〉，頁11480；卷四百七十五〈叛臣傳上・苗傅〉，頁13809；《會編》，下冊，卷一百二十九〈炎興下帙二十九〉，建炎三年六月六日癸丑條，葉四下（頁937）；劉時舉：《續宋中興資治通鑑》，卷二，頁36；李幼武：《宋名臣言行錄・別集》，下卷六〈韓世忠　蘄國忠武王〉，葉十三下；《中興紀事本末》，上冊，卷九，頁143～144；《宋會要輯稿》，第九冊，〈職官七十六・追復舊官〉，頁5133；第十四冊，〈刑法六・矜貸〉，頁8545；《皇宋十朝綱要校正》，下冊，卷二十一〈高宗〉，建炎三年五月己丑條，頁615。考《中興紀事本末》記和苗傅逃亡的，還有程妥，而說出賣苗傅的是程妥而非張政。另所引的《林杞遺事》就為林杞說好話，說他冒暑親部押送苗、張二人，又說張政欲逃而被護兵所殺，而林杞就主動將苗傅獻給韓世忠，所記與群書不同。按這個冒功殺張政的林杞，在建炎四年（1130）三月甲寅（十二）被除名連州（今廣東清遠市連州市）編管。他被言官揭發當日為提點福建刑獄日，與成忠郎呂熙共殺張政。於是宋廷將他屬吏。法寺奏林呂二人謀殺人當斬。詔貸死，免決刺。呂熙配惠州（今廣東惠州市）牢城。而林杞除名連州編管。承信郎詹標當日手執苗傅，及是亦坐獄，他不伏而死獄中。到紹興九年（1139）六月丁卯（十

　　關於苗傅的窮途末路故事，朱夫子有一則略為不同的記載而頗有意義。朱熹記苗傅和一姓張的人一同亡命，這個姓張的人不記其名。是當日教苗起事的人。二人走至武夷新村，張出賣苗，叫人捉拿苗。苗懷恨，就故意告訴捉拿他的人，他就是苗太尉（按：苗官拜節度使，朱勝非一直稱他為太尉，杭人也稱他為都統太尉），然今日捉他的卻是張某，則汝功已被張分去。於是捉苗的人就把張殺了。據上文，這個姓張的就是張政，殺張的就是林杞和呂熙。惟教苗傅起事的，當是張遠而非張政。朱熹再揭爭功內幕，這時韓世忠正在收捕巨盜范汝為（？～1132），尚在建州。韓已擒得劉正彥，當然想再拿獲苗傅，取得全功，擒獲苗傅的其人（可能是詹標、林杞和呂熙就將苗解送給建州守李（當是注 43 所提到的李德昭），李就將苗送行在。當時韓世忠勢盛，於是奏入高宗，以苗為某人所得，卻被人奪了功。其捉人者被編管（即指詹標），建守李某（德昭）亦被罷官，其功就為韓世忠所奪。官方記錄，都說是韓擒獲了苗傅，但此中人都知不是。朱熹以此事為例，慨言以此知天下事多如此，文字上如何可全信？朱熹又慨言，劉正彥交結王淵，王淵交結投靠康履，但殺掉這些宦者，其事正是劉正彥教苗傅為之。〔註21〕

　　苗、劉二人及其部眾從四月初三遁出杭州，流竄於浙江、江西最後到達福建北，至五月廿二苗傅被擒，歷時近兩個月。他們沒有嘗試渡江逃往中原，也沒有投向金人的打算。本來苗、劉主力的赤心隊都是河北人，應該往北逃才是良策。結果一方面部份部眾被宋軍分化叛逃，另又打不過韓世忠等的精銳宋軍，於是全軍覆沒，當日所獲賜的鐵券誓書成為大笑話而已。據清初倪濤（1669～1752）所編的《六藝之一錄》所載，他所收之歷代印章，有一章名「苗傅」，但他沒有更多的注記，不知是否劫後留下來苗傅所用的印章或是鑄有他名字的這件鐵券？〔註22〕

　　據《宋史》所記，建炎三年五月霖雨而夏寒。到六月己酉（初二），仍久雨不止。這時高宗又敏感起來，想起三月時的異常天象，怕下有陰謀，以可能

　　九），左朝請郎試御史中丞廖剛（1070～1143）為詹標（寫作詹慄）申冤，說他親獲苗傅，功可謂大矣，卻不幸得罪而死，並且破家。請錄其子孫。宋廷從之，復其舊官，並特贈詹標修武郎閤門祗候。林杞在建炎四年十月戊戌（廿九），得到臣僚為他說情，宋廷將他放令自便。

〔註21〕《朱子語類》，第八冊，卷一百二十七〈本朝一・高宗朝〉，頁 3053；〈韓世忠墓誌銘〉，頁 54。考孫覿寫的韓世忠墓誌銘，仍然說韓於「建陽之役，手擒二叛。」將擒得苗、劉二人之功盡歸於韓世忠一人。

〔註22〕倪濤：《六藝之一錄》，文淵閣《四庫全書》本，卷二十三，葉十五上。

人怨所致，於是以此諭輔臣。呂頤浩和張浚等知趣地皆謝罪求罷。高宗這時又作態，說宰執豈可容易去位？命來日可召郎官以上赴都堂言闕政。於是群臣應詔上言，中書舍人季陵就有感而發，他既重提苗劉之變之原由及鑑戒，還特別針對勤王軍入杭恃功亂民之後遺症，另外他也對高宗在五月丁亥（初十）速召內臣藍珪還朝一事不平，他說：

> 臣者君之陰，妻者夫之陰，外國者中國之陰。金人累歲侵軼，生靈塗炭，城邑邱墟。怨氣所積，災異之來，固不足怪。惟先格王，正厥事，則在我者其可忽耶？臣觀廟堂之上，無擅命之臣，惟將帥之權太盛；宮闈之內，無女謁之私，惟宦寺之習未革。今將帥位高身貴，家溫祿厚，擁兵自衛，浸成跋扈之風。去年禦敵，嘗遣王淵，桀驁不行，改命范瓊，心懷怏怏。苗、劉二賊，乘間竊發，豈一朝一夕之故哉？逮勤王之師一至錢塘，拘占房舍，攘奪舟船凌轢官吏，侵漁百姓，恃功益驕，莫敢誰何。此將帥之權太盛，意其有以干陽也。宦寺撓權，為日固久。不幸維揚大臣暗於事機，渡江之初，得以自衒，竊弄威柄，有輕外朝之心。上下共憤，卒碎賊手，亦可以戒矣。比聞藍珪之流，復有召命，黨與相賀，氣焰益張，眾召僧徒，廣設齋會，以追薦錢塘之被害者。行路見之，疑其復用，莫不切齒。此宦寺之習未革，意其有以平陽也。〔註23〕

據載高宗嘉納之。值得一提的是，在這時刻，司勳員外郎趙鼎就提出熙寧以來王安石（1021～1086）用事而祖宗之法掃地。到崇寧初蔡京託名紹述，盡祖王安石之政，以致大患。他請罷王安石配享廟庭，以收人心。高宗納其言，於是罷王安石配享神宗廟庭。本來在靖康初年已有人提請罷王安石配享，當時仍未有決定。終於在苗劉之亂後，高宗作出決定，想不到王安石成為苗劉之亂之池魚。〔註24〕

〔註23〕《宋史》，卷二十五〈高宗紀二〉，頁465；卷六十五〈五行志三·木〉，頁1423；卷三百七十七〈季陵傳〉，頁11646～11649；《繫年要錄》，第二冊，卷二十四，建炎三年六月己酉條，頁507～510；劉一止：《苕溪集》，卷三十〈知樞密院事沈公行狀〉，葉九上至十上。考季陵後來又上奏批評士大夫名節不立，他提到僭位，不能死節者不知幾人。而在苗、劉專殺時，拱手受制不知幾人。他說以義責之固不容誅，以情恕之亦不幸。他又說弄筆墨者，文致其罪，既得惡名，誰敢引薦？他請明詔宰執，於罪戾中選擇實能，量付以事。詔榜其疏於朝堂，但侍御史沈與求（1086～1137）就劾他承望宰執風旨，季被罷官提舉杭州洞霄宮。

〔註24〕《繫年要錄》，第二冊，卷二十四，建炎三年六月己酉條，頁510。

　　丙辰（初九），苗傅後軍部將韓雋（？～1132）犯光澤縣市（今福建南平市光澤縣），陷之。當苗傅兵敗時，以兵六百趨邵武軍（今福建南平市邵武市），守臣朝散大夫張髦先期遁走。韓入城，焚掠皆盡。跟著引兵趨建昌軍（今江西撫州市南城縣）。官吏軍民皆欲逃去，守臣方昭（？～1134後）以六十口為質，揭榜通衢，稱敢言去者以軍法從事。他率眾上城親督守備。韓雋攻而圍之凡六晝夜，方昭鼓眾更厲，韓軍死者十三四。不克，一夕遁去。韓改進犯撫州（今江西撫州市），守臣中大夫林積仁聞知韓在閩中時，已棄城走。於是韓輕易入城縱掠。韓既陷撫州，又攻湖口縣（今江西九江市湖口縣），於是渡江至蘄州。守臣中大夫王苹與官吏皆逃去。韓引兵想依楊進於京西，道為王善和張用所邀擊，加上聽聞楊進已死，就還軍於黃陂境上，這時劉光世駐軍江州，派人招降他。韓往見劉光世，劉命他還屯蘄州，並將他改名為韓世清，人稱小韓。因劉之薦，宋廷不久詔韓世清為添差蘄州兵馬鈐轄。在苗傅的餘部中，韓世清的戰鬥力最強，連破數地，他被劉光世收編，紹興元年七月戊申（十四），他追襲巨盜張淇，收復祁門縣（今安徽黃山市祁門縣）。在紹興二年正月壬子（二十），又奉命捕石陂賊。但在三月壬辰朔（初一）卻被淮西招討使李光（1079～1159）誘擒於宣州，然後縛送杭州。閏四月辛丑（十一），宋廷以狂悖罪名誅之。宋廷文臣對於苗傅餘黨，始終不信任。〔註25〕

　　庚申（十三），隆祐太后迎至建康府，高宗率群臣迎於郊外。知平江府湯東野扈太后至行在，就擢他為試戶部侍郎，張浚再奏他為宣撫司參贊軍事。湯和張見解相同，說要圖中興，當先守關中，據形勢以固根本。辛酉（十四），高宗以手詔四事自責，一曰昧經邦之遠圖，二曰昧戡難之大略，三曰無綏人

〔註25〕《繫年要錄》，第二冊，卷二十四，建炎三年六月丙辰條，頁511～512；第四冊，卷八十三，紹興四年十二月壬辰條，頁1402～1403；《皇宋十朝綱要校正》，下冊，卷二十二〈高宗〉，紹興二年三月壬辰朔條，頁637；施宿（1164～1222）：《嘉泰會稽志》，文淵閣《四庫全書》本，卷十五，葉十九上；《宋史》，卷二十六〈高宗紀三〉，頁489；卷二十七〈高宗紀四〉，頁495～497；卷三百六十三〈李光傳〉，頁11340。按韓世清歸降後，久屯宣城，但他恃功，擅據倉庫，調發不肯行。吏部尚書李光請除之，於是宋廷在紹興二年二月甲戌（十二），授李光淮西招撫使，以大將王瓊副之。李光假道至宣州，三月壬辰朔（初一）韓世清入謁，李光就將他縛送杭州誅之，並汰其軍冗弱四千人。另當日死守建昌軍的方昭，後坐文致之罪被廢黜。在紹興四年十二月壬辰（十八），獲殿中侍御史張致遠（？～1148）為他申奏，指方昭當時並未獲敕擊退韓世清之功，後來反而被論罪編置，屢經恩澤而無路自明，方昭現尚在罪籍，張為此而替他訟冤。宋廷接受張之意見，方昭就獲得平反。

之德，四曰失馭臣之柄。仍命出榜朝堂，遍諭天下，使知高宗悔過之意。這是否高宗真心悔過就難說。同日，高宗擢陞了在兵變中沒有依附苗、劉的兩員管軍李質（？～1131）和邊順（？～1137），接替王元和左言的職位：中侍大夫、明州觀察使、帶御器械李質，在接替被罷的左言為權主管侍衛馬軍司公事不久，再接王元之職為權同主管殿前司公事。因李質在苗劉之變中，他與在外的韓世忠等將帥協謀保護高宗和孟太后，故獲擢殿帥之要職。而龍神衛四廂都指揮使萊州防禦使邊順，就接李質之職為權主管馬軍司公事。高宗在丁卯（二十）罷右司諫袁植，以袁一再請誅高宗的寵臣黃潛善和汪伯彥，認為他一味叫宋廷誅戮大臣，有欠忠厚。他不明白高宗對他以為忠的寵臣和內臣，心中仍是眷顧的。不過，黃潛善很快便死於梅州（今廣東梅州市）貶所。〔註26〕

戊辰（廿一），當日貽書苗傅論杭州復辟之事有功的馮楫，因張浚自高郵歸來薦於高宗，得到召對。馮就自表其功，並說無大臣以下都知，只是無人肯為他說話。高宗就安撫他，說太后曾為他說話。翌日，高宗問輔臣，李邴和鄭毅都證明馮有功，於是將馮特轉一官，三日後，再以他為司勳員外郎。當臣僚都熱切表功時，剛自中書舍人陞任御史中丞的范宗尹（1099～1136），頭腦尚清楚，他在是月甲戌（廿七），向高宗說了一番不中聽卻屬事實的話。他首言金人為國之大患，戰之不能勝，禦之不能卻，國已敝矣。而兩河陷沒，高宗駐蹕揚州，當金騎至，他只能匹馬渡江。而抵杭州未逾月，而苗劉之變生於肘腋，這都是禍之大者，而小者就不可悉數。他說過去所為皆不成，所向皆不利，不盡是人謀乖剌，也由天意未回。他勸高宗誠能側身修行，以享天心，發政施仁，以從民欲，選將練卒，繕甲儲糧，數年後就可以弱轉強。〔註27〕

〔註26〕《繫年要錄》，第二冊，卷二十四，建炎三年六月庚申至丁卯條，頁512～513；卷四十，紹興元年正月癸卯條，頁775；《宋史》，卷二十五〈高宗紀二〉，頁471；《景定建康志》，第二冊，卷二十六〈官守志三·侍衛馬軍司題名〉，頁1246～1247。按《宋史》以黃潛善死於建炎三年十二月癸卯（廿九）英州。另《景定建康志》將邊順權馬軍司公事繫於建炎三年九月，疑有誤。現從《繫年要錄》之記。又李質於紹興元年正月癸卯（初五），在中侍大夫、奉國軍承宣使、帶御器械權同主管殿前司公事任上卒，故事，橫行使臣（李質帶的中侍大夫是舊制橫班使臣的景福殿使）不贈官，高宗以他在苗劉之變中保護兩宮有功，同月辛酉（廿三），就特贈他鎮東軍節度使，賜其家帛三百匹，錢五百千。

〔註27〕《繫年要錄》，第二冊，卷二十四，建炎三年六月戊辰條，頁515；甲戌條，頁517；《宋史》，卷二百四十三〈后妃傳下·哲宗昭慈孟皇后〉，頁8635。考馮楫字濟川，自號不動居士，四川水溪人，重和元年（1118）登進士第，他是張浚的同鄉兼同年，故受張浚的推薦。他在紹興二十二年（1152）六月卒於知

三、身死族誅：苗劉兵變的結局

七月辛巳（初五），韓世忠班師回到建康府行在，據載檻車有幾百輛，載著苗、劉之家人眷屬。而韓就命先前高宗派給他的虎賁宋金剛和張小眼押送苗、劉獻於行宮。韓執苗傅、劉正彥和苗翊往詣都堂，審驗為正身，就將他們磔於建康市。劉正彥臨刑時，瞋目罵苗傅曰：「苗傅爾真匹夫，不用吾言，遂至於此。」究竟劉勸苗甚麼話而苗不聽，就沒有記載。是否劉曾勸苗一不做二不休，殺掉高宗或投金？這時張逵、苗瑀及苗傅二子先已死，議者欲將其妻孥盡付大理寺，然後盡戮於市。大理少卿王衣（1074～1135）上奏，說他們在律當誅，但其中婦女有買來及擄掠以從的，若盡殺之，未免無辜。高宗矍然，即詔除了苗傅和劉正彥妻子外，其餘都赦免，盡歡呼而出。苗傅和劉正彥既誅，其黨與連及者皆坐死。又是王衣出來主張從寬，他閱其案狀說，此在法當生者猶眾。於是馬上奏論之，且命其屬停止執行死刑，以俟宋廷之命。高宗果然從其請，獲貸者十餘人。〔註28〕至於苗氏的姻親，包括其祖苗授及其父苗履的姻親有否受到株連，可能因苗履及苗傅的紀錄被大量刪去，故失載。

隨著苗、劉被誅，餘黨被肅清，一場苗劉之亂終於落幕。大功臣韓世忠在是月癸未（初七）授檢校少保，加武勝昭慶軍兩鎮節度使、御前諸軍都統制。高宗遣使賜韓金合，且御書「忠勇」二字，表於其旗幟以賜。又特封其妻

瀘州任上。他的生平仕歷和著作及行事評價，太原師範學院的劉沖博士撰有一文詳細考述，值得一看。參見劉沖：〈兩宋之際四川士大夫馮檝仕履著作考〉，載卜憲群主編：《中國區域文化研究》，第五輯（北京：中國社會科學出版社，2022年7月），頁108～118。

〔註28〕〈韓世忠神道碑〉，頁280；《繫年要錄》，第二冊，卷二十五，建炎三年七月辛巳條，頁521；《宋史》，卷二十五〈高宗紀二〉，頁466；卷二百〈刑法志二〉，頁5002；卷三百七十七〈王衣傳〉，頁11659；《會編》，下冊，卷一百二十九〈炎興下帙二十九〉，建炎三年六月六日癸丑條，葉四下（頁937）；綦崇禮（1083～1142）：《北海集》，文淵閣《四庫全書》本，卷三十五〈墓誌銘・故右中大夫充集英殿修撰提舉江州太平觀歷城縣開國男食邑五百戶賜紫金魚袋王公墓誌銘〉，葉四上；《宋史》，卷三百七十七〈王衣傳〉，頁11659；《揮塵錄》，後錄卷十，第273條，「高宗從王子裳言，釋苗、劉鹵掠婦女」，頁158；《江西通志》，卷一百一〈列女五・廣信府・宋〉，葉一上。考《會編》記苗瑀同時被磔於建康，當誤，他早被王德所殺。又據《江西通志》引《豫章書》所記，苗、劉軍在經過江西廣信府玉山縣時，有舒氏姊妹被擄，二人假裝隨賊兵南走，但行至崖塹之側，就一齊牽手，跳崖自殺，鄉人憐之，葬她們在縣西七里周坂園中。以此事觀之，苗、劉殘兵沿途擄掠的婦女不在少數。考苗傅軍犯玉山縣，在四月廿一日。參見注12。

梁氏自碩人超封國夫人為護國夫人，制曰：「智略之優，無媿前史，給內中俸，以示報焉」，給內中俸予梁氏以寵之。將臣兼兩鎮節度，功臣妻給俸，都自韓氏夫婦始。韓的從征部屬，從解元（1089～1142）、孫世詢、何順、陳思恭、郭吉及陳師良（1088～1159），均一一獲轉官不等，除了孫世詢超擢為觀察使外，解元擢相州觀察使，何順以武功大夫轉三官，郭吉自起復左武大夫忠州刺史、沿江措置使司前軍統制，以在御營累次差管押人船，前去宣化渡濟人馬，並無疎虞，就特與橫行上轉一官制，而任平江府常熟縣福山巡檢而後跟隨韓世忠的泉州晉江（今福建晉江市）人陳師良（字文叟）也以戰功多轉官數秩。高宗對韓立此功十分滿意，兩年後，高宗為了激勵張俊，就說張俊沒有立過大功。張俊問為何他算無功。高宗就說好像韓世忠擒苗傅和劉正彥，就是功績顯著，是張俊不及。同日，御營司都統制平寇前將軍、主管侍衛步軍司公事范瓊自南昌入見，高宗命為御營使司提舉一行事務。另外，高宗又授宜州觀察使御營使司後軍統制辛企宗（？～1144後）為御營司都統制，辛企宗是辛道宗兄，從陝西帶所部由興州（今陝西漢中市略陽縣）和洋州（今陝西漢中市洋縣）赴建康府行在，再遷都統制。韓世忠和張俊均不服，於是命韓、張改御營為御前。〔註29〕

　　甲申（初八），高宗大概礙於言官的壓力，就將朱勝非、顏岐、張澂和路允迪四名前宰執罷官授予祠職。高宗一直知道和體諒朱等之苦衷，而朱也一早自請罷相。朱勝非自觀文殿大學士知洪州落職，提舉亳州明道宮。顏岐落資政殿學士，依舊提舉南京洪慶宮。路允迪自資政殿學士、淮西制置使，落職提舉江州太平觀。張澂自資政殿學士、江州路制置使，坐朋附二凶，落職責授秘書少監分司南京，衡州居住。詔書還寫得甚重，說：

　　　　朱勝非、顏岐、張澂、路允迪當軸處中，荷國重任，而不能身

〔註29〕《繫年要錄》，第二冊，卷二十五，建炎三年七月癸未條，頁522；卷四十一，紹興元年正月戊申條，頁776；第四冊，卷九十二，紹興五年八月丁卯條，頁1587；綦崇禮：《北海集》，卷二〈韓世忠保明苗傅劉正彥賊兵見陣賞功人第一等武功大夫何順等可轉三官制〉，葉五下至六上；岳珂（編），王曾瑜（校注）：《鄂國金佗稡編續編校注》（北京：中華書局，1989年2月），上冊，卷五，〈行實編年卷之二‧紹興元年〉，頁151；《宋史》，卷三百六十四〈韓世忠傳〉，頁11360；〈韓世忠墓誌銘〉，頁54；〈韓世忠神道碑〉，頁280；王之道（1093～1169）（撰），沈懷玉、凌波（點校）：《相山集》（北京：北京圖書館出版社，2006年12月），卷二十九〈墓志‧故武節大夫陳文叟墓志〉，頁350～351。梁氏是韓世忠元配，後封秦國夫人。她卒於紹興五年（1135）八月丁卯（廿六），高宗詔賜銀帛五百匹兩。

衛社稷，式遏凶邪。方逆臣亂常之日，恣其凌肆，以紊機衡。夫危
而不持，顛而不扶，孔子以為焉用彼相？昔馮道歷仕數代，常為宰
輔，惜身安寵，以免於時。坐視廢君易主，如同行路。而歐陽修以
為「為臣如此，愧斷臂之婦人」。今二凶既誅，典刑斯正。勝非之徒，
盍議其罰？〔註30〕

是日，呂所推薦的周望以平苗、劉之功試兵部尚書。這時韓世忠便訟告王
德擅殺其部將陳彥章，將王下御史台獄。殿中侍御史趙鼎按王德罪當死，但高
宗以王有戰功，特貸之。趙鼎堅持王德以兵敗自慚，而忌韓世忠之功。且王總
兵在外，而擅殺不顧法，此風一長，禍不勝言。於是將王德除名，郴州編管。
宋廷鑑於苗、劉之禍，言官就力主抑制武臣。〔註31〕

宋廷文臣下一個要對付的就是悍將范瓊。起初范在江西時，右正言呂祉
已首劾其罪，且上奏收拾范瓊之辦法。范駐軍南昌，徘徊觀望。高宗命監察
御史陳戩促他入見。范卻未拜詔，還陳兵見陳，並且以剉人以懼之。陳不為
動，徐徐說：「將軍不見苗傅、劉正彥乎？稱兵叛逆，不旋踵而敗，願將軍熟
計之。」經提醒，范就朝服北向謝恩，於是引兵趨闕。到達行在，范仍未肯釋
兵。丙戌（初十），范瓊入見。他還不識相，面奏請貸和他在靖康城破時已結
成一伙的左言朋附苗、劉之死罪，而且還說自祖宗以來，三衙管軍不任河東北
及陝西人，今殿帥闕官，請補殿前司職事。他又言招到淮南、京東盜賊十九萬
人，都聽他節制。高宗聞言大怒。范退下後，知樞密院事張浚即奏范瓊大逆不
道，罪惡貫盈。他說自平江勤王，先後三次派人致書，約令進攻苗、劉，但范
皆不答，現在他收編群兇，布在列郡，以待作亂。現時若不乘時誅戮，必有東
晉王敦（266～324）和蘇峻（？～328）之患。高宗許之。宰相呂頤浩說他與
范舊有嫌隙，不敢獨任其事，願交付了張浚，誅除范瓊。張浚退下，就與心腹
集英殿修撰權樞密院檢詳文字劉子羽（1086～1146）合謀，二人夜鎖於張浚府
中，寫好拘拿范瓊的文字。可笑的是，愚不可及的范瓊不鑑苗、劉之事，竟然
不知這些文官的厲害，他奉召來行在，就等於自投羅網。而出言頂撞了高宗，
就等於另一個苗傅。他在靖康時的惡行文官們都記得，他後來跋扈不馴，經過

〔註30〕《繫年要錄》，第二冊，卷二十五，建炎三年七月甲申條，頁523；《宋宰輔編
年錄校補》，第三冊，卷十四〈建炎三年〉，頁934；《宋會要輯稿》，第七冊，
〈職官四十六‧分司〉，頁4263。
〔註31〕《繫年要錄》，第二冊，卷二十五，建炎三年七月甲申條，頁523～524；《宋
史》，卷三百六十八〈王德傳〉，頁11448。

苗劉之變的文官們，就一定要剷除他，以免生出另一個苗傅。〔註32〕

丁亥（十一），張浚等佈下圈套，朝退後，假裝派張俊以千人渡江，去捕他盜。於是借此理由召張俊、范瓊和劉光世赴都堂計事。暗中使張俊將其眾帶甲而來。范瓊帶來的兵滿街，意氣自若，完全不料到張浚等正在算計他。都堂聚食畢，呂頤浩等相顧不言，劉子羽坐於廡下，立即取寫敕黃紙往前廡下說：「有敕，將軍（指范瓊）可詣大理置對。」張浚即時數范瓊之罪。范瓊驚愕，卻被張俊兵擁縛押赴大理寺。而命劉光世出去安撫范瓊的部眾，說只誅范一人，他們都是天子自將之兵也。范瓊部眾都投刃於地，稱領命。張浚就將他們分隸神武軍，其中四千七百人付韓世忠大將佐他平苗劉有功的神武軍統制陳思恭，然後又以八字軍還付原來的指揮、武功大夫新知洮州（今甘肅甘南藏族自治州臨潭縣）王彥。張浚以突襲的方式，得到兩大將張俊和劉光世的配合，輕易解決了范瓊。很不幸，高宗的惟一兒子趙旉（即魏國公、元懿太子）在是日病死，才三歲。他一直體弱多病未愈，苗劉之變更影響他的健康，當天有鼎置於他的寢室，有宮人誤蹴之，仆地有聲，他受驚嚇而驚搐不止。高宗命斬此倒楣的宮人於廡下，但太子很快便死去。高宗悲傷不已，命輟朝五日，殯於金陵之佛寺。同日，高宗的幼妹恭福帝姬也死去，年才四歲。追封隋國公主。戊子（十二），在苗劉之變中忠心耿耿的簽書樞密院事鄭毅卒於位，年五十，諡忠穆。他執政才百日。高宗甚悼之，對大臣說他喪太子猶能自排遣，鄭之卒，他不能釋懷。高宗對他的恤典特厚，特賜田十頃，居室五十間，以撫其孤。己丑（十三），高宗就以平苗劉之亂有功的王綯和周望補為參知政事和簽書樞密院事。又以御營司同統制辛企宗提舉御營司一行事務。〔註33〕

〔註32〕《繫年要錄》，第二冊，卷二十五，建炎三年七月丙戌條，頁525；《毗陵集》，卷十四〈誌銘・徽猷閣待制贈左正議大夫陳公墓誌銘〉，頁185～186；《朱熹集》，第八冊，卷九十五上〈行狀・少師保信軍節度使魏國公致仕贈太保張公行狀上〉，頁4818；《宋史》，卷三百六十一〈張浚傳〉，頁11300；《會編》，下冊，卷一百二十九〈炎興下帙二十九〉，建炎三年六月七日甲寅條，葉十上至十二下（頁940～941）；卷一百九十四〈炎興下帙九十四〉，紹興九年四月條，葉二上至五下（頁1398～1400）。考《會編》引董華為呂頤浩的行狀除了說是呂頤浩倡議討苗、劉外，也記是他和張浚密謀誅范瓊，而范的一軍帖然。

〔註33〕《繫年要錄》，第二冊，卷二十五，建炎三年七月丁亥至己丑條，頁526～527；《朱熹集》，第八冊，卷九十五上〈行狀・少師保信軍節度使魏國公致仕贈太保張公行狀上〉，頁4818；《名臣碑傳琬琰集校證》，第五冊，下卷，卷二十三〈宋故右朝議大夫充徽猷閣待制致仕彭城縣開國子食邑五百戶贈少傅劉公（子羽）墓誌銘〉（張栻撰），頁2236；《楊時集》，第三冊，卷三十七〈誌銘

壬辰（十六），詔賜死范瓊於大理寺。救過苗傅孥不致被誅的大理少卿王衣奉詔審問范瓊。起初宋廷想誅范瓊，但怕其握兵，難以顯戮於市。召問王衣，王回奏說范瓊罪可正，其兵可分，請付大理寺治，必使他伏法。范瓊被收押，但盛氣不屈。大理寺官多避去，有人說范瓊是驍賊，宜厚為之備。王衣不顧，單獨鞫治之。范瓊稱無罪，言官就翻范的舊惡，指他在靖康時逼遷徽宗，擅殺準備舉事的吳革，並迎立張邦昌等。彈章下大理寺，王衣以此來責范瓊。范瓊才伏罪，王衣對吏說范已認罪，於是奏上其獄。高宗詔用臺諫的三章，責范瓊為單州團練副使，衡州安置。言官章再上，於是賜范瓊死，其親屬將佐並釋之。獄吏要殺范瓊，范猶不肯死，吏就以刀自缺盆插入范身，他慘呼移時而死。其弟及三子皆流嶺南。大理寺在壬寅（廿六）奏范瓊已死，詔劉子羽及治獄官吏各進秩一等，王衣遷中散大夫，獄吏及軍士與勞者賜銀帛各有差。〔註34〕人們對苗、劉之死可能仍有點同情，對於范瓊就認為死有餘辜。

張浚平定苗劉之亂，又剗除了隱患范瓊，他在七月庚子（廿三），以親兵千五百人騎三百從建康府出發往川陝。他的麾下有明州觀察使劉錫（？～1147）、親衛大夫趙哲、知秦州劉子羽為其參議，兵部員外郎馮康國為其機宜文字。而八字軍將領王彥就為其前軍統制。他們大部份都是佐張浚平定苗劉之亂的人。據說馮康國將行，趙鼎對他說：「元樞（指張浚）新立大功，出當川陝半天下之責，自邊事外，悉當奏稟。蓋大臣大外，忌權太重。」趙鼎可謂語重心長。〔註35〕

高宗在亂事平定，賞功罰過之事畢後，包括將知撫州林積仁和通判楊稷言貶黜後，就命朝臣李正民撰寫〈祭勤王將士文〉，作為這場亂事的官方定調，當然高宗絲毫不提致禍之原因，實因他寵信康履等所致。文云：

> 王室不競，寇難荐臻。主上移蹕江吳，席未及暖，逆賊苗傅、劉
> 正彥包藏禍心，乘間輒發，逼脅上下，反易天常。實賴熊羆之士，不

表碼八‧樞密鄭公墓誌銘〉，頁 922；《宋史》，卷二十五〈高宗紀二〉，頁 466
～467；卷二百四十六〈宗室傳三‧元懿太子旉〉，頁 8730；《周必大集校證》，
第三冊，卷四十六，《平園續稿》六，〈題跋‧家藏御書‧高宗御批陳思恭奏箚
跋〉，頁 681。

〔註34〕《繫年要錄》，第二冊，卷二十五，建炎三年七月壬辰，壬寅條，頁 528、532；
綦崇禮：《北海集》，卷三十五〈墓誌銘‧故右中大夫充集英殿修撰提舉江州太
平觀歷城縣開國男食邑五百戶賜紫金魚袋王公墓誌銘〉，葉三下至四上；《宋
史》，卷三百七十七〈王衣傳〉，頁 11659。

〔註35〕《繫年要錄》，第二冊，卷二十五，建炎三年七月庚子條，頁 530～531。

二心之臣，糾合戮力，克清大憝。逮主上返正，元惡逋逃，肆命將
臣，追躡其後，頑凶反噬，敢拒我師，金鼓所臨，有進無卻。惟君等
奮忠賈勇，被羽先登，喪其首領，歿於行陣，此一時同功之士，所
以惻怛痛悼，不能自已也。今既取彼鯨鯢，戮於都市，攄國之憤，神
人閭懌。而旋歸將士，郊勞而飲，至舍爵策勳之禮，無不備舉，皆歎
君等之不及見也。主上當宁太息，慨然有感於心。已命有司錄君等之
孤，又同恤於家，非特慰君等冥漠之知，抑將為天下忠義之勸。酒肴
具設，侑以斯文，魂而有靈，當體天子褒功隱卒之意。尚饗！〔註36〕

　　紹興元年正月己亥（初一），宋廷改元而頒下赦令德音：應編配、羈管、
安置、居住命官並與理為一赦，編配諸色人，特與減三年，三歲理為揀放年
限。但宋廷鄭重聲明，蔡京、童貫、王黼、朱勔、李邦彥、孟昌齡、梁師成、
譚稹及其子孫都是誤國之害民之人，而苗傅、劉正彥和其黨羽王鈞甫、馬柔
吉、王世修、張逵、苗翊、苗瑀以及另一被誅之悍將范瓊及其家屬，皆係反逆
之家，更不移放。〔註37〕

　　不止叛逆及附逆的人沒有好下場，就是在苗劉之亂立場不堅定的臣僚都
受到不同程度的貶黜。直至建炎四年七月乙丑（廿五），當范宗尹當政時，就
用赦書而敘復一些被指朋附苗、劉的人，其中責授海州團練副使英州安置的管
軍王元，責授秀州團練副使賀州安置的管軍左言，都許自便居住。再到紹興九
年（1139）正月丙戌（初五），以金人請和，大赦天下，就詔因苗劉之亂受累
而名在罪籍，見今拘管編置的人，並放任便居住，更許予收敘。至於苗氏和劉
氏宗人，若有在生的，似乎並未獲赦。自北宋中葉以來算得顯赫的苗氏五世將
門，及劉法父子的兩代將門就絕而無聞，連帶苗傅父苗履的事跡在宋人史籍也
殘缺不全，若非苗授的墓誌在近年出土，我們對苗氏將門的認識就大打折扣。
苗傅和劉正彥被宋人定為叛臣，《宋史》的編者相信據宋的《國史》，亦將二人
列入〈叛臣傳〉。五代將門的苗氏，就不幸成為叛臣之家。可之比擬的就是抗
金名將吳玠（1093～1139）、吳璘（1102～1167）、吳挺（1138～1193）兄弟父
子建立的吳家將，即因不肖孫子吳曦（1162～1207）叛宋降金，除害得自己被

〔註36〕 李正民：《大隱集》，文淵閣《四庫全書》本，卷六〈文・祭勤王將士文〉（奉
　　　　聖旨撰），葉十下至十一上。考宋廷在七月庚子（廿四），因江西路提點刑獄司
　　　　奏，苗傅餘黨未至州城，知撫州林積仁和通判楊稷言均先棄城而去，將二人衝
　　　　替處置，參見《宋會要輯稿》，第八冊，〈職官七十・黜降官七〉，頁4919。
〔註37〕 《宋會要輯稿》，第十四冊，〈刑法四・配隸〉，頁8469。

誅函首獻於朝，妻子兄弟被誅及除名外，吳璘子孫還被徙出四川。宋廷總算免吳玠子孫連坐，並許吳玠子孫通祀吳璘。吳家將就此敗落。和苗傅、劉正彥一樣，吳曦同樣被列於《宋史・叛臣傳》，吳氏成為叛臣之家。〔註38〕

　　苗、劉叛臣的身份，一直沒有得到平反。孝宗時洪邁（1123～1202）所撰的《夷堅志》就記錄了一則傳聞，說劉正彥成為叛臣，因為所居京師的賜第，原是唐代叛臣汴宋節度使某的凶宅，劉成為叛臣，是冤魂找替代，他成為犧牲品：

　　　　宣和初，陝西大將劉法與西夏戰死，朝廷厚卹其家，賜宅於京師。其子正彥既終喪，自河中徙家居之。宅屋百間，西偏一位素多鬼，每角門開，必見紫衣金章人，如唐巾幘，裴回其中，小童拱立於後，亦時時來宅堂，出沒為人害。正彥表兄某，平生尚膽氣，無所畏，獨欲窮其怪，乃書刺往謁，置于門外。少選，門自開，紫衣端笏延客入，設茶相對，儀矩殊可觀。詢其何代人，何自居此，曰：「居此三百年，在唐朝實為汴宋節度使。以臣節不終，閽宗三百〈口併命此處，至今追思，雖悔無及也。」客曰：「歲月如許，胡為尚淪鬼錄？」曰：「負罪既重，受生實難，非得叛臣如吾者相代，未易可脫。」客曰：「為公徼福於釋氏，作水陸法拯拔，以資冥路，若何？」曰：「無益也，然且試為之。」客退，語正彥。他日，呼闍梨僧建道場於廳事。甫入夜，紫衣者據胡床而觀，小童在傍，几〈執事之人無不見。〉僧獨懼，振杵誦降鬼〈呪，才出口，紫衣已覺，屬聲呼小童曰：「索命去。」童趨而前，僧即仆地，如為物搏擊。乃告曰：「我實殺汝，焚其骨，以囊貯灰，掛寺浮圖三級下塼隙中，無一人知之。〉今不敢隱，願舍我。」踰時乃醒，紫衣與童皆不見。問之，元不知所言。此童蓋為僧所箠殺，死後乃從紫衣者，僧見之故懼。至建炎中，正彥卒以逆誅。〔註39〕

〔註38〕《繫年要錄》，第二冊，卷三十五，建炎四年七月乙丑條，頁699～700；第五冊，卷一百二十五，紹興九年正月丙戌條，頁2116～2117；《宋會要輯稿》，第九冊，〈職官七十六・收敘放逐官二〉，頁5123；《宋史》，卷四百七十五〈叛臣傳上・吳曦〉，頁13811～13814。

〔註39〕洪邁（撰），李昌憲（整理），《夷堅志》（一），收入戴建國（主編）：《全宋筆記》第九編第三冊（鄭州：大象出版社，2018年3月），《夷堅乙志》，卷九，「劉正彥」條，頁312。

洪邁這則詭異故事自然不可信，然而苗、劉二人在南宋人心目中，他們
成為叛臣又似是在劫難逃，命中注定的可憐人。教人感慨的是，與洪邁同時的
葉適（1150～1223）在一首七言古詩中，稱「陳通苗傅昔弄兵，此地寂寞狐狸
行。」居然將苗傅和杭州作叛後被王淵所殺的軍賊陳通相提並論。〔註40〕

明太祖（1328～1398，1368～1398 在位）即命劉三吾（1313～1400）編
輯《戒錄》一書（亦名《歷代姦臣備傳》）二卷，採晉李克至宋劉正彥為臣悖
逆者凡百有餘事，於洪武十九年（1386）十月，頒其書賜群臣及教官諸生講誦，
使知所鑒戒。此書所收的姦臣傳，就以苗、劉二人為殿。〔註41〕

但到明代中葉，孝宗（1470～1505，1487～1505 在位）時由商輅（1414
～1486）奉敕所編《御批續資治通鑑綱目》（按：因清聖祖（1654～1722，1661
～1722 在位）曾御覽並批示此書，故《四庫全書》收入時稱御批），在記述建
炎三年三月苗劉之變時，在此條下由明孝宗時杭州府餘杭縣（今浙江杭州市餘
杭區）儒學增廣生員周禮（？～1498 後）花了五年所寫的《御批續資治通鑑
綱目發明》，和青浦府（今上海市青浦區）國子監生張時泰（？～1498 後）耗
時十年所寫的《御批續資治通鑑綱目廣義》，雖然仍稱苗、劉二人為逆豎，不
過對他們起事之緣由和高宗的責任，就有比較公允的評論。周禮說：

> 二逆豎作亂，而建置天子在其掌握，而羣臣無如之何，則宋室
> 懨懨不振之勢可見矣。又安能恢復舊物，中興天下哉？據事直書，
> 其義自見。

張時泰在其所撰之「廣義」，就申論高宗刑賞不公而致禍之責任，並且為
苗、劉申說，以他們起亂並非本心，認為不應獨罪二人。他的評論可稱公允：

> 大抵人君所恃以為治者，刑與賞而已。刑賞者，治天下之具也。
> 非其心之至公至明者，烏能執其柄以懲勸天下之人心哉？何則？刑
> 賞出于天而不出于人者也，故皋陶曰：天命有德，五服五章哉；天
> 討有罪，五刑五用哉，故曰爵人於朝，與眾共之；刑人于市與，眾
> 棄之謂之，眾者公之所在也。公則天，私則人矣。君人者，法天以
> 政，養萬民者也。烏可不以公而以私邪？高宗當國步艱難之秋，不
> 能立乎窮且益堅之志，動輒信讒，而使刑賞大權每出於奸諛閹寺之

〔註40〕葉適（撰），劉公純、王孝魚、李哲夫（點校）：《葉適集》（北京：中華書局，
1961 年 12 月），第一冊，《水心文集》，卷七〈古詩・趙振文在城北廟兩月無
日不游馬塍作歌美之請知振文者同賦〉，頁 84。

〔註41〕黃虞稷（1629～1691）：《千頃堂書目》，文淵閣《四庫全書》本，卷十，葉二下。

輩，而國且不治，況望其能恢復哉？今於苗傅、劉正彥之亂，其不至於魯昭、高貴鄉公者幸矣。臣嘗推夫苗、劉作亂之由，非其本心也，乃不平之故也。當夫金人追高宗於揚州之日，君臣上下，若癡若騃。黃、汪二賊，方且聽浮屠說法，視其君如路人，豈有一人有功之當賞者耶？無非可刑者耳。故劉光世見高宗，泣訴王淵管船不法之罪，則淵在所當刑者也。夫何高宗溺於閹宦之邪說，反以淵簽書樞密院事，當其制下之日，諸將即有不平之心，豈特苗傅正彥哉？苗傅、正彥特患愚戇，故其末立見耳。善乎王鈞甫曰二將忠有餘而學不足，斯言得之矣。觀夫苗傅對高宗之言，句句是實；但在君父之前，不應如此之悖直也。況其擅殺之罪，將安逃乎？綱目書作亂者所以著其逆也，非不學之驗乎？曰然則苗、劉於此當何如哉？曰其心能隱忍則乘時以立功者，不能則如王彥之角巾私第，何不可哉？噫！苗、劉固激於刑賞之不公，高宗則昧於刑賞之至公也。春秋責備賢者，君子奚可獨罪苗、劉哉？〔註42〕

和周禮和張時泰同時的莆田（今福建莆田市）人、人稱「未軒先生」的黃仲昭（？～1488後），也借擒得苗傅的李昭德卻被林杞冒功一直得不到申理之事，嚴厲批評高宗刑賞不公，所以導致後來斥戮忠良，刑賞大謬：

賞國之大柄也，刑賞明則人樂於趨事，而事必有終矣。苟刑不當罪，賞不酬功，則人心解體，而欲望其事之成，胡可得哉？高宗播遷，復有苗劉之變，此何時也？李德昭有獲苗傅之功，而為林杞所奪。朝廷卒不能明其是非，僅施薄賞而已。陳俊卿嘗為列其事狀，上之亦竟不行。高宗之刑賞如此，其何以為國乎？及其久也，崇信回遹，斥戮忠良，刑賞大謬，蓋其所由來者漸矣。恢復之功。所以卒不能成者，雖曰天命，豈非人事哉？德昭因是，遂飄然謝病以去，亦可謂知進退之道者矣。〔註43〕

〔註42〕商輅等奉敕撰，周禮（發明），張時泰（廣義）：《御批續資治通鑑綱目》，文淵閣《四庫全書》本，卷十二，葉三十上下。關於此書的編纂範式，以及周禮和張時泰的身份背景，可參見李卓穎：〈易代歷史書寫與明中葉蘇州張士誠記憶之復歸〉，《明代研究》第三十三期（2019年12月），頁1～60。有關周禮和張時泰的事跡，見頁17～18。

〔註43〕黃仲昭：《未軒文集》，文淵閣《四庫全書》本，補遺卷下〈李德昭列傳論〉，葉三十四上。考宋人未有記擒獲苗傅是李德昭其人，此事待考。林杞冒功事參見注20。

四、殷鑒不遠：苗劉之變對南宋人的教訓

　　虞雲國教授的專論已指出苗劉之變發生在高宗即位不久，對其統治心心理與朝政決策，產生了嚴重的負面影響。兵變平定後翌月，中書舍人李陵就指出今將帥之權太盛，浸成跋扈（見本章注 23 所引）。不久，朝臣王洋（1087～1154）上書給趙鼎時也說「萬一包藏蛇豕心如苗傅者，猝發懷袖，則非某所敢言。」正如虞氏所言，這些言論還只是折射出朝臣對武將的防範心態，而高宗在〈祭勤王將士文〉就明白說苗、劉「包藏禍心，乘間輒發，逼脅上下，反易天常」，就表達了他的驚悸與震怒。而胡宏（1105～1161）所謂「苗劉之變，不可不慮，而思所以拔其根也。」虞氏認為此可視為南宋初年削奪武將兵權的先聲。他引述明王世貞（1526～1590）也看出苗劉之變與高宗削奪三大將兵權的內在關係，「苗劉變而帝之心不敢以盡付諸將矣。是韓、張與岳三將軍，其兵皆重於京師，而秦檜以和之說進，立奪其兵而易置之。帝之安，不安於和而安於三將之失兵矣。」〔註44〕虞氏之論可取，事實上在苗劉之變平定後不久，張浚在高宗的同意下，便以霹靂手段殺跋扈不馴的大將范瓊，然後李光又殺已降多時並有戰功的苗、劉餘部韓世清，都是高宗和掌政文臣防範武臣的心態反映。後來張浚在建炎四年十月庚午朔（初一）以九月耀州富平之敗斬環慶經略使趙哲於邠州，再在紹興元年四月丁亥（廿一）再殺部將曲端（1091～1131）於恭州，都是諉過於部屬的同一心態。〔註45〕李裕民教授曾指出為韓世忠撰寫墓誌銘的文臣孫覿，就把岳飛和范瓊雙提並論，以二人均是跋扈而被賜死，而沒說韓世忠曾質疑高宗以莫須有罪名殺岳飛。〔註46〕孫覿所說的范、岳跋扈該殺是否真是韓世忠所想的尚有爭議，卻反映了文臣如孫覿的看法。

　　親歷苗劉之變的殿中侍御史張守，在兵變甫平後便對武臣之防範，提出警告，認為威福之柄不可以落入武人之手，他以苗劉之變為鑒，以武人握兵在

〔註44〕虞雲國：〈苗劉之變的再評價〉，頁 194～195；王洋：《東牟集》，文淵閣《四庫全書》本，卷十〈書·上趙元鎮書〉，葉二十一上。
〔註45〕《宋史》，卷二十六〈高宗紀三〉，頁 482、486～487、490；《朱熹集》，第八冊，卷九十五上〈行狀·少師保信軍節度使魏國公致仕贈太保張公行狀上〉，頁 4823～4825；《繫年要錄》，第二冊，卷四十三，紹興元年四月丁亥條，頁 813～814。按：張浚殺曲端，《繫年要錄》作四月丁亥（廿一），《宋史》作八月丁卯（初三）。
〔註46〕李裕民：〈「莫須有」故事辨偽〉，原載《西北工業大學學報》（社會科學版），2018 年第 3 期，頁 49～58，現收入李著《宋史考論二集》（北京：科學出版社，2022 年 2 月），頁 72～84。

手，殺戮為能事之可怕。他說：

> 臣聞刑賞威福，人主之操柄也，而朝廷者刑賞威福之所自出也。
> 人主之刑賞威福，非朝廷則令不行而無以取信，其弊至於人得以矯
> 誣。朝廷不恃人主之刑賞威福，則勢不嚴而無以為政。其弊至於人
> 得以凌蔑，故《易》曰非一朝一夕之故，其所由來者漸矣。日者苗
> 傅、劉正彥乘陛下駐蹕之初，朝廷草昧之際，縱兵誅殺，至於扣閣脅
> 制天子，而刑賞威福遂下移於將帥之手，忠義之士仰天扣心慟哭流
> 涕，而莫能救也。賴天地祖宗之靈，勤王之師協助信順，曾不閱月而
> 陛下反正。既往之事追咎靡及，而來者猶可思患而豫防也。大抵武人
> 握兵在手，以殺戮為能事，率意輕發，不復知名義之重，亦不復思
> 他日誅滅之禍。又況艱難以來，朝廷微弱，假借太甚，類皆驕惰，怯
> 於公戰而勇於私鬥。此皆今日固宜痛懲而申警之。伏望陛下明慎賞
> 刑之宜，收還福威之柄，皆由朝廷而出，使將帥拱手而聽命於上，不
> 得假之以行其私，則輕重適中而上下悅服。仍乞下臣章嚴賜誡諭，
> 不特使知尊朝廷，亦使之成功名保爵位也。臣不勝惓惓。〔註47〕

在靖康間曾出使金議和，在建炎元年被貶連州的朝臣鄭望之（1078～
1161）在建炎三年十二月，獲高宗召還，當高宗問他苗劉作亂時在何處，他回答
說他被竄在嶺表，而苗劉之事他得之道途，他卻不客氣地說高宗甚錯。當高宗
問錯在哪裡，他就說「二兇既就擒，陛下不送天獄，卻付韓世忠軍中，今日在陛
下左右者，得以面詔爾。」〔註48〕他言下之意，就是以韓世忠等邀功為慮。

南宋文臣對苗劉之變而產生對武臣的防範大有人在，高宗朝殿中侍御史
常同（？～1150）便上奏說「自古禁旅所寄，必參錯相制。漢有南北軍，周勃
用南軍入北軍以安劉氏，唐李晟亦用神策軍以復京師，是其效也。今國家所
仗，惟劉光世、韓世忠、張俊三將之兵耳。陛下且無心腹禁旅，可備緩急，頃
者苗劉之變，亦可鑒矣。」〔註49〕

不過，武臣也不是一面倒地任由文臣出言攻擊。紹興元年二月癸巳（廿
六），翰林學士汪藻上〈馭將三說〉……又云：「自古以兵權屬人，未有不貽
患者。今諸將之驕，樞密院已不能制，宜精擇偏裨十餘人，各授以兵數千，以

〔註47〕張守：《毘陵集》，附錄一〈輯佚卷一‧箚子〉，〈請刑賞威福出於朝廷箚子〉，
頁230～231。原載《歷代名臣奏議》卷一百八十九。
〔註48〕《中興紀事本末》上冊，卷十一，建炎三年十二月丁酉條，頁182。
〔註49〕《宋史》，卷三百七十六〈常同傳〉，頁11624。

漸消諸將之權，此萬世計也。」此時，諸將中劉光世尤橫，故汪藻有是言。汪藻之書既流傳，諸將皆忿恨。有令門下作論，以詆文臣者。其略曰：「今日誤國者皆文臣。自蔡京壞亂紀綱，王黼收復燕雲之後，執政、侍從以下，持節則喪節，守城則棄城。建議者執講和之論，奉使者持割地之說。提兵勤王則潰散，防河拒險則逃遁。自金人深入中原，蹂躪京東西、淮南之地，為王臣而棄地棄民，誤國敗事者，皆文臣也。間有竭節死難，當橫潰之衝者，皆武臣也。張邦昌為偽楚，劉豫為偽齊，非文臣誰敢當之。」史稱自此文武兩塗，若冰炭之不相合矣。〔註50〕

到高宗收兵權後，而這幾個中興名將或死或廢，武將已不能再與主政文臣爭鋒，苗劉之變的陰影消失了很長時期，直至晚宋因蒙古入侵，非靠武臣不可，武臣的地位又稍高時，又有文臣重提舊事。

到晚宋理宗朝，道學名臣魏了翁（1178～1237）便向理宗（1205～1264，1224～1264 在位）上奏，從苗劉兵變之事，到高宗為此而改革三衙禁軍之制之故事，再論當下宋廷將禁旅分戍各地的隱患。南宋人時刻不忘開國之初那場禁衛兵變：

> 乃者禁衛之變，幾為後魏李唐之失政，幸而收之桑榆，猶可暫弭目前之憂。然而乘輿所在，卒遇震擾，環視四顧，遠郊近甸一無可恃，而徒恃區區賞罰，以長保其無他。臣恐賞罰有時，而窮若不及，今追推舊制，思所以相維相制之道，固未可恃以為安也。臣竊攷三衙之制，蓋自高宗皇帝首值苗傅之變，繼罹張寶之亂，每病禁衛單弱，命三衙增修軍政，其後又以諸將步騎，分隸三衙。至孝宗皇帝修明稱足，又為護聖一軍，以寓陰相維制之意。馬步之數，通一萬四千七百有奇，俾蜀帥選西兵之驍銳者，發至在所，以充其數。其慮蓋甚遠也。馬司暫移建康，識者已謂不然，其殿步二司之卒，時遣戍淮，以勞苦之，然不過維揚天長六合而已。及時而往，及時而代，不欲久虛宿衛，以事邊陲，此正周人鄉遂之卒，惟以衛王室，不以遠屯戍，而詩人所謂予王爪牙，胡轉于恤，凡以強本也。至韓侂胄開邊，始用殿帥郭倪、馬師李汝翼發三衙禁旅，與江淮之師。有事于宿泗十餘年，驕惰之卒，乍罹暑潦，怨嗟載道，故僅至符離，退保蘄縣，縛田俊邁以遺虜，而全軍宵遁，雖將庸卒懦本無用，

〔註50〕《宋史全文》，第四冊，卷十八上〈宋高宗五〉，頁 1231～1232。

然以守禦王居之人，而使之長征遠戍，則自此始，乃至近世，習為故常。戰者不得返，戍者不得更，凡邊頭雜役，雖殿步二司不得免，甚至奪騎司之馬，以授北人，而驅騎卒以事之，執鞭刈草，晝夜勞苦。夫三衙所以扈衛乘輿也，今或荷戈於境外，或執役於降將。揆諸事體，誠為倒置，不寧惟是。凡江上諸軍，皆非阜陵，分隸之舊，騎司之軍，昔戍于滁濠定遠也。今移之浮光。建康戎司，昔戍于安豐廬和也。今移之泗水。京口戎司，昔戍于真揚通泰高郵盱眙瓜洲塩城諸處也，今置之新復諸郡。池州戎司，昔戍于舒蘄巢縣也，今置之淮東許浦諸處。水軍昔處之近，所以拱衛行都也。今徙之東海，自餘荊鄂四川軍人，大抵皆非舊戍，且將不知士，士不識將，舍所素習之山川，而投之未諳之水土。此固兵家之所忌，況于舍王居而事疆場，舍舊戍而事新疆，此于體統之輕重，雖三尺童子皆知其不然矣。而士大夫恬不以為怪，聞禁衛之亂，則第能追咎，揀汰之激變，復譏賞罰之不明。聞徐邳宿亳之敗，則第能追咎諸帥之輕舉，復譏和好之難恃。然以臣愚見，咎者譏者皆是也，而未得弭變之說。臣嘗妄謂苗傅、劉正彥之變，恃有劉光世、韓世忠諸屯列于上流，故二凶雖狂愚，卒于自遯。張寶之變，恃有呂頤浩親軍及新水宗曲部，密接旁近。故雖以囏難之餘，戮十七人而廢其班。彼不敢譁。今以京師之重，獨有殿步二軍，而近郡諸屯，皆戍極邊，殆非防微杜漸之意。臣愚謂宜亟循舊制，凡沿江沿海之卒，置之舊屯，而以時戍邊，庶幾連營列柵，聲勢聯屬，可以擬緩急之須，可以銷姦慝之萌，不猶愈於舍近謀遠，以生覬覦之心乎？王黼、童貫既得燕之空城，即移舊邊之戍以守新邊。一旦女真長驅，新邊既棄，舊境亦失，越關渡河如踐無人之境，往鑒甚明，而今之新進，獨未知懲創乎此。新復之郡，既未可保，而江上之備已為之一空。臣愚謂宜亟循阜陵分隸之舊，宿師于江南，而分戍于淮漢，庶幾根本先固，人心不搖。既可以厚重門之守，又可以省分餽之費，不猶愈於虛內事外，以貽一旦倉卒之憂者乎？或曰如此則是棄外而事內也，藩籬不固，如堂奧何？曰不然也。臣之所言，惟欲守阜陵之成規，宿師于內郡而移戍于邊城，所以固近而懷遠，先內而後外，非直棄遠而遺外也。譬如人之身，腹心潰裂，雖四體皆具，將安用之？況祖宗守邊規模，如淮漢

蜀口，皆有民兵義旅，可以倚仗，不專仰三衙江上移戍之軍也。臣先
事而有言，則誠為過計，不幸而言中，則事已無及。陛下曲留聖慮，
與二三大臣謀之，如臣言可采，即今速見施行，取進止。〔註51〕

正如虞雲國所論，苗劉之變的正面效果，除了借苗、劉之手殺卻超過百
餘人的任事驕橫的內侍，進一步大大削弱從徽宗以來盤根錯節的內臣惡勢力
外，更讓一向痛恨內臣的文臣有更好的理由，去防範和阻止內臣勢力會死灰復
燃。〔註52〕高宗在苗劉之變幾乎喪命，也為此陪上了幼子之命，他縱使心內仍
眷寵某些內臣如藍珪，他總不能再像以前一樣不顧物議地寵信內臣，那些言
官的危言他是不能置諸不理的。雖然高宗不理季陵的反對，仍然召藍珪回朝，
並且自武功大夫擢內侍省押班。不過，就沒有過度擢陞藍的官階。紹興二年
（1132）八月十一日，他以內侍省押班獲差提舉翰林院。紹興十二年（1142）
九月，他獲委提點韋太后（1090～1159）居住的慈寧宮修建事務，然後陞內侍
省都知。迎接韋太后回宋，他充都大主管。太后還，他奏應一干的補授恩，請
聽慈寧宮（即韋太后）施行。他給人謙恭守法的印象。《宋史》記他初與康履
同進，而沒有像康驕橫，故幸得以善終。藍珪本來是苗傅點名要殺的三名內臣
之一，康履先被腰斬，曾擇繼被追殺。藍是惟一逃過一死的人。他和一眾死裡
逃生的內臣，自然學得聰明，不敢再像在建炎初年時的驕橫。苗劉之變也給宋
宮內臣很大的教訓，恃寵而驕，開罪朝中文臣武將，隨時死無葬身之地。南宋
基本上內臣力量已大大削弱，再沒有再出現像童貫、梁師成（？～1126）這類
權勢薰天的權閹，誠如《宋史·宦者傳序》所云：「然而宣政間童貫、梁師成
之禍，亦豈細哉；南渡苗劉之逆，亦宦者所激也。」〔註53〕苗劉之變之殷鑒，

〔註51〕魏了翁：《鶴山集》，卷十九〈召除授禮部尚書內引奏事第五箚〉，葉二十二下
　　　　至二十七下。
〔註52〕虞雲國：〈苗劉之變的再評價〉，頁195。虞氏指出，直到孝宗時，吏部侍郎李
　　　　椿建議裁抑內侍，仍以明受之變，前轍不遠為言，說建炎間王淵交結宦官，不
　　　　恤軍士，遂激成苗、劉之凶逆。虞氏認為高孝兩朝，內侍干政雖未完全絕跡，
　　　　畢竟未成氣候。
〔註53〕《宋史》，卷四百六十六〈宦者傳一·序〉，頁13600；卷四百六十九〈宦者傳
　　　　四·藍珪〉，頁13669；《繫年要錄》，第六冊，卷一百四十四，紹興十二年正
　　　　月癸卯條，頁2433；卷一百四十六，紹興十二年九月庚寅朔條，頁2484；《宋
　　　　會要輯稿》，第一冊，〈后妃二·皇后皇太后雜錄二〉，頁281；第七冊，〈職官
　　　　三十六·翰林院〉，頁3938。考藍珪在紹興十二年正月癸卯（初九），更自入
　　　　內內侍押班擢為內侍省副都知。惟同書卷一百四十六，卻記在紹興十二年九
　　　　月庚寅朔（初一），藍珪自入內內侍省押班、提點慈寧殿上言。另《宋會要輯

對宋室君主而言，寵信宦官往往是招致禍患之源。而對內臣而言，恃寵任事會是自取滅亡。

南宋臣僚特別是曾守福建的臣僚如廖剛（1070～1143），也對苗傅等殘兵敗將離開杭州，卻能輕易竄入境內多險要的福建，差一點成了氣候，提出警告。他在紹興元年八月給樞臣富直柔（1084～1156）兩上劄子，他先說「福建路民貧地狹，從來遠矣。他日不為盜，而邇來相視蜂起，雖曰一方災數，亦豈全無所因。初緣建州軍賊作過，既而苗傅賊黨和王瓊叛兵相繼入本路，朝廷的大兵又躡其後，於是屋廬儲積，焚蕩掠取既盡於賊，又須供應大兵，實無從出。自是遷徙散亡，濡足南畝者無幾，食日益闕，民日益困，桀黠無賴者，遂乘之以鼓倡，羣小驅率，柔懦聚為盜賊如范汝為之徒，接續作過。」他繼續指出「閩中四境之險殆是天設……閩之險如此，苗傅、楊勍之徒何以逕入？曰：不然，閩之官吏惟不知險之可守，漫不經意，故二賊相繼得度，非險之不可恃也。」南宋初年地方官多對賊寇來犯麻痺大意，防務鬆懈，才常為散兵遊勇殘寇得逞。苗、劉殘部輕易入閩自然是一大教訓。〔註54〕

苗劉之變對杭州人而言，就是到了明代，也常常為人所視為鑑戒。明人張寧（字靖之）〈跋李嵩觀潮圖〉便說：「宋自慶曆以來，杭海屢溢。嘉定中，潮沖鹽官平野二十餘里，論者皆以畿甸切近為憂。當時每遇潮盛之候，傾宮出觀，顧反以為太平樂事。獨不思建炎之初，苗傅、劉正彥因觀潮起釁，幾危宗社，而復甘心於此。嗟乎！宴安酖毒，雖利害切身，亦不暇自為謀，況有興復遠之大計哉！」〔註55〕張寧此則跋語，正是指維揚之變後，康履等內臣卻依然觀潮為樂而引起苗、劉等人的憤恨而發動兵變之事。

五、苗劉之變再評述

苗傅從靖康元年七月以武翼郎率部在河東參預援救太原之役，到八月和

稿》亦記他在是年十二月五日以慈寧宮主管事務上言。他在紹興十二年十二月初五以後的事跡待考。他的卒年不詳。

〔註54〕廖剛：《高峰文集》，文淵閣《四庫全書》本，卷一〈投富樞密劄子‧元年八月〉，葉二十七上下；〈再投富樞密論閩賊劄子〉，葉三十二上至三十三上。

〔註55〕張寧（？～1458後）：《方洲集》，文淵閣《四庫全書》本，卷二十一〈跋‧觀潮圖跋〉，葉一上下。考這則跋語也為田汝成（1503～1557）的《西湖遊覽志餘》引述，另也見於清厲鶚（1692～1752）的《南宋院畫錄》。參見田汝成（輯撰），劉雄、尹曉寧（點校）：《西湖遊覽志餘》（上海：上海古籍出版社，2018年3月），卷十七〈藝文賞鑒〉，頁213；厲鶚（編）：《南宋院畫錄》，文淵閣《四庫全書》本，卷五〈張寧李嵩觀潮圖跋〉葉十一下至十二上。

張俊軍留於信德府，然後在十二月底隨知信德府梁揚祖至北京大名府追隨高宗，他一直是翌年五月於南京應天府繼位的高宗的從龍嫡系部隊。高宗從應天府往江寧府、揚州到最後到杭州，苗傅一直是高宗最貼身的扈從御營司統制。倘苗傅和他的搭檔劉正彥不是受不住他的上司王淵和其靠山入內內侍押班康履的欺凌，而在建炎三年三月發動兵變，以他追隨高宗兩年多的淵源和他五世將門的身份，即使他在平定民變兵變以至抗禦金兵方面，沒有赫赫戰功，他應該能像楊沂中和辛企宗兄弟等一樣依次擢陞，可繼其祖苗授和父苗履，成為三衙管軍和建節的高級將領，而延續上黨苗氏將門的家聲。不幸他和劉正彥欠深思熟慮，魯莽發動兵變，雖宣泄一時之忿，去掉眾人皆曰殺的王淵和康履而大快人心軍心；卻善後無方，迫高宗退位，由年方三歲的高宗獨子魏國公旉繼位而由孟太后垂簾，他這樣做只將自己置於叛臣的地位，而讓他的城內城外對手佔據勤王討逆的道德高地，終於他們被迫在三月底認輸請罪，請高宗復辟，然後被騙率部離開行在杭州，接著被宋廷定為叛逆。他們在四月流竄至江西和福建，最後在五月兵敗被擒，於七月全族被誅於行在建康府。從太宗端拱元年（988）苗忠（苗守忠）已為將，經歷苗京、到苗授興家、苗履紹繼的苗氏將門，到苗傅、苗翊和苗瑀兄弟的第五代（按：苗傅兩個不知名的兒子也同時被誅，他們似並未為將，故苗氏將門只能算五代），在建炎三年（1129）三月至五月僅僅三個月，便滅族破家，毀掉歷經至少一百四十二年的潞州上黨苗氏將門。比起後來由吳曦叛宋投金，而毀掉吳玠、吳璘、吳挺兄弟父子建立的吳氏將門的結局還悲慘，至少宋廷念吳玠之功，沒有追究滅絕吳玠的子孫。

宋人及後人都評說苗傅和劉正彥愚蠢和不學，比起苗授和苗履善於處理和文臣的關係，另外知書識禮，苗傅的確是不肖子孫。誠如王曾瑜和何忠禮教授所論，苗傅和劉正彥的失敗是必然的。筆者以為也宜回顧一下這場被虞雲國教授比作宋代的西安事變的悲劇裡，苗、劉一方和宋廷一方的主要當事人的背景、經歷和他們在這場兵變的行為，從而深入檢視他們成敗之原由。

高宗和苗傅劉正彥二將可以說都是政治上的小學生。兵變發生時即時被殺的王淵和康履更是政治上的白癡。宋人筆記說徽宗聞說高宗被苗、劉所廢，就悲嘆說「吾兒子方即位四五年，作得甚紀綱？」，高宗在建炎三年才二十三歲，他雖然後來帝王術高超，越老越奸滑，把群臣玩弄於股掌之上，但在建炎年間，他尚未成熟，以致不鑑父兄之失，寵信康履、曾擇、藍珪一群狂妄輕易的內臣，任由他們和庸將劉光世、王淵等勾結，並欺凌不附的將校，終於激起

苗、劉一群不甘奉承討好內臣的痛恨，而發動兵變。高宗也用人不當，只寵信他從龍之臣黃潛善、汪伯彥等掌政，而不用李綱、宗澤，結果黃、汪二人只識排除異己，甚至殺害有民望的陳東諸人。高宗剛剛建立而詭弱的政權，內失民心士心，外不知如何防禦來勢洶洶的金人，只知全力剿滅此起彼落的民變和兵變。但在平亂過程中，王淵之流卻時常殺降與及殺無辜民眾以奪取民產。結果投降的巨盜如李成、丁進、楊進之流，降了又叛，大大削弱宋軍的戰鬥力。建炎三年二月金人突襲行在揚州的維揚之變，把高宗君臣嚇得半死，高宗卻沒有省悟過來，雖然罷了黃、汪二丑，卻照舊寵信王淵和康履等人。高宗的愚昧，是竟然不察最大的危機，是從他開大元帥府以來一直扈從保護他的嫡系部隊御營統制官苗傅和劉正彥以至吳湛諸將，已對他的倒行逆施怒火沖天，兵變已是一觸即發。但高宗竟然對禍起蕭牆一無所知。

王淵算得上是沙場老將。他在南宋初年在童貫留下來的陝西軍中，年紀、輩份和職位只比郭仲荀和楊惟忠稍低，他被殺時年五十三，比劉光世、張俊和辛企宗、辛道宗兄弟都要高，韓世忠更是他提拔的心腹愛將。但他只知奉迎康履等內臣，以博取高宗的信任，他既殺降奪民產，也殺不同派系的將領如楊志和皇甫佐。他受知於劉正彥之父劉法，因而提拔劉正彥，薦他為御營軍副統制，視之為心腹，以為用之牽制不同派系的苗傅，卻沒有滿足劉正彥陞官的要求，後來又要收劉的精兵，引起劉的不滿，他竟不知劉已投向對他極之不滿的苗傅陣營。至於原為他部下的中軍統制吳湛暗中與苗傅勾結，而殿前司的王元和左言首鼠兩端，他也不察覺。當他還沾沾自喜，破格陞任簽書樞密院事，位居執政時，卻不知死期已近。〔註56〕他收到康履密報時，卻中了苗、劉二人調虎離山之計，終於給苗、劉的伏兵所殺，親手殺他梟其首者，正是他曾倚為心腹的劉正彥。稱他為庸將，並沒有貶低他，看他死得如此窩囊即可知。

在第六章註14曾述及在苗劉之變中的管軍左言從靖康元年閏十一月底開封失陷到靖康二年六月高宗繼位前的投機不光彩的經歷，這裡也值得考述一

〔註56〕李心傳指出武臣在元豐改制後，不入二府。到政和末年，童貫才任簽書樞事以至領院事。靖康年間，种師道在特殊情況下才除同知樞密院事。無大勳勞的王淵這時除簽書樞密院事，就引起苗傅等不平，而引發明受之變。自此武臣不再典樞密。直至紹興十一年秦檜收三大將兵權，乃以樞密使副授韓世忠、張俊和岳飛。他認為自童貫以後，皆因事用人，乃非常典也。王淵這刻擢為樞使，實在於情理皆不合。參見李心傳：《建炎以來朝野雜記》，上冊，甲集卷十，第257條，「樞密參用文武‧張說本末」，頁203。

下依附苗傅和劉正彥的吳湛，以及表面上袖手旁觀，其實暗中協力的殿帥王元的背景和仕歷。

吳湛的出身經歷紀錄，大概因他後為成為叛將被誅，故像苗傅和劉正彥一樣，多被史臣刪去而不詳。據《宋史・王淵傳》的記載，在靖康元年當王淵為真定府總管，就遷都統制時，吳湛據趙州（今河北石家莊市趙縣）叛，王淵討平之。吳湛大概被他招安收編，成為他的部屬。當金兵攻開封時，河東北宣撫使范訥（？～1145）統勤王兵屯雍丘縣（今河南開封市杞縣），王淵為其先鋒。稍後王淵就以所部歸高宗的康王府。而據《宋史・韓公裔傳》的記載，當金兵犯開封時，高宗出使金，高宗的心腹康王府內知客韓公裔（1092～1166）隨行。高宗渡河時，隨從的將官劉浩和吳湛私鬥，靠韓之調停才化解爭端。按劉浩就是高宗入南京應天府的扈從部隊的右軍副統制，苗傅的副將。吳湛應當和苗傅、劉浩一樣都是高宗大元帥府的從龍嫡系人馬，他可能一早便隨王淵依高宗於康王府，故此受高宗信任，後來獲委擔任中軍統制。又劉浩是范瓊所招到之兵往援太原，隨范屯南北關。至於王元，他的資歷和輩份比起王淵更老，算得上是宿將。他早在徽宗崇寧年間，以守邊之功自西染院使轉兩官。在崇寧年間任中書舍人的慕容彥逢（1067～1117）為他撰寫制詞，稱許他「具官某，惟爾奮武邊陲，誅擊強敵，兵無亡失，閱級為多。宜錫命書，昭示嘉獎，進官二等，其往欽承，可。」他早年很有可能隸於開拓青唐的王厚和童貫的麾下，也可能是苗傅之父苗履，劉正彥父劉法的部屬。他在宣和年間已出任三衙管軍，不過，卻在宣和五年（1123）八月二十五日，以管勾步軍司公事被解軍職，責授提舉嵩山崇福宮，以言者論其朋附權貴（可能指童貫），沽譽希進，又招刺老弱充軍。但他在宣和末年復為馬軍副都揮使。靖康元年七月，知樞密院事李綱力薦他，欽宗批示王元事已批付三省施行。李綱稍後又薦他為宣撫司都統制，代替援太原失利的折可求（約1090～1139），但欽宗批示王元不甚中使，不允所請。後來他又獲委出任真定路總管，但他抗禦金兵無功，被御史李光痛劾，說他和种師中及姚古一樣，「偃蹇自肆，使之禦敵，則望風先奔，使之策應，則逡巡不進。」他在十一月二十五日京師危急時，奉命出知黃河北岸之滑州（今河南安陽市滑縣）。京師在閏十一月二十五日失守後，他在年底隨范訥、王淵及韓世忠及馬忠等退師於應天府，不久就成為高宗即位於應天府的從龍之臣。他可能再得到在建炎初年拜相的李綱之舉薦，乃獲得高宗重用，到建炎三年時即權主管殿前司公事。他和在建炎三年以步軍都虞候、常德軍承宣使權主管侍衛馬軍司公事的

左言，對苗劉兵變同樣持曖昧態度，原因為何，史所沒載。本來吳湛和王元都和劉正彥一樣，與王淵頗有淵源，他們卻對苗、劉二人殺王淵袖手旁觀，相信是王淵只識奉迎內臣，而馭下無方（除了對韓世忠有恩）所致。〔註57〕

至於左言投向苗劉一方的原因，很可能和苗、劉二人一樣，嫉恨王淵驟陞樞密。上文曾提到趙子崧曾建議高宗，擢左言為樞密，范瓊為殿帥以取得二人的歸順。可能左、范二人曾得到高宗或高宗的人的口頭許諾（按：後來范瓊便真的要求宋廷授他殿帥）。左言樂見王淵被苗、劉所殺，相信是因怨望得不到樞密之職所致。王淵整天只想著陞官，卻毫不察覺他以為忠誠可靠屬於他嫡系的御營司和禁軍將領，從苗傅、劉正彥到左言、王元和吳湛，都對他充滿反感和忌恨。他之被殺，可說是咎由自取。

苗傅和劉正彥的生年不詳，從上面的考證，苗傅最早生於紹聖三年（1096），到建炎三年，他應該是三十四五歲，而劉正彥老練一點，可能比苗傅長一點，但也不會超過四十。二人在兵變的行事毫無長遠計劃，見一步走一步，殺了王淵和群閹，高宗妥協，陞了二人官為承宣使，不究二人擅殺之罪，本來可以見好就收。就像天寶十五載（756）六月馬嵬驛之變，禁軍大將龍武軍大將軍陳玄禮率部殺掉引致安史之亂的宰相楊國忠（？～756），以及迫唐玄宗（685～762，712～756 在位）殺楊國忠妹楊貴妃（719～756）後，陳玄禮等就向玄宗請罪，並保護玄宗入蜀。玄宗因要陳軍保護，就沒有追究他們擅殺楊國忠之罪。但苗、劉二人不知聽了王鈞甫、王世修那個白面書生的歪主意，竟然要迫高宗退位，由孟太后垂簾，而立三歲的魏國公旉為帝，那就給在杭州城外的文臣武將有勤王討逆的正大理由。偏偏他們在杭州城內，又給以孟太后和以朱勝非為首的文臣耍弄，開口一句名家子世將，閉口一句忠臣，就給人們縛著雙手，殺掉康履等以後，就不敢迫宮，更沒有董卓（？～192）和朱溫的膽

〔註57〕《宋史》，卷三百六十九〈王淵傳〉，頁 11486；卷三百七十九〈韓公裔傳〉，頁 11704；《靖康要錄箋注》，第三冊，卷十三，頁 1301；卷十四，頁 1496；《景定建康志》，第二冊，卷二十六〈官守志三‧侍衛馬軍司題名〉，頁 1246；慕容彥逢：《摛文堂集》，《四庫全書》本，卷八〈西染院使王元轉兩官制〉，葉四上；李光：《莊簡集》，文淵閣《四庫全書》本，卷九〈論劉延慶等箚子〉，葉五上下；《宋會要輯稿》，第八冊，〈職官六十九‧黜降官六〉，頁 4904；李綱（著），王瑞明（1920～2010）（點校）：《李綱全集》（長沙：嶽麓書社，2004 年 5 月），中冊，卷五十四〈奏議‧奏知發去生兵等事箚子〉，頁 608～609；卷五十五〈奏議‧乞差王元充都統制箚子〉，頁 615；《會編》，上冊，卷一百十一〈炎興下帙十一〉，建炎元年七月十三日辛丑條，葉二下（頁 810）。

量，乾脆殺掉高宗和孟后，自立為帝。他們連劉豫做金人的兒皇帝都不敢學。他們也沒有像後來酈瓊（1104～1153）、李成、孔彥舟、徐文（？～1162後）一批不滿宋廷文臣的處置及受不同派系武將排擠的人那樣，率部先降劉豫，最後仕金。〔註58〕孟太后加二人節度使，他們已心滿意足，王世修之流，給他一個工部侍郎就滿意。最後二人傻得可愛，居然被勸服接受高宗復辟，而去向高宗請罪，求賜得一本朱勝非都不知是甚麼的鐵券誓書後，就提兵撤出杭州，竟然沒有想到可挾持高宗孟后為人質。結果一出杭州，就被宣判為叛臣，部眾見大勢已去，走的走，叛的叛，最後被韓世忠擒獲，而族滅於建康。建炎三年三月明受一月，就似一場春夢，轉眼成為噩夢。苗、劉二人算不算少不更事？惟年過三十卻如此幼稚，朱勝非說苗素無心機而劉輕躁已是很客氣的話了。苗、劉所信任的人，大部份都是莽夫或白面書生，而赤心隊中文武全才的劉晏卻未受重用，那又有何言？

苗、劉的三個武將對手劉光世、張俊和韓世忠，以及他們屬下的王德、辛永宗、辛道宗、辛企宗兄弟、楊可輔，〔註59〕和他們一樣，其實同屬北宋末童

〔註58〕考《金史》卷七十九，記載一大批先降劉豫再仕金的宋將，包括官至武泰軍承宣使，原屬劉光世麾下，因不服劉被解除兵權，而他居於王德之下，在紹興七年率步騎十餘萬投劉豫的大將的酈瓊，以及反覆無常的李成和孔彥舟。最值得注意的是徐文，他是山東萊州人，北宋末募為戰士，為密州板橋左十將，他勇力過人，揮巨刀重五十斤，所向無前，人稱徐大刀。他曾與夏人戰，又破楊進。據載高宗南渡，召他為樞密院準備將，《金史》載他擒苗傅和韓世績（疑是韓世清之訛），以功遷淮東浙西沿海水軍都統制。因諸將忌其勇，當李成和孔彥舟皆歸劉豫時，宋廷亦忌徐文有北歸志，大將宣州觀察使閻皐（？～1155）與他有隙，因而譖之。宋使統制朱師敏來襲徐文，於是徐文率戰艦十艘泛海歸齊。他一直受齊及金重用，成為主要的水軍將領。他直至金世宗大定二年（1162）才致仕，以龍虎衛上將軍卒於家。據《繫年要錄》所載，當山東失陷，徐文聚眾於密州靈山寺。當河北忠義人護送宗室趙士幹泛海南歸，徐文劫之，而自稱忠訓郎權密州都巡檢使，以所部五千人海舟五人泛海來歸。宋廷詔進一官赴行在。而同書卷四十七，記徐文在紹興元年九月戊戌（初五）為樞密院準備將領以舟師屯定海縣，與《金史》所記不合。按《繫年要錄》及《會編》記徐文事頗多，惟徐文擒苗傅及韓世清之事則不見載兩書及其他宋人文獻，有可能因他叛宋降金，宋史臣就將他有份擒苗傅和韓世清的功績刪去。參見《金史》，卷七十九〈酈瓊傳、李成傳、孔彥舟傳、徐文傳〉，頁1895～1900；《繫年要錄》，第二冊，卷三十四，建炎四年六月壬辰條，頁689；卷四十七，紹興元年九月戊戌條，頁866。

〔註59〕關於辛家兄弟和辛家將的事跡，可參閱辛更儒：〈南北宋之交的辛家將考〉，載鄧小南、程民生、苗書梅（主編）：《宋史研究論文集》（2012）（鄭州：河南大學出版社，2014年3月），頁402～413。

貫所領的陝西軍系統。雙方的部隊當然也包括了收編回來的民變隊伍，其中苗、劉麾下最能戰的赤心隊的領軍人物馬柔吉、張逵、王鈞甫、也是燕地投誠的人組成；不過，他們的核心人物則仍是陝西軍將領。包括苗傅二弟苗翊、苗瑀，以及附從苗、劉起事的中軍統制吳湛、主管殿前司的左言和王元。而被他們殺掉的王淵，也是受劉正彥父劉法提拔的而後隸童貫的陝西軍將領。虞雲國教授的文章談到苗劉之變的性質，他似未留意到，其實這場兵變也可以視為是陝西軍之間的內鬥。這等於我們可以說國共內戰有點兒是黃埔軍校的人同室操戈。劉、張、韓三人的年紀都比苗、劉二人長：劉光世和張俊在建炎三年都年四十四，韓世忠年四十一，他們都懂得站在順的一方去討逆，他們的兵力也比苗、劉強，而人在杭州外，後勤和形勢都優於困在杭州城內的苗、劉好。本來韓的妻兒都在杭州城內，苗、劉卻愚至放韓妻梁氏走，結果只成就了梁氏的功名和後世美談。而韓世忠的萬夫不當之勇，也不由苗、劉不畏懼，據明人彭大翼（？～1595後）所概述韓世忠的厲害，是他「持軍嚴重，器仗規畫精絕過人，掠陣斧、克敵弓以至狻猊之鏊、連鎖之甲，皆其遺法也。」〔註60〕最後苗、劉都被韓世忠所擒，韓可說是二人的剋星。

又如劉光世，他打仗不成，卻懂得用人，他的悍將王德就為他立下許多汗馬功勞，包括擊敗苗、劉餘部，他的心腹大將張寧（1100～1167）在他提舉御營時得到識拔，以後便隨他討張遇和李成，又隨他勤王平定苗劉之變，以及冒死招降酈瓊（1104～1153），直至他罷兵權也不離不棄。〔註61〕劉也能收編苗的悍將韓世清為他賣命。另一方面，他雖然也靠奉迎康履陞官，但知道分寸，特別在高宗前顯示無比忠心，不怨望，不居功，而不招猜疑。孫覿在隆興二年（1164）四月所寫一篇跋文，記當年他代劉光世撰寫謝高宗恩詔，文中阿諛奉承之語，今日看來極度肉麻，也惟有孫覿這種無行的「大手筆」寫得出，也只有劉光世這等裝傻扮蠢的人可以上此等謝表。苗、劉二人若學到

〔註60〕彭大翼：《山堂肆考》，文淵閣《四庫全書》本，卷一百三十五，「韓忠武」條，葉二十上下。

〔註61〕張寧是太原陽曲（今山西太原市陽曲縣）人，是五代至宋初名藩張永德（928～1000）八世孫，他是將家子，宣和七年應募往太原府效命，後赴京以材授進武校尉，再任樞密院準備差使，守護京師。高宗即位，充御營使司隨軍使喚，而受知於劉光世。他從平苗劉之亂，特授保義郎。他後來屢立戰功，最後官至貴州防禦使，封陽曲開國伯。其生平事蹟及戎馬生涯，可見名臣胡銓（1102～1180）為他撰寫的墓誌銘。參見《全宋文》，第一百九十六冊，卷四三二八〈胡銓三十・貴州防禦使陽曲伯張公墓誌銘・乾道三年六月〉，頁107～114。

劉光世這種德性一半，就不必因忿恨不獲陞官而發動兵變。這篇妙文值得一讀，其文云：

> 建炎二年（按：當為三年）春，臨安叛臣苗傅、劉正彥伏闕稱亂，懼罪而逃。臣從韓世忠奉詔追捕之建安，手擒二叛，檻而上詣，蒙恩獎擢，超進位等，出分帥閫，入扈殿巖。歲月推遷，遂秉旄麾。而臣德輶材下，剛褊自信，恩施有丘山之重，補報無塵露之微。咎深責滿，薦致人言，聖度務容，貸而弗誅，止投閒散。於時平居念咎，飯疏飲水，誓畢此生，豈敢更有榮望？伏遇皇帝陛下，膺受大寶，恩加區內，追錄故臣於罪籍中，拔拭汙累，還畀官資，復授兵柄，責以來効，親御翰墨諭之，德意至於甹至於三。臣捧詔感悸，繼之以泣，訓辭勅戒，尊嚴如父師。聖語褒揚，亭毒如天地雨雷之施，嘘柯吹生，雲漢之章起幽作愿。顧臣缺然何以得此，伏念臣世緒單平，出自行伍，在朝廷無蚍蜉蟻子之援，無族親扳聯之勢，無左右游談之助，而聖主特達之恩，實萬世旦暮之遇。詔音初下，臣跪讀於軍門稠人廣眾之間，有榮耀焉。一時戎臣武士，俯首傾聽，慨然激昂踴躍增氣，皆欲効一死於戰陣之下。況臣麼麼，被此大眖，若為稱塞。生當捐軀戰場，馬革裹屍以歸沒，而有知餘忠未泯，又當結草以報。於是尊奉三詔，刻之金石，垂示子孫，世世著忠孝節，與宋無極。隆興二年四月日具位臣某謹記。〔註62〕

韓世忠、張俊和劉光世三人都知道經過苗劉之變後，高宗對武臣，尤其他們三人手握兵權都不會真的信任，文臣更言諸於奏疏，力主要收他們兵權。范瓊被殺是第一個警號，韓世清被殺是第二個。故他們三人有機會就向高宗表忠，後來他們被收回兵權，也毫無怨言（至少是公開），於是他們都功名令終，封王配享。被譽為中興四將。他們可不像後起之岳飛那樣不知幾，不知高宗的用心。故要說韓世忠後來曾為岳飛申理鳴冤，我倒同意李裕民教授的考論，韓只會明哲保身，而不會出頭逆高宗之意，他沒有像張俊對岳飛落井下石，已算對得住岳飛了。同是武將，他們三人的政治頭腦顯然比素無心機而疏的苗、劉強得多。

苗、劉發動兵變後在宮中周旋的對手是歷盡滄桑，人生多次大起大落，在建炎三年已五十七歲的孟太后。她的閱歷大大補足了鬥爭經驗尚淺的高宗，她

〔註62〕孫覿：《鴻慶居士集》，文淵閣《四庫全書》本，卷三十二〈書跋‧代劉節使跋御筆手詔〉，葉十上至十一上。

看出朱勝非的可用，也用好言和封賜安國夫人，讓韓世忠妻梁氏為她和高宗拚命，另她又透過高宗，表示很欣賞和想一見張浚，令張浚感激不已。她連小臣如馮檝也懂得以溫言激勵，讓他們死心替她效命。最厲害的殺手鐧是她配合朱勝非等文臣，軟硬兼施，以忠臣、名家子和世將的大帽子來扣實苗、劉二人，讓二人不敢做篡位弒君的事，以保全高宗父子。苗、劉不敢做董卓和朱溫的事，孟太后就像收伏孫大聖的觀世音菩薩。緊箍咒就是忠臣、名家子的名節，苗、劉給負上的大包袱就是二人本身的將門家聲。孟太后是兩宋曾經垂簾的幾位太后中處境最凶險的，但也是最能化解危機的一位。高宗在苗、劉亂後尊她為隆祐皇太后，當她在紹興元年四月庚辰（十四）崩，年五十九。高宗在是月辛巳（十五）命翰林學士張守撰詔書賜門下，命臣下討論喪禮如何操辦，詔書中稱頌孟太后於社稷之功，尤其提到她在「苗劉之變，尤高社稷之功」，當發自高宗由衷的：

> 朕遭時艱危，兩宮北狩。實賴隆祐皇太后母儀天下，保佑朕躬。
> 菲德寡祐，奄臻禍變。伏讀遺誥，貶降禮儀，固宜仰遵慈仁之訓。
> 爰念太上皇帝繼統於哲宗，靖康垂簾，授位於沖眇。中更苗劉之變，
> 尤高社稷之功。雖正隆名，未極大養，非盡尊崇之典，曷昭仰報之
> 誠。隆祐皇太后應干典禮，可比擬欽聖憲肅皇后故事，令有司討論，
> 詳定以聞。朕以繼體之重，當從重服，以稱孝思之意。故茲詔示，
> 想宜知悉。

考孟太后不豫時，高宗衣不解帶連夜。當孟太后崩，高宗哀慟久之，當輔臣拜表請高宗為孟太后服期喪，高宗從之。那當不是高宗裝出來的。〔註63〕

至於苗、劉的文臣對手，分別是在杭州內的朱勝非和城外的呂頤浩和張浚。呂年最長，建炎三年已年五十九，朱勝非則年四十七，張浚則最幼，年三

〔註63〕《繫年要錄》，第二冊，卷四十三，紹興二年四月庚辰至乙酉條，頁 812～813；
張守：《昆陵集》，卷九〈內制詔·賜門下口詔·又〉，頁 123。值得推薦的是，
以研究宋代女主及女性著名的劉靜貞教授，她在 2016 年發表了〈唯家之索
——隆祐孟后在南宋初期政局中的位置〉一文，以女性同情的角度描寫孟太
后不凡的一生，尤其她在苗、劉之變中扮演的無可替代的角色。另外清華大學
的方誠峰教授，也有專文討論高宗優禮孟太后的緣故。參見方誠峰：〈補釋宋
高宗「最愛元祐」〉，《清華大學學報》（哲學社會科學版），2014 年第 2 期（2014
年 3 月），頁 69～76；劉靜貞：〈唯家之索——隆祐孟后在南宋初期政局中的
位置〉，《國際社會科學雜誌》（中文版），2016 年第 3 期（2016 年 9 月），頁
41～51。

十三，可能與苗傅同齡。呂、朱二人都是久經宦海，老謀深算。連孟太后都對高宗說，若關鍵時刻不是朱為相，而是黃、汪為相，事情就不可收拾。苗傅二人遇上朱這頭老狐狸，就注定非輸不可。朱勝非字藏一，他真是能藏。他是蔡州人，崇寧二年（1103）已上舍登第。經歷徽宗朝二十多年的起落，他在靖康元年京師被圍時為東道副總管權知應天府。金人攻城時他逃去。會韓世忠部將楊進破敵，他復還視事。他早便與高宗建立良好關係，靖康二年他往濟州見高宗，以南京應天府是太祖興王之地請幸之以圖大計。應天府就是他治下之地。他在建炎初年步步高陞，沒有因他是張邦昌的友婿而受累。他在苗劉亂起前夕拜相，在危城中他卻能巧妙地保護高宗和孟太后，也耍弄了苗、劉二人。他在亂平後隨即自請罷相，毫不戀棧。他被言官攻擊，要為苗、劉之亂負責，一度被降職提舉宮祠，他撰有《秀水閒居錄》，記述苗劉之亂他所親歷。高宗和孟后一直都欣賞他，為他背黑禍之委屈而思補償。建炎四年（1130）四月，高宗便以他自觀文殿學士為江西、湖南北宣撫使。九月癸丑（十四），當高宗召還呂頤浩再度拜相時，高宗就對宰執說朱勝非當苗劉之變，不為無功。范宗尹附和說，朱能使二凶不疑，以待勤王之師，議者皆稱其有謀。高宗又說是時惟朱勝非和鄭毅能與苗、劉對抗，好像顏岐雖好士，卻怯懦不能有為。高宗仍念朱當日之大功。紹興元年（1131），因馬進陷江州，侍御史沈與度論江州之陷，是朱赴鎮太緩，於是降授中大夫分司南京江州居住。紹興二年（1132）八月，呂頤浩薦他為侍講，又薦他都督江淮荊浙諸軍事。理學名臣時任給事中的胡安國（1074～1138）對朱有意見，上言說朱勝非和黃潛善、汪伯彥同在政府，說他緘默附會，以致高宗在揚州失守要渡江。又說他尊用張邦昌結好金國，淪滅三綱，天下憤鬱，當他拜相時，苗、劉作亂時，他貪生苟容，辱沒君父。他說現在強敵當前，叛臣不忌，用人得失，深恐朱誤了大計。當朱改除侍讀時，胡持錄黃不下。他又說朱勝非是他論列之人，但現時朝廷仍稱朱處於苗劉之變，能夠調護聖躬。但他不同意此論，認為建炎失節之人，今日雖釋不問，現時卻加選擇，這習俗既成，大非君父之利。侍御史江躋也交章論罷之，說朱不知兵。然而高宗並不這樣想，也不存理學家迂腐之見。他絕對欣賞朱對他的忠心。他說朱勝非作相三日，值苗劉之亂，當時他調護有力，他豈不知？高宗親書諭臣下他用朱勝非之事，並說「昨昨逆傅作亂，而勝非卒調護於內，使勤王之師得以致力。矧今諸將，皆同功一體之人，必能為朕克濟事功。」因呂頤浩力引他入朝，再除兼侍讀。九月乙丑（初八），高宗便復用朱勝非為尚書右僕射同中

書門下平章事兼知樞密院事。後在紹興三年（1133）四月庚寅（初五），因丁母楊氏憂而去，同年七月癸酉（二十）起復後再復為右僕射兼知樞密院事，又上《吏部七司敕令格式》一百八十卷。他並不戀棧權位，紹興四年（1134）九月庚午（廿四），以久雨而累上章求罷，且自論當罷者十一事。他在紹興五年（1135）以疾罷知湖州，因他與當政的秦檜（1091～1155）有隙。紹興九年（1139）二月己未（初八），高宗為了平衡秦檜的權勢，又將他自觀文殿大學士提舉臨安府洞霄宮起知湖州，另外也起用李綱知潭州，汪伯彥知宣州。不過，在同年十月戊辰（廿一），朱上疏反對臨安守臣張澄（？～1153）議浚運河，以致兩浙漕司調民夫甚眾。高宗納之，稍後他連上六章以疾求罷。高宗許之，再命他提舉臨安府洞霄宮。紹興十四年（1144）十一月乙丑（十八），他卒於湖州僧舍，年六十三。他因與秦檜嫌隙，奉祠八年，卻並不介意權位，而著書《秀水閒居錄》以發其私說。他晚年閉門謝客，傳世的《杜門帖》云：「勝非頓首：勝非憂患餘生，杜門養疾，人事曠絕。獨蒙記存，垂問曲折，區區又以刻荷。人還，敍謝率略，尚幸情照。勝非再拜。勝非上問門中眷集均安。勝非上問。」可略見他的心跡。宋廷贈他三官為特進，本來他曾為宰相應贈七官，疑秦檜抑之。高宗後諡他「忠靖」，乃是美諡，嘉他為國盡忠，獎他靖國安邦。北宋真宗朝名相李沆（947～1004）便諡「文靖」。據蘇洵（1009～1066）《諡法》所言：「盛衰純固曰忠，臨患不忘曰忠，推賢盡誠曰忠，廉公方正曰忠」，「寬樂令終曰靖，恭仁鮮言曰靖」。另據汪受寬所引述，諡法於臣，「性敬而仁，少言敏行，安而寬大，故曰靖」、「慎以處位曰靖」。朱勝非諡「忠靖」是合適的。宋人對他的相業大致肯定，特別是他在苗劉之變中保護高宗功最多。雖然《會編》所引《中興姓氏錄》，說他「惟詔佞阿謏，迎合上意，曲奉黃潛善、汪伯彥，備位無所建明。三年潛善、伯彥罷，以勝非為宣奉大夫尚書左僕射，值苗傅、劉正彥擅廢立，勝非狐趨鼠拱，行二人之意而已。」〔註64〕

〔註64〕《宋史》，卷二十六〈高宗紀三〉，頁 477；卷二十七〈高宗紀四〉，頁 500、512；卷三百六十二〈朱勝非傳〉，頁 11315～11319；卷四百三十五〈儒林傳五·胡安國〉，頁 12913；蘇洵：《諡法》，《叢書集成初編》本（北京：中華書局，1985 年新一版），卷二，頁 20、28；《繫年要錄》，第三冊，卷五十七，紹興二年八月壬辰條，頁 1018～1019；第五冊，卷一百二十六，紹興九年二月己未條，頁 2134；卷一百三十二，紹興九年十月戊辰條，頁 2219～2220；第六冊，卷一百五十二，紹興十四年十一月乙丑條，頁 2601；《會編》，下冊，卷二百十三〈炎興下帙一百十三〉，紹興十三年九月條，葉二下至十一上（頁 1531～1535）；《中興紀事本末》上冊，卷十四，建炎四年八月甲戌條，頁 222

另外，道學家胡寅（1098～1156）也和其父胡安國一樣多次痛劾朱勝非，當朱自知紹興府除同都督，再除侍讀時，胡寅怕他入朝，既引述其父所言，說朱黨附黃潛善，導致南渡，又說「及苗、劉造逆，勝非位居宰執，不能面折奸兇，盡股肱之義，乃依從回互，陰懷二意。其人才如此。實忠臣義士所惡，叛人仇敵所輕。恐其入朝，再壞天下，遂具論列。」又說朱勝非「後來罪犯，屢致言章，天下聞之，不可掩也。」到朱勝非服闋除觀文殿學士提舉臨安府洞霄宮，胡再上章劾他，既說朱和張邦昌同是鄧洵武（1057～1121）婿，又是王黼之客，又是苗傅和劉正彥之陰常。胡除了痛詆朱在建炎以前的無能和劣行外，再就苗劉之亂一事來攻擊他，他這番話更是厚誣朱勝非，也假定高宗是非不分，道學家有時迂腐起來，教人無言以對：

> 苗、劉造逆，為大臣者當正色立朝，死生以之，此宋督所以憚孔父，劉安所以憚汲宜，曹操所以憚文舉也。勝非乃依從其間，顯然援唐襄王、晉太后事，其意以苗、劉事成，則已收佐命之功；不成，則已託調護之說。然則何所往而不可哉？若謂是時勝非心不操二端而一於陛下，臣不信也。逮陛下返正，大明典刑，取一時宰執勝非、顏岐、張澂聲罪致討，戴之親詔，謂不如歐陽修所稱斷臂之婦人。天下傳誦，以為舜誅四凶不是過也。為勝非計，尚以何顏面立於人間哉？〔註65〕

～223；《宋宰輔編年錄校補》，第三冊，卷十四〈建炎四年〉，頁 954～955；卷十五〈紹興二年至年〉，頁 983～989、997～999；李偉國（編）：《宋文遺錄》，第二冊，卷六十七〈朱勝非·杜門帖〉，頁 1251；汪受寬：《諡法研究》（上海：上海古籍出版社，1995 年 6 月），附錄，〈諡字集解〉，第 351 條「靜靖靚」，頁 433。考《繫年要錄》記宋廷在紹興九年（1139）二月己未（初八），宋廷任三名閒居的前宰相李綱、朱勝非和汪伯彥起知潭州、湖州和宣州。惟群書未載朱勝非在是年二月復知湖州。此事待考。又《會編》所引〈朱勝非行狀〉沒有言及朱在苗、劉之變的作為。關於被宋人幾乎一致視為姦臣佞臣的汪伯彥，好友朱銘堅教授最近撰有一文，將同獲宋廷諡以「忠定」的汪伯彥和李綱，在宋士大夫眼中的忠姦形像作出比較研究，值得參考。參見 Chu Ming-kin, "The Making of a Hero and a Villain: Southern Song Literati's Changing Perceptions of the Memoirs of Li Gang and Wang Boyan", *Toung Pao* 109 (2023), pp.48～85.

〔註65〕 胡寅：《斐然集》，下冊，卷十五〈繳朱勝非從吉宮祠〉，頁 328～329；〈再論朱勝非〉，頁 329～334；卷二十五〈先公行狀〉，頁 545、550～551。胡寅借撰寫其父的行狀，先不點名指朱勝非和他依附的黃潛善一樣，因事窮計迫，就指其姻親張邦昌為金人所立而迫之至死。遂以致寇，用以自解誤國之罪。又說當苗、劉反叛而伏誅後，近臣乃有抗章乞行洗雪前過而無所忌憚。他請降罪在圍城中沒有盡責守禦的人，以及有草降表者，有起自閒散特侍偽楚任諫省之長

朱熹也是道學家，不過他對朱勝非在苗劉兵變中的行事就貶中有褒，也能諒解他的難處，大概都是朱氏，也就留一點面子，不像胡寅開口就罵，要人去殉節。朱夫子說得頗妙，也看到朱勝非的乖巧。他說：

> 朱勝非卻也未為大乖，當時被苗、劉做得來可畏了，不奈何，只得且隱忍去調護他。卻未幾而義兵至，這事便都休了。是他無狀時，不合說他調護甚有功，被義兵來，剗地壞了他事。是他要自居其功，這箇卻乖。當時若不殺了苗、劉，也無了當。他若尚在那裡，終是休不得。〔註66〕

不過，朱熹又借呂頤浩問張浚朱勝非之功如何，而張回答說朱在杭州城中亦只得如此，但設有他變，朱是不會死節的。要之，亦有功。不過，朱熹說當苗、劉出走，到臨平為張浚等敗，朱勝非乃全諱此節，未當是。不過，現在朝天門是朱勝非所造，孟太后就靠之從禁中乘轎以出。朱熹對朱勝非是有貶有褒。〔註67〕

宋官方對他的評價一直都很正面，私人的評論也很少像《中興姓氏錄》和胡寅這樣醜詆，好像紹興五年狀元汪應辰（1118～1176）題朱勝非的《渡江遭變錄》就大大欣賞佩服朱在消弭苗劉之變的謀略和大節，他說「今觀朱丞相渡江遭變錄，其秘謀奇計，固多世人所不知者，然其間大節目往往不見。」〔註68〕

另外，享有文名並追隨朱勝非官至戶部尚書的孫覿所撰一篇跋朱的書帖所稱朱的行事，雖有溢美，大致得其實：

> 丞相朱公登庸才數日，遭明受伏闕之亂。不持寸鐵調御，羣凶

的人，更有於苗、劉肆逆並建節旄時，為他們寫制命而極稱美的人。更有請用張邦昌和苗、劉之黨的人。不過一看就知是指朱勝非、李邴、孫覿等人。繼而記其父劾朱勝非與黃汪同在政府，緘默附會，循致渡江。到他拜相，當苗、劉兵變時，他又貪生苟活，辱逮君父（胡安國此奏見前注61）。胡寅本人也連上兩奏，劾奏朱勝非，並劾協助朱勝非之人，說李邴是行苗傅、劉正彥建節白麻，極意稱獎他們之人，顏岐是黃潛善同黨，阿諛誤國之人，張澂是觀望苗、劉詔書，所謂情理無重之人。

〔註66〕《朱子語類》，第八冊，卷一百二十七〈本朝一·高宗朝〉，頁3052。
〔註67〕《朱子語類》，第八冊，卷一百二十七〈本朝一·高宗朝〉，頁3052。
〔註68〕汪應辰：《文定集》，文淵閣《四庫全書》本，卷十一〈題跋·書朱丞相渡江遭變錄〉，葉九下至十一下。考好友張曉宇教授在2023年所撰一文，除考述汪應辰的生平事蹟外，也據汪這題跋考證朱勝非在所撰的《秀水閒居錄》與《渡江遭變錄》隱諱了敏感的明受改元詔書事，另外也故意不提韓世忠等之勤王軍與苗傅軍在臨平之戰。參見張曉宇：〈汪應辰題跋「本朝史」意識之芻議〉，（未刊稿），「當代史書寫之理解」。

弽耳帖然，有取日虞淵之烈。久之讒邪交慝，上獨明其功，而後羣
邪氣塞，不敢出一詞。公薨後十餘年，族甥司理出公手迹，開讀三
過，生氣凜然，而一時讒邪之徒，與草木俱腐久矣。〔註69〕

以朱勝非老於世故，宦海浮沉多年而進退自如的能奈，朱熹口中的愚夫苗
傅和劉正彥如何是他的對手？〔註70〕

呂頤浩也是政壇高手，他字元直，齊州（今山東濟南市）人，中進士第，
在徽宗朝歷任內外，是出色的理財治郡的官員。朱勝非稱許他練事，他還很有
武幹，這方面還比朱勝非優勝，他在宣和末參與燕山之役，任隨軍轉運使。宋
廷取得燕山，他任燕山府路轉運使。他不怕忤徽宗之意而上言論燕山、河北危
急五事。金人入燕，他被降將郭藥師劫以降。梁偉基的考證，他曾與高宗同在
金營共過患難，所以得到高宗的信任。他經歷過多次重大的危機，故應付苗劉
之變，鎮定而計劃周詳。他在兵變時已位至執政，可以成為勤王軍無可爭疑的
領袖，而他身在重鎮大藩的江寧府，就進退自如，糾集各路勤王軍，以討逆來
佔據道德高點來和苗、劉鬥爭。他既有從政數十年經驗的優勢，也具文武兼資
的才具，既有膽略，又善鞍馬弓劍，大有儒將之風，苗、劉二人如何是他的對
手？〔註71〕正如御史常同所言，呂頤浩兩度拜相，都是以高宗認為他有復辟之
大功。〔註72〕他和朱勝非一內一外，幫助高宗渡過兵變危機，自然都獲兩度拜

〔註69〕 孫覿：《鴻慶居士集》，卷三十二〈書跋・跋朱藏一丞相帖〉。葉十二下。

〔註70〕 《朱子語類》，第八冊，卷一百二十七〈本朝一・高宗朝〉，頁3052。考李華
瑞教授多年前曾撰一文論朱勝非與南宋初期和戰，並將朱一生的履歷表列出
來。按該文的重點不在評述朱在苗劉之變的角色，而李氏也說朱不是一個有
大作為的宰相，但他也稱許朱為相頗有修養和雅量，而點出高宗多番稱許朱
在平定苗劉之變之功。參見李華瑞：〈朱勝非與南宋初期和戰〉，《文史》，2004
年第1輯（總66輯），頁76～86。後收入李著：《宋夏史研究》（天津：天津
古籍出版社，2006年10月），頁176～189。

〔註71〕 《宋史》，卷三百六十二〈呂頤浩傳〉，頁11319～11324。關於呂頤浩的研究，
近年多位青年學者都有專書專文問世，除了前引梁偉基的文章外，可參見梁
偉基：〈從山東寒士到名宰：南宋呂頤浩的早年經歷與性格分析〉，《中國文化
研究所學報》，第61期（2015年7月），頁101～130；徐永輝：〈南宋初期宰
相評介之一：呂頤浩〉，收入宋史座談會編，《宋史研究集》（臺北：蘭臺出版
社，2004年），第34輯，頁1～30；劉雲軍：《呂頤浩年譜》（保定：河北大學
出版社，2011年4月）；白曉霞：《南宋初年名相研究》（廣州：暨南大學出版
社，2012年1月）；梁偉基：〈戰爭與國家：南宋呂頤浩執政時代研究〉（香港：
香港中文大學歷史學部哲學博士論文，2012年）。

〔註72〕 《宋史》，卷三百七十六〈常同傳〉，頁11624～11625。常同在呂頤浩二度拜
相時，論其過十事後，而質疑高宗所以不罷免呂，是以呂有復辟之功。常同認

相的酬庸。

　　至於和苗傅約莫同齡的張浚，字德遠，漢州綿竹（今四川德陽市綿竹市）人。他在徽宗末年入太學，中進士第。靖康初年尚為太常簿，張邦昌立，他逃入太學。聞高宗即位，他馳赴南京應天府，除樞密院編修官，後擢為殿中侍御史。他在建炎初年，既劾宰相李綱，又劾大將韓世忠。他勇於任事，志切功名。苗劉之變給他一黃金機會，成為高宗的忠臣和復辟功臣，平定苗劉之變，也是他一生最光彩的一刻。平定苗、劉後，他名望如日上中天，他順勢誘悍將范瓊來行在，略施小計就將范瓊誅殺，人們對他誘殺范瓊，均額手稱慶而沒有責他使奸。他年方三十三就擢執政，差一點就拜相，時人甚至將他比為北宋的名相寇準。〔註73〕在光宗紹熙元年（1190）為他作傳的楊萬里（1127～1206），早在孝宗淳熙十五年（1188）三月二十日，為誰應配享高宗的問題，以朝奉大夫守秘書少監兼太子侍讀上奏孝宗，反對洪邁議以呂頤浩配享，而排除了張浚，他表揚張浚有社稷之功者五時，就首先說「有建炎之間，逆臣苗傅、劉正彥之變，先王忍恥為書，赦之四方，驚惑然莫有敢誦言討之者。惟浚興平江之師，內則倡率韓世忠、張俊以為之用。外則結約呂頤浩、劉光世以為之助，不崇朝而建復辟之勳。首復辟者誰歟？浚也。此其有社稷之大功者一也。」不過，孝宗不報，張浚最後沒有入選。〔註74〕平定苗、劉，就是張浚拿出來可以爭取配享高宗的功勳。的確，我們仔細審視他和苗、劉鬥爭的過程，他可說法寶盡出，欺詐誘惑分化手段層出不窮。而激勵部屬一往無前時，他又能夠涕淚交橫，七情上面。憑著朱勝非和呂頤浩的配合，以及韓世忠、張俊和劉光世三大

　　　　　　為功出於眾人，非呂一人之力。又《中興紀事本末》引述孫覿所撰的〈李謨墓志〉所記，說當明受赦書到建康府，官吏讀之皆失色，只有呂頤浩怡然自若。李謨當時是江東轉運使，他對呂說，呂身為樞密大臣，當召天下兵以君側之惡。呂卻顧左右而言他。李繼續說王室有難，如救焚之急，呂不應躊躇在眾人之後。即在議起兵，而張浚的檄文至。到苗劉被誅，而呂以功拜相。李謨就慨嘆群兇稱亂，全軀保妻子之臣，握兵坐視，相顧不發。幸而諸將復王淵被殺之禍。而因人成事者遂為宰相。李謨公然譏諷呂頤浩。熊克說呂、李二人同官河北時，已不相悅，現在李這樣指責他，呂聞言益怒。熊克公道地說，當時勤王之舉，呂實為之倡，孫覿不知為何會這樣說，他也不同意。姑附於此。

〔註73〕《宋史》，卷三百六十一〈張浚傳〉，頁11297～11299。

〔註74〕楊萬里（撰），辛更儒（箋校）：《楊萬里集箋校》（北京：中華書局，2007年9月），第五冊，卷六十二〈三月二十日‧駁配饗享不當疏‧貼黃〉，頁2693～2705；蕭東海：《楊萬里年譜》（上海：三聯書局，2007年5月），頁216～217、246～247。

將優勢兵力的支持，他得以成就大名。他幸運的是，他這次的對手只是如同豎子的苗、劉二將，而不是他後來在富平和符離慘敗的金人。苗、劉二人對著張浚，從意志、手段和順逆時勢，都明顯落入下風，也是非敗不可。

從將門的視角來看這次苗劉之變，苗、劉兩門將家是徹底的失敗，他們不像在北宋以至後代都聲名卓著的楊家將和折家族，以及與他們同時興起的种家將和姚家將等，是後繼無人地慢慢沒落，而是在這一次重大叛逆事件中被滅族。當然，在苗家和劉家的祖先眼中，苗傅和劉正彥是不肖子孫之極，是害得艱辛建立的數代將家滅絕的逆子惡孫。但從另一角度去看，苗氏和劉氏將門所以廣為人認識，卻是因苗傅和劉正彥二人發動這場影響深遠的兵變。他們殺掉禍國殃民的權閹和聲名狼籍的庸將，本來是大快人心，大快軍心，而狠狠地教訓了那個後世視為昏君，以至王曾瑜教授痛斥為荒淫無道的宋高宗，誰曰不宜？假若苗、劉二人不是負著忠臣的包袱，怕成為弒君的逆臣，連累了家門名聲，一刀宰了這個既自私，又毫無大志，而不理百姓死活，卻愛寵信奸臣佞臣，最擅長逃跑的炎興皇帝，就沒有後來風波亭殺岳飛的悲劇。對五世將門的苗家將而言，是成也苗傅，敗也苗傅。宋人為了所謂君臣大義，苗、劉二人自然成為萬惡不赦的逆臣，只有天真如二人才會相信鐵券誓書的鬼話。

因勤王有功的韓世忠、張俊和劉光世，有成為他們將門之起家者，也有延續他們將門的輝煌。〔註75〕然而我們仔細審視三人的所謂將業，污點甚多，殺降殺民，掠奪財貨婦女，爭功冒功，打敗仗多，打勝特別是對金人的仗少。那

〔註75〕韓世忠的三子韓彥直（1132～1193 後）、彥質（？～1183 後）和彥古（？～1192）都是文官出仕，韓世忠的將門並沒有延續至第二代。張俊有五子，據其神道碑所記，長子子琦，官至武義大夫；次子子厚，官至左武大夫康州刺史帶御器械，皆早世。三子子顏（？～1190）、四子子正，官右文修撰，五子子仁官秘閣修撰，張俊的諸子均軍功不著或從文官仕進，惟其姪張子蓋（1113～1163）就一直從其叔征戰，戰功頗佳，海州一捷可稱道，官至檢校少保淮東招撫使，張氏將門算是成功延至第二代。至於劉光世，他已是保安軍劉氏番官將門第三代，父劉延慶（1068～1126）在靖康元年已官至殿前都指揮使。參見周麟之：《海陵集》，卷二十三〈碑銘·張俊神道碑〉，葉九上；《宋史》，卷三百六十四〈韓世忠傳附韓彥直傳〉，頁 11368～11371；卷三百六十九〈張俊傳附張子蓋傳〉，頁11476～11477；卷三百六十九〈劉光世傳〉，頁 11478、11484～11485。關於劉光世及其家族在南宋以後的情況，最近期的研究，可參閱王道鵬：《宋朝西北蕃官的身份認同──以國家、文化、地域等認同為中心》，西北大學歷史博士論文，2018 年 6 月，第二章第四節〈從邊緣走向中心：兩宋國勢變動與蕃官保安軍劉氏家族的發展〉，頁 73～89；附錄一〈宋代保安軍劉氏家族（劉光世家族）世系表〉，頁 169；附錄二〈劉光世相關史實考辨二則〉，頁 170～173。

些文臣奉命為他們在位時撰寫陞官制詞，為他們身後撰寫墓誌行狀神道碑之類，其歌功頌德，誇大失實之詞充斥。成王敗寇，就是他們與苗、劉之別。

清初大儒王夫之評論苗、劉之變時，主要譴責高宗以為有功的朱勝非，而兼論苗、劉二人。他說：

> 若夫朱勝非者，尤不足齒於士類者也。苗、劉，二健卒耳。權藉不重，黨類不滋，逆謀不夙，所欲逞志者，王淵、康履而止。浸淫及上，遂敢廢人主而幽之蕭寺。勝非躬秉大政，繫百僚之望，使有不可奪之節，正色立朝，夫二賊者，詎敢儞哉？乃內禪之舉，勝非且尸陪列之長，為下改元之詔。德不重，才不贍，志不固，賊之藐之也久，故其脅之也輕，而勝非之從也易。乃使其禍不懲，則宋之危也亦亟矣。夫二賊所挾持以逞者，其心可洞見也。女直臨江而思渡，江東之不保在旦夕矣。二賊豈有為宋守吳會之心乎？始立嬰兒以待變，女直至，則弒高宗，執子勇以納降；女直不至，則徐攬眾權，要九錫而規簒。藉令三方之義師不星馳而至，賊勢已成，虜兵且進，勝非其能事從中起，梟賊首以復辟乎？如其能之，則他日之自辯曰：「偷生至此，欲圖今日之事。」固可解也。而悲憤始於張浚，成謀定於呂頤浩，奮勇決於韓世忠，勝非何與焉？其志欲圖者，果何圖也？察所懷來，一馮道、范質之心而已。勝非之生，無豪毛之益也。如其死也，則以明夫苗、劉之為賊，而激忠義之人心以起，誠重於泰山矣。無靖康之禍，有所奉之君，名義自己而立衡，存亡即於己而取決。事易於邦昌挾女直之勢，而抑無好問通閽道之書。
>
> 事定之餘，優游以去，而貶竄不加焉，宋安得復有王章哉？〔註76〕

王夫之的《宋論》時有卓識；不過，他論朱勝非及苗傅、劉正彥在明受之變的行止時，卻充斥著個人的偏見。他論苗、劉時，開始時就說二人並無大志，並無預謀，說「苗、劉，二健卒耳。權藉不重，黨類不滋，逆謀不夙，所欲逞志者，王淵、康履而止。」，忽視二人名家子的背景，特別是苗傅五世將家的身份。然後又自相矛盾地說二人當金人臨江思渡，他們「豈有為宋守吳會之心乎？始立嬰兒以待變，女直至，則弒高宗，執子勇以納降；女直不至，則徐攬眾權，要九錫而規簒。」一口咬定二人有弒君簒位之心。王夫之沿襲宋明以來

〔註76〕王夫之（撰），舒士彥（點校）：《宋論》（北京：中華書局，1964 年 4 月），卷十〈高宗〉，頁 176～177。

文臣普遍歧視武人的偏見，也秉傳統君臣之義，視苗、劉為叛臣，於是開口健卒，閉口二賊。卻不說苗劉兵變，誅除王淵和內臣等，逼高宗認錯，是大快人心之舉。虞雲國教授比喻苗劉之變為宋代的西安事變，正是現代人不再拘執於所謂君臣上下尊卑之義，而以他們所為是否忠於國家，是否有益有功於黎民百姓而論是否忠。西安事變的主角張學良少帥（1901～2001）和楊虎城（1893～1949），下場是張被幽禁幾乎終身，楊全家被慘殺，他們的下場就近似苗傅和劉正彥被族滅。惟現代的張、楊得到平反，被譽為愛國軍人，而南宋初年的苗、劉，其叛臣之名卻至清代仍然未除，連帶苗、劉二家將門也被湮沒無聞。知人論世，南宋以下的人記述和評論苗劉之變，莫不帶著時代和文臣的偏見。苗、劉被族滅，自然難有其後代或其部屬後人為他們說公道的話。希望本文所供的細節能讓讀者對此一兵變有較不同的看法。

最後應該闡明的是，苗劉之變與西安事變除了時空不同外，兵變的主角的身份和發生的地點也有很大的不同。苗傅、劉正彥以及附從的吳湛、王元和左言都是高宗從大元帥府到繼位的從龍之臣，他們一直擔任扈從護駕的角色，從應天府、建康府、揚州最後到杭州，他們是高宗最信任的御營司、殿前司部隊，是高宗最信任的武將王淵的嫡系部隊，偏偏就是這支部隊在高宗駐蹕的杭州來過窩裡反，而且他們把頂頭上司王淵殺掉。高宗和王淵相信造夢也不會想到他們認為最安全的地方，最信任的部隊，卻是最危險的地方和最不可靠的部隊。張少帥和楊虎城就完全不同，他們的東北軍和西北軍一直被視為雜牌軍，絕非蔣介石（1887～1975）的南京政府所信賴的部隊，而發生兵變的西安遠在西邊，並非蔣介石的大本營、國民政府所在地的南京。而西安不遠的延安，正是蔣的死敵毛澤東（1893～1976）的中國共產黨的根據地。蔣介石只帶少量侍衛去西安巡視，本是他自信心膨脹下「不入虎穴，焉得虎子」犯險行為，發生兵變殊不意外。他後來能脫險，原因眾說紛紜，卻絕非靠他手下的文臣武將勤王所致，諷刺的是斡旋危機的卻是他的大敵中國共產黨代表周恩來（1898～1976）。苗劉之變還是靠幾個忠心又有應變之才的文臣朱勝非、呂頤浩和張浚平定，故此高宗此後對武臣一直防範，而較相信文臣。蔣介石在西安事變後就更信任和倚靠他的嫡系黃埔系部屬，文官他只是利用而已，說不上信任。另外，張、楊兵諫是為了迫蔣介石結束內戰，全力抗日；但苗、劉在兵變後卻要遣使與金人議和，而二人在兵變前一直有份鎮壓民變。故此，苗劉之變和西安事變既有相似的地方，但不同的地方似更多。

在苗劉之變中穩定大局，保護高宗父子，
行事穩重的隆祐孟太后

因寵信宦官和庸將而激起苗劉之變被迫退位的宋高宗

朱勝非像，取自《浙江山陰朱氏宗譜》

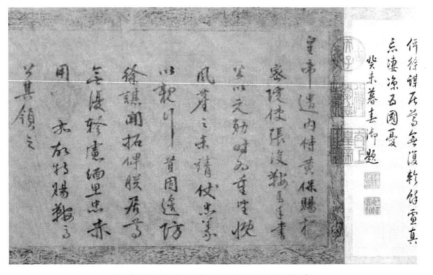

高宗於建炎三年七月賜張浚敕書

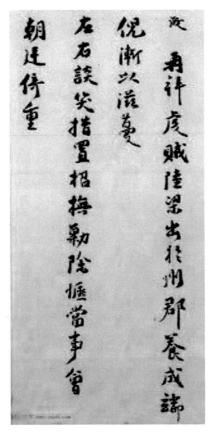

張浚行書手札《虔賊陸梁帖》

張浚像

劉松年（1174〜1224）的《中興四將圖》，除左二的岳飛外，
左四的張俊和右二的劉光世和右四的韓世忠均是平定苗劉之變的功臣

右二為劉光世，追封鄜王，左一為韓世忠，追封蘄王

右一為張俊，追封循王，左二為岳飛，追封鄂王

餘 論

　　研究科舉制度和帶來社會向上流動現象的學者都指出，宋代以降士人家族的建立，從考取生員、舉人到進士登第，往往經歷三代以上的努力。進士登第後出仕，若時運不際或仕途出了甚麼差錯，又會被除籍打回原形，那些三代簪纓成為儒門世家是萬中罕有的幸運兒。

　　以軍功取富貴功名的將門也是同樣的不容易，我們讀宋史，以及看後來文人編撰的小說戲曲，甚麼北宋楊家將、呼家將、折家將、曹家將、高家將，以至种家將、姚家將等等，都是此興彼衰，能維持三代以上並且真的曾在沙場效命建功的其實不多。研究宋代武將著名的陳峰教授，多年前以曾撰寫過一篇重要的宏觀提綱專文，探析北宋將門現像，即提到三世為將的問題。值得參考。〔註1〕

　　三世將或三代將的問題，自太史公司馬遷（前145～前87）在《史記‧王翦列傳》提到有名的論斷：「夫為將三世者必敗，必敗者何也？必其所殺伐多矣，其後受其不祥。今王離已三世將矣。」到班固（32～92）又在《漢書‧李廣傳》說：「三代為將，道家所忌。自廣至陵，遂亡其宗。」〔註2〕在班、馬筆下，三世將似逃不過三代而亡的宿命。宋人多有耳聞目睹許多將門的興衰，而重提《史記》、《漢書》的名言，好像和苗傅等同時，於宣和六年（1124）登進

〔註1〕陳峰：〈北宋將門現像探析——對中國古代將門的斷代史剖析〉，原刊《中國史研究》，2004年第3期，現收入陳著：《宋代軍政研究》（北京：中國社會科學出版社，2010年9月），頁72～90。

〔註2〕司馬遷（撰），《史記》（北京：中華書局，1959年9月），卷七十三〈白起王翦列傳〉，頁2341～2342；班固（撰）：《漢書》（北京：中華書局，1962年6月），卷五十四〈李廣傳〉，頁2469。

士而歷仕高宗和孝宗兩朝的恭州（今重慶市渝北區）人馮時行（1101～1163），為蜀人僖潤甫撰寫墓誌時，就說他為後蜀開國主孟知祥（874～934）麾下的武信軍節度兵馬使僖鐵務七世孫，到他祖孫三世，「茂著勳庸，旌節相望，可謂盛矣。夫三世為將，道家所忌。僖氏自唐迄今，垂三百年，子孫蕃衍，詩禮傳世，郁為名族，必其為仁義之師，殺人本於克濟，僵敵志在除殘，餘烈猶存，世食舊德者也。」〔註3〕

不過，和馮時行同時的湖南長沙人、政和進士，紹興十四年（1144）官祠部員外郎知邵州的王觀國（？～1144 後）卻有不同的看法，他不認為三世將必敗。他引述古今許多三代為將而不衰的例子，也引述許多三代為將而敗者，其實應自責，而非訴於宿命。王氏之論可完全反駁史漢之說法；不過，王氏並沒有引述本朝世將的例子，包括他所聞知的苗氏將門：

《史記》，秦使王離擊趙，客曰：將三世必敗，以其殺伐多也。《後漢·耿弇贊》曰：「三世為將，道家所忌。」觀國竊謂用兵無常勝，亦無常敗，一勝一敗，乃其常理，要在持守之如何爾。若謂將三世必敗，則將二世斯可已矣，而三世猶將者，是躬蹈敗亡之地也。人君苟知其將已二世矣，而又使之將者，是欲置人臣於必敗而自取亡師之禍也。然則將三世必敗，決無是理也。王翦為秦將有功，翦子賁復有功，翦孫離復將擊趙，為項羽所敗。當是時，項兵強，離輕敵遂敗，當自責也，非三世將之罪也。蒙驁為秦將有功，驁子武復將有功，驁孫恬復築長城，俄而二世賜恬死。蓋恬不悟趙高之窺己，貪功而及于難，亦當自責也，非三世將之罪也。李信為秦將有功，信裔廣為漢將有功，廣孫陵復將而降匈奴。陵以寡兵深入不測之地，此敗亡之道也，亦當自責，非三世將之罪也。竇融為光武將有功，融猶子固復將有功，融孫憲復將，能空朔庭，而獲罪自殺。憲恃國戚，有軍功，而陵肆不軌，自取禍亡，亦當自責，非三世將之罪也。陸遜為吳將有功，遜子抗復將有功，遜孫機復將，佐成都王穎以討亂，鹿苑之敗，機遂遇害。機力小而任重，難以成功，亦當自責，非三世將之罪也。凡此皆將三世而敗者，迹其所由，皆失

〔註3〕胡問濤、羅琴：《馮時行及其【縉雲文集】研究》，上篇《縉雲文集校注》，卷五〈僖潤甫墓誌銘〉，頁211～212。考馮時行的生平事蹟及年譜，見該書下篇《馮時行評傳》，頁269～357。

－272－

持守之道而至於敗，固不可歸諸天也。若夫鄧禹為光武將有功，禹
子鴻為和帝將有功，禹孫隲為安帝將有功，三世不敗也。耿況為光
武將有功，況子弇復將有功，況孫秉復為顯宗將有功，而況孫夔、
恭俱為名將，三世不敗也。周訪為晉元帝將有功，訪子撫復將有功，
撫子楚復將，平禍亂，三世不敗也。薛仁貴為唐高宗將有功，仁貴
子訥復將有功，訥孫平復將，討蔡疏封，三世不敗也。康日知為德
宗將有功，日知子志睦復將有功，日知孫承訓復為宣宗名將，三世
不敗者，又如此，則非三世必敗矣。君子當勉人以持守之道，而以
三世將為必敗，非立教之方也。夫殺伐所以止亂也，故商湯殺伐多
而興商三十世，周武殺伐多而興周三十七世，漢高帝殺伐多而漢興
四百年，晉宣帝殺伐多而晉興一百五十年，唐高祖殺伐多而唐興三
百年，使其以殺伐為戒，則桀、紂、秦、隋之亂何以弭之哉？趙客
之說王離，率爾之辭也，後世不可援以為信。〔註4〕

倘我們不用統率大軍者方稱為將的較嚴標準，苗氏第一代苗忠，第二代苗
京都可以說得上為將而有功。苗授父子以至苗傅未叛前，絕對稱得上是五代為
將有功。苗氏這一案例實可以反證三世為將必敗之說之非。苗傅所以最後敗
亡，他就應自責而不是甚麼宿命所致。

能夠歷經百四十年並五世為將的上黨苗氏將門的興衰史，給我們研究宋
代武將有何啟示？從苗忠以武將出仕，而苗京繼為邊將，苗授作為苗氏第三
代，不但沒有三世而絕，反而成為苗氏將門興盛的關鍵人物。我們仔細審視苗
授、苗履父子建功立業並興家的過程，他們得以成功，其一是神宗、哲宗父子
志切開邊的難逢機遇，其二是他們父子卓爾的個人武幹（按：而苗履一直隨父
征戰，一直得到乃父之言教及身教），其三是知兵的王韶、李憲、章楶等帥臣
的提拔和領導，以上三者均不可缺的必要條件。不過，當宋廷在元祐時期及在
元符三年初至建中靖國向太后垂簾時期，一反熙豐、紹符的開邊政策時，苗
授父子就面臨投閒置散甚至成為代罪之人而遭貶責，所幸他們都懂得世故，都
懂得適時引退，不與掌政的文臣爭鋒，而得以功名令終。不幸的是，他們的不
肖子孫苗氏第五代苗傅、苗翊、苗瑀兄弟卻學不到父祖的世故（按：苗傅成長
時，苗履似乎已死，苗傅無從得到乃父親授），在建炎三年三月的兵變中自取

〔註4〕　王觀國（撰），田瑞娟（點校）：《學林》（北京：中華書局，1988 年 1 月），點
　　　　校說明，頁 1～2；卷七，第 226 條，「三世將」，頁 231～232。

滅亡，還害得苗氏被族滅（苗傅的兩個屬於第六代的兒子也被誅）。他們的對手韓世忠、張俊和劉光世就學到世故和忍耐，在紹興時期得以避開文臣的打擊，而得以封王建節，功名令終，而不像范瓊和岳飛那樣因政治上的天真和不世故，而死於高宗和文臣的手中。苗傅和他的伙伴劉正彥被文臣譏為不學、沒心術和愚昧，被官方私家眾口一詞判為叛臣、二凶、二賊，並被寫入國史叛臣傳，那自然是成王敗寇的結果和文臣岐視武臣的心態反映。知人論世，今天我們不用被封建帝王上下尊卑的包袱所縛，也就能為苗傅的兵變作較公允的評價。

教人遺憾的是，因苗傅被打成叛臣，以致其父苗履在建中靖國以後的事跡相信被宋官方史臣刪落，以致我們無法知道苗履最後的官職和卒年，以及他家族的資料。相信是同樣的理由，以致我們無從知道苗傅在徽宗一朝的仕歷和應有的戰功，特別是他有否隨童貫征青唐，平方臘以及征遼。因徽宗朝的《續資治通鑑長編》不傳，〔註5〕我們所能知道苗傅最早的記載，已是《三朝北盟會編》所記欽宗靖康元年七月的事。

尚幸苗授夫婦下葬的墓址，是金人控制的河南輝縣，故宋廷在兵變後盡誅苗氏時，對於遠在河南的苗授墓鞭長莫及，而給我們後來有機會發現，並從墓中出土的苗授墓誌銘，得以獲得《宋史》等不載的苗氏家族珍貴史料。筆者期盼苗氏族人包括苗授母朱氏、妻劉氏以及苗履等的墓誌有重見天日的一天，那樣我們就可以較完整地重述苗氏將門的事跡。

〔註 5〕考楊仲良據《續資治通鑑長編》輯錄的《通鑑長編紀事本末》，只在卷一百五十，載苗傅於靖康二年四月二十一日，以右軍統制統兵護衛高宗入應天府一條（見本書第六章注9）。

參考書目

一、史源

1. 司馬遷（前 145～前 87）（撰），《史記》（北京：中華書局，1959 年 9 月）。

2. 班固（32～92）（撰）：《漢書》（北京：中華書局，1962 年 6 月）。

3. 樂史（930～1007）（撰），王文楚等（點校）：《太平寰宇記》（北京：中華書局，2007 年 11 月）。

4. 上官融（995～1043）（撰），黃寶華（整理）：《友會談叢》，收入戴建國（主編）：《全宋筆記》第八編第九冊（鄭州：大象出版社，2017 年 7 月）。

5. 文彥博（1006～1097）（撰），申利（校注）：《文彥博集校注》（北京：中華書局，2016 年 2 月）。

6. 歐陽修（1007～1072）（撰），李逸安（點校）：《歐陽修全集》（北京：中華書局，2001 年 3 月）。

7. 韓琦（1008～1075）（撰），李之亮、徐正英（箋注）：《安陽集編年箋注》（成都：巴蜀書社，2000 年 10 月）。

8. 蘇洵（1009～1066）：《諡法》，《叢書集成初編》本（北京：中華書局，1985 年新一版）。

9. 王珪（1019～1085）：《華陽集》，文淵閣《四庫全書》本。

10. 司馬光（1019～1086）（撰），鄧廣銘（1907～1998）、張希清校點）：《涑水記聞》（北京：中華書局，1989 年 8 月）。

11. 司馬光（撰），李文澤、霞紹暉（校點）：《司馬光集》（成都：四川大學出版社，2010 年 2 月）。

12. 蘇頌（1020～1101）（撰），王同策等（點校）：《蘇魏公集》（北京：中華書局，1988 年 9 月）。

13. 范純仁（1027～1101）：《范忠宣集》，文淵閣《四庫全書》本。

14. 程顥（1032～1085）、程頤（著），王孝魚（校點）：《二程集》（北京：中華書局，1981 年 7 月）。

15. 王安禮（1035～1096）：《王魏公集》文淵閣《四庫全書》本。

16. 曾布（1035～1107）（撰），顧宏義（點校）：《曾公遺錄》（北京：中華書局，2016 年 3 月）。

17. 蘇軾（1037～1101）（撰），孔凡禮（點校）：《蘇軾文集》（北京：中華書局，1986 年 3 月）。

18. 蘇轍（1039～1112）（撰），曾棗莊、馬德富（點校）：《欒城集》（上海：上海古籍出版社，1987 年 8 月）。

19. 呂希哲（1039～1116）撰，夏廣興（整理）：《呂氏雜記》，收入朱易安等（主編）：《全宋筆記》第一輯第十冊（鄭州：大象出版社，2003 年 10 月）。

20. 范祖禹（1041～1098）：《范太史集》，文淵閣《四庫全書》本。

21. 李昭玘（約 1047～約 1126）（撰），張祥雲（輯校）：《樂靜集輯校》（濟南：齊魯書社，2021 年 6 月）。

22. 王鞏（1048～1117）（撰），張其凡（1949～2016）、張睿（點校）：《清虛雜著三編・甲申雜記》（與《王文正公遺事》合本）（北京：中華書局，2017 年 7 月）。

23. 魏泰（1050～1110）（著），李裕民（點校）：《東軒筆錄》（北京：中華書局，1983 年 10 月）。

24. 米芾（1051～1108）（撰），吳曉琴、湯勤福（整理）：《書史》，載朱易安、傅璇琮（1933～2016）等（主編）：《全宋筆記》第二編第四冊（鄭州：大象出版社，2006 年 1 月）。

25. 李復（1052～1128）：《潏水集》，文淵閣《四庫全書》本。

26. 陳師道（1053～1102）（撰），李偉國（點校）：《後山談叢》（與《萍洲可談》合本）（北京：中華書局，2007 年 11 月）。

27. 楊時（1053～1135）（撰），林海權（校理）：《楊時集》（北京：中華書局，2018 年 2 月）。

28. 邵伯溫（1056～1134）（撰），李劍雄、劉德權（點校）：《邵氏聞見錄》（北

京：中華書局，1983 年 8 月）。

29. 慕容彥逢（1067～1117）：《摛文堂集》，《四庫全書》本。

30. 廖剛（1070～1143）：《高峰文集》，文淵閣《四庫全書》本。

31. 李正民（1073～1151）：《大隱集》，文淵閣《四庫全書》本。

32. 劉一止（1078～1161）：《苕溪集》，文淵閣《四庫全書》本。

33. 汪藻（1079～1154）（撰），王智勇（箋注）：《靖康要錄箋注》（成都：四川大學出版社，2008 年 7 月）。

34. 汪藻：《浮溪集》，《叢書集成初編》本（北京：中華書局，1985 年新一版）。

35. 鄭瑴（1080～1129）（撰），鄭明寶（整理）：《建炎復辟記》，載朱易安、傅璇琮（主編）：《全宋筆記》第三編第五冊（鄭州：大象出版社，2008 年 1 月）。

36. 孫覿（1081～1169）：《鴻慶居士集》，文淵閣《四庫全書》本。

37. 朱勝非（1082～1144）（撰），史泠哥（整理）：《秀水閒居錄》，收入戴建國（主編）：《全宋筆記》第九編第一冊（鄭州：大象出版社，2018 年 3 月）。

38. 李綱（1083～1140）（著），王瑞明（1920～2010）（點校）：《李綱全集》（長沙：嶽麓書社，2004 年 5 月）。

39. 綦崇禮（1083～1142）：《北海集》，文淵閣《四庫全書》本。

40. 張綱（1083～1166）：《華陽集》，文淵閣《四庫全書》本。

41. 張守（1084～1145）（撰），劉雲軍（點校）：《毘陵集》（上海：上海古籍出版社，2018 年 1 月）。

42. 趙鼎（1085～1147）（撰），來可泓、劉強（整理）：《建炎筆錄》，載朱易安、傅璇琮（主編）：《全宋筆記》第三編第六冊（鄭州：大象出版社，2008 年 1 月）。

43. 趙鼎：《忠正德文集》，文淵閣《四庫全書》本。

44. 佚名（撰），程郁、余珏（整理）：《建炎維揚遺錄》，載朱易安、傅璇琮（1933～2016）（主編）：《全宋筆記》第四編第八冊（鄭州：大象出版社，2008 年 9 月）。

45. 王觀國（？～1144 後）（撰），田瑞娟（點校）：《學林》（北京：中華書局，1988 年 1 月）。

46. 王洋（1087～1154）：《東牟集》，文淵閣《四庫全書》本。

47. 邵博（？～1158）（撰），劉德權、李劍雄（點校）：《邵氏聞見後錄》（北京：中華書局，1983 年 8 月）。

48. 王之道（1093～1169）（撰），沈懷玉、凌波（點校）：《相山集》（北京：北京圖書館出版社，2006 年 12 月）。

49. 王稱（？～1200 後）：《東都事略》，收入趙鐵寒（1908～1976）主編：《宋史資料萃編第一輯》（臺北：文海出版社，1967 年 1 月）。

50. 蔡絛（1097～1158 後）（撰），馮惠民、沈錫麟（點校）：《鐵圍山叢談》（北京：中華書局，1983 年 9 月）。

51. 胡寅（1098～1156）（撰），容肇祖（1897～1994）（點校）：《斐然集》（與《崇正辨》合本）（北京：中華書局，1993 年 12 月）。

52. 曹勛（1098～1174）：《松隱集》，文淵閣《四庫全書》本。

53. 馮時行（1101～1163）：《縉雲文集》，文淵閣《四庫全書》本。

54. 范浚（1102～1150）：《香溪集》，文淵閣《四庫全書》本。

55. 李燾（1115～1184）：《續資治通鑑長編》（北京：中華書局點校本，1979 年 8 月至 1995 年 4 月）。

56. 周麟之（1118～1164）：《海陵集》，文淵閣《四庫全書》本。

57. 汪應辰（1118～1176）：《文定集》，文淵閣《四庫全書》本。

58. 不著撰人（編），司義祖（點校）：《宋大詔令集》（北京：中華書局，1962 年 10 月）。

59. 洪邁（1123～1202）（撰），李昌憲（整理），《夷堅志》（一），收入戴建國（主編）：《全宋筆記》第九編第三冊（鄭州：大象出版社，2018 年 3 月）；《夷堅志》（四），《全宋筆記》第九編第六冊（鄭州：大象出版社，2018 年 3 月）。

60. 陸游（1125-1210）（撰），李劍雄、劉德權（點校）：《老學庵筆記》（北京：中華書局，1979 年 11 月）。

61. 陸游（1125～1210）（撰），孔凡禮（點校）：《家世舊聞》（與《西溪叢語》合本）（北京：中華書局，1993 年 12 月）。

62. 周必大（1126～1204）（撰），王瑞來（校證）：《周必大集校證》（上海：上海古籍出版社，2020 年 11 月）。

63. 徐夢莘（1126～1207）：《三朝北盟會編》（上海：上海古籍出版社影印清

光緒三十四年（1908）許涵度刻本，1987 年 10 月）。

64. 熊克（1118～約 1193 後）（撰），辛更儒（點校）：《宋朝中興紀事本末》（南京：鳳凰出版社，2022 年 9 月）。

65. 杜大珪（？～1194 後）（編），顧宏義、蘇賢（校證）：《名臣碑傳琬琰集校證》（上海：上海古籍出版社，2021 年 12 月）。

66. 周煇（1127～1198 後）（撰），劉永翔（校注）：《清波雜志校注》（北京：中華書局，1994 年 9 月）。

67. 楊萬里（1127～1206）（撰），辛更儒（箋校）：《楊萬里集箋校》（北京：中華書局，2007 年 9 月）。

68. 王明清（1127～1204 後）：《揮麈錄》（上海：上海書店出版社，2001 年 8 月）。

69. 朱熹（1130～1200）（撰），郭齊、尹波（點校）：《朱熹集》（成都：四川教育出版社，1996 年 10 月）。

70. 朱熹、李幼武（？～1172 後）（編），李偉國（校點）：《八朝名臣言行錄》，《三朝名臣言行錄》，收入朱杰人、嚴佐之、劉永翔（主編）：《朱子全書》，第十二冊（上海：上海古籍出版社，2010 年 9 月）。

71. 朱熹（編），戴揚本（校點）：《伊洛淵源錄》，收入朱傑人、嚴佐之、劉永翔（主編）：《朱子全書》（上海：上海古籍出版社，2010 年 9 月）。

72. 張栻（1133～1180）：《南軒集》，文淵閣《四庫全書》本。

73. 李幼武（？～1172 後）（纂集）：《宋名臣言行錄‧別集》，文淵閣《四庫全書》本。

74. 周孚（1135～1177）：《蠹齋鉛刀編》，文淵閣《四庫全書》本。

75. 呂祖謙（1137～1181）編：《宋文鑑》（臺北：世界書局，1956 年 12 月影印常熟瞿氏鐵琴銅劍樓宋刊本）。

76. 舊題辛棄疾（1140～1207）（撰），燕永成（整理）：《南燼紀聞錄》，載《全宋筆記》第四編第四冊（鄭州：大象出版社，2008 年 9 月）。

77. 楊仲良（？～1184 後）：《通鑑長編紀事本末》，收入趙鐵寒（1908～1976）（主編），《宋史資料萃編》，第二輯（臺北：文海出版社，1967 年 11 月）。

78. 趙汝愚（1140～1196）（編），鄧廣銘（1907～1998）、陳智超等（整理）：《宋朝諸臣奏議》（上海：上海古籍出版社，1999 年 12 月）。

79. 葉適（1150～1223）（撰），劉公純、王孝魚、李哲夫（點校）：《葉適集》

（北京：中華書局，1961 年 12 月）。

80. 周南（1159～1213）：《山房集》，文淵閣《四庫全書》本。

81. 李埴（1161～1238）（撰），燕永成（校正）：《皇宋十朝綱要校正》（北京：中華書局，2013 年 6 月）。

82. 徐自明（？～1220 後）（撰），王瑞來（校補）：《宋宰輔編年錄校補》（北京：中華書局，1986 年 12 月）。

83. 施宿（1164～1222）：《嘉泰會稽志》，文淵閣《四庫全書》本。

84. 李心傳（1167～1244）（編撰），辛更儒（點校）：《建炎以來繫年要錄》（上海：上海古籍出版社，2018 年 12 月）。

85. 李心傳（撰），徐規（1920～2010）（點校）：《建炎以來朝野雜記》（北京：中華書局，2000 年 7 月）。

86. 陳均（1174～1224）（編），許沛藻等（點校）：《皇宋編年綱目備要》（北京：中華書局，2006 年 12 月）。

87. 趙與時（1175～1231）（撰），齊治平（點校）：《賓退錄》（上海：上海古籍出版社，1983 年 8 月）。

88. 魏了翁（1178～1237）：《鶴山集》，文淵閣《四庫全書》本。

89. 佚名（撰），汪聖鐸（校點）：《宋史全文》（北京：中華書局，2016 年 1 月）。

90. 劉時舉（？～1244 後）（撰），王瑞來（點校）：《續宋中興資治通鑑》（北京：中華書局，2014 年 5 月）。

91. 岳珂（1183～1243）（撰），吳企明（點校）：《桯史》（北京：中華書局，1981 年 12 月）。

92. 劉克莊（1187～1269）（撰），辛更儒（箋校）：《劉克莊箋校》（北京：中華書局，2011 年 11 月）。

93. 羅大經（？～1252 後）（撰），王瑞來（點校）：《鶴林玉露》（北京：中華書局，1983 年 8 月）。

94. 馬光祖（？～1269）（編）、周應合（？～1275 後）（纂），王曉波（校點）：《景定建康志》，收入王曉波、李勇先、張保見、莊劍（點校）：《宋元珍稀地方志叢刊》甲編，（成都：四川大學出版社，2007 年 6 月）。

95. 黎靖德（1226～1277）（輯），王星賢（點校）：《朱子語類》（北京：中華書局，1986 年 3 月）。

96. 劉宰（1165～1239）：《京口耆舊傳》，文淵閣《四庫全書》本。

97. 吳自牧（？～1274 後）（撰），黃純艷（整理）：《夢粱錄》，收入戴建國（主編）：《全宋筆記》第八編第五冊（鄭州：大象出版社，2017 年 7 月）。

98. 葉隆禮（？～1279 後）（撰），賈敬顏（1924～1990）、林榮貴（點校）：《契丹國志》（北京：中華書局，2014 年 1 月）。

99. 張光祖（？～1304）：《言行龜鑑》，文淵閣《四庫全書》本。

100. 馬端臨（1254～1323）（撰），上海師範大學古籍研究所暨華東師範大學古籍研究所（點校）：《文獻通考》（北京：中華書局點校本，2011 年 9 月）。

101. 確庵、耐庵（編），崔文印（箋注）：《靖康稗史箋注》（北京：中華書局，1988 年 9 月）。

102. 脫脫（1314～1355）（纂）：《宋史》（北京：中華書局點校本，1977 年 11 月）。

103. 脫脫（纂），程妮娜等（修訂）：《金史》（北京：中華書局點校修訂本，2020 年 2 月）。

104. 張寧（？～1458 後）：《方洲集》，文淵閣《四庫全書》本。

105. 商輅（1414～1486）等奉敕撰，周禮（？～1498 後）（發明），張時泰（？～1498 後）（廣義）：《御批續資治通鑑綱目》，文淵閣《四庫全書》本。

106. 黃仲昭（？～1488 後）：《未軒文集》，文淵閣《四庫全書》本。

107. 王鏊（1450～1524）：《姑蘇志》，文淵閣《四庫全書》本。

108. 田汝成（1503～1557）（輯撰），劉雄、尹曉寧（點校）：《西湖遊覽志餘》（上海：上海古籍出版社，2018 年 3 月）。

109. 馮琦（1558～1603）、陳邦瞻（1567～1623）（合編）：《宋史紀事本末》（北京：中華書局，1977 年 5 月）。

110. 彭大翼（？～1595 後）：《山堂肆考》，文淵閣《四庫全書》本。

111. 王夫之（1619～1692）（撰），舒士彥（點校）：《宋論》（北京：中華書局，1964 年 4 月）。

112. 黃宗羲（1619～1695）（著）、全祖望（1705～1755）（補修），陳金生、梁運華（點校）：《宋元學案》（北京：中華書局，1986 年 12 月）。

113. 黃虞稷（1629～1691）：《千頃堂書目》，文淵閣《四庫全書》本。

114. 倪濤（1669～1752）：《六藝之一錄》，文淵閣《四庫全書》本。

115. 高其倬（1676～1738）等（編纂）：《江西通志》，文淵閣《四庫全書》本。

116. 王士俊（1683～1750）纂：《河南通志》，文淵閣《四庫全書》本。

117. 厲鶚（1692～1752）（編）：《南宋院畫錄》，文淵閣《四庫全書》本。

118. 吳廣成（？～1825 後）（撰）、龔世俊等（校注）：《西夏書事校證》（蘭州：甘肅文化出版社，1995 年 5 月）。

119. 李兆洛（1769～1841）（編），張尚英（校點）：《道鄉先生年譜》，載清道光十一年（1831）刻《道鄉先生文集》附，現收入吳洪澤、尹波（主編）：《宋人年譜叢刊》第六冊（成都：四川大學出版社，2003 年 1 月），頁3563～3564。

120. 徐松（1781～1848）（輯），劉琳、刁忠民、舒大剛、尹波等（校點）：《宋會要輯稿》（上海：上海古籍出版社，2014 年 6 月）。

121. 政協輝縣市委員會文史資料委員會（編）：《百泉翰墨》（輝縣市：政協輝縣市委員會文史資料委員會，1996 年 9 月）。

122. 曾棗莊、劉琳（編）：《全宋文》（上海：上海辭書出版社，2006 年 8 月）。

123. 郭茂育、劉繼保（編著）：《宋代墓誌輯釋》（鄭州：中州古籍出版社，2016 年 2 月）。

124. 李偉國（編）：《宋文遺錄》（上海：上海書局出版社，2022 年 12 月）。

二、專書及碩博士論文

1. 汪受寬：《謚法研究》（上海：上海古籍出版社，1995 年 6 月）。

2. 寺地遵（著），劉靜貞、李今芸（譯）：《南宋初期政治史研究》（新北：稻禾出版社，1995 年 7 月）。

3. 王曾瑜：《宋高宗》（長春：吉林文史出版社，1996 年 7 月）。

4. 梁庚堯：《宋代社會經濟史論集》（臺北：允晨文化實業股份有限公司，1997 年 4 月）。

5. 王曾瑜：《荒淫無道宋高宗》（保定：河北大學出版社，1999 年 1 月）；《荒淫無道宋高宗傳》（北京：中國書籍出版社，2016 年 6 月）；《宋高宗傳》（鄭州：河南文藝出版社，2021 年 10 月）。

6. 胡問濤、羅琴：《馮時行及其【縉雲文集】研究》（成都：巴蜀書社，2002 年 4 月）。

7. 祝啟源（1943～1998）：《祝啟源藏學研究文集》（北京：中國藏學出版社，2002 年 12 月）。

8. 李之亮：《宋河北河東大郡守臣易替考》（成都：巴蜀書社，2001 年 5 月）。

9. 胡鳴盛：《安定先生年譜》（原載《山東大學文史叢刊》第一期），現載吳洪澤、尹波（主編）：《宋人年譜叢刊》，第二冊（成都：四川大學出版社，2003 年 1 月），頁 669～689。

10. 何冠環：《北宋武將研究》（香港：中華書局，2003 年 6 月）。

11. 曾瑞龍（1960～2003）：《拓邊西北：北宋中後期對夏戰爭研究》（香港：中華書局，2006 年 5 月）。

12. 宋志紅：《南宋名將韓世忠研究》，暨南大學博士論文，2006 年。

13. 陳守忠（1921～2019）：《河隴史地考述》（蘭州：甘肅人民出版社，2007 年 1 月）。

14. 蔡向升、杜書梅（主編）：《楊家將研究・歷史卷》（北京：人民出版社，2007 年 2 月）。

15. 蕭東海：《楊萬里年譜》（上海：三聯書局，2007 年 5 月）。

16. 李裕民（主編）：《首屆全國楊家將歷史文化研究會論文集》（北京：科學出版社，2009 年 1 月）。

17. 曾瑞龍：《北宋种氏將門之形成》（香港：中華書局，2010 年 5 月）。

18. 沈琛瑝：《北宋神宗朝對西北的經略——以戰略決策與信息傳遞為中心》，西北大學中國古代史碩士論文，2010 年 6 月。

19. 陳峰：《宋代軍政研究》（北京：中國社會科學出版社，2010 年 9 月）。

20. 呂卓民：《西北史地論稿》（北京：中國社會科學出版社，2011 年 3 月）。

21. 虞雲國：《兩宋歷史文化叢稿》（上海：上海人民出版社，2011 年 4 月）。

22. 劉雲軍：《呂頤浩年譜》（保定：河北大學出版社，2011 年 4 月）。

23. 申利：《文彥博年譜》（成都：巴蜀書社，2011 年 5 月）。

24. 白曉霞：《南宋初年名相研究》（廣州：暨南大學出版社，2012 年 1 月）。

25. 梁偉基：〈戰爭與國家：南宋呂頤浩執政時代研究〉（香港：香港中文大學歷史學部哲學博士論文，2012 年）。

26. 何冠環：《攀龍附鳳：北宋潞州上黨李氏外戚將門研究》（香港：中華書局，2013 年 5 月）。

27. 湯開建：《唐宋元間西北史地叢稿》（北京：商務印書館，2013 年 12 月）。

28. 高建國：《鮮卑族裔府州折氏研究》（內蒙古大學博士論文，2014 年 6 月）。

29. 折武彥、高建國（主編）：《府州折家將歷史文化研究集》（呼和浩特：內蒙古人民出版社，2014 年 11 月）。

30. 高建國、楊海清（編著）：《宋代麟府路及折家將文獻錄》（北京：中國文史出版社，2015 年 6 月）。

31. 范學輝（1970～2019）：《宋代三衙管軍制度研究》（北京：中華書局，2015 年 4 月）。

32. 何冠環：《北宋武將研究續編》（新北：花木蘭文化出版社，2016 年 3 月）。

33. 張波：《北宋武將姚兕姚麟研究》，西北大學碩士論文，2016 年 5 月。

34. 王道鵬：《宋朝西北蕃官的身份認同——以國家、文化、地域等認同為中心》，西北大學歷史博士論文，2018 年 6 月。

35. 何冠環：《拓地降敵：北宋中葉內臣名將李憲事蹟考述》（新北：花木蘭文化事業有限公司，2019 年 3 月）。

36. 吳麗萍：《北宋渭州知州研究》，西北師範大學民族史與七宗教史碩士論文，2020 年 5 月。

37. 何冠環：《功臣禍首：北宋末內臣童貫事蹟考》（新北：花木蘭文化事業有限公司，2020 年 9 月）。

38. 顧宏義：《宋代筆記錄考》（北京：中華書局，2021 年 1 月）。

39. 張譯尹：《米芾【書史】補注匯評》，瀋陽師範大學教師教育學院碩士論文，2021 年 5 月。

40. 蒲聖：《北宋晚期的武將與朋黨之爭》，河南大學歷史文化學院碩士論文，2021 年 6 月。

41. 高建國：《宋代麟府路碑石整理與研究》（北京：中國社會科學出版社，2021 年 10 月）。

42. 何忠禮：《宋高宗新論》（上海：上海古籍出版社，2021 年 11 月）。

43. 李裕民：《宋史考論二集》（北京：科學出版社，2022 年 2 月）。

44. 吳楠楠：《后吐蕃時代的城和宗堡研究：以唃廝囉政權為中心》，蘭州大學民族學藏學碩士論文，2022 年 12 月。

45. 李裕民：《宋人生卒年月日考》（北京：中華書局，2023 年 4 月）。

三、期刊論文及論文集論文

1. 徐秉愉：〈由苗劉之變看南宋初期的君權〉，《食貨月刊》第 11／12 期合刊（1988 年 3 月），頁 26～39。

2. 劉煥曾、任仲書：〈試論「苗劉之變」〉，《史學集刊》，1990 年第 2 期（1990 年 7 月），頁 25～29、54。

3. 趙滌賢：〈從宋元豐中靈州永樂兩次戰役宋軍死者人數考〉，《學術月刊》，1994 年第 6 期，頁 82～83。

4. 葉國良：〈唐代墓誌考釋八則〉，《臺大中文學報》第七期（1995 年 4 月），頁 51～76（苗氏族譜見頁 20）。

5. 董秀珍：〈陝北境內宋與西夏緣邊城堡位置考〉，收入姬乃軍（主編）：《延安文博》（西安：陝西旅遊出版社，2003 年 10 月），頁 45。

6. 李華瑞：〈林希與《林希野史》〉，載雲南大學中國經濟史研究所、雲南大學歷史系（編）：《李埏教授九十華誕紀念文集》（昆明：雲南大學出版社，2003 年 11 月），頁 44～57。

7. 鎮江博物館（撰文王結華、彭衛城、何未艾）：〈丹徒左湖南宋岳超墓發掘簡報〉，《東南文化》，2004 年第 1 期，頁 32～35。

8. 李華瑞：〈朱勝非與南宋初期和戰〉，《文史》，2004 年第 1 輯（總 66 輯），頁 76～86。

9. 徐永輝：〈南宋初期宰相評介之一：呂頤浩〉，收入宋史座談會編，《宋史研究集》（臺北：蘭臺出版社，2004 年），第 34 輯，頁 1～30。

10. 方震華：〈文武糾結的困境──宋代的武舉與武學〉，原刊於《臺大歷史學報》三十三期（2004 年 6 月），2006 年 3 月修訂，現刊於宋史座談會（主編）：《宋史研究集》第三十六輯（臺北：新文豐出版股份有限公司，2006 年 7 月），頁 74～75、116。

11. 陳峰：〈宋朝儒將的角色與歸宿──以北宋張亢事迹為中心考察〉，原載《鄧廣銘教授百年誕辰紀念論文集》（北京：中華書局，2008 年 11 月），現收入陳峰：《宋代軍政研究》（北京：中國社會科學出版社，2010 年 9 月），頁 207～218。

12. 《輝縣網》。2011 年 4 月 27 日，「文物古迹」考古發掘之四──宋代苗授墓，http://bbs.huixian.net/thread-8919-1-1.html.

13. 黃富榮：〈胡瑗抄襲孫復經說與孫胡交惡──由胡瑗的春秋學佚文說起〉，載姜錫東（主編）：《宋史研究論叢》第十二輯（保定：河北大學出版社，2011 年 12 月），頁 461～479。

14. 梁偉基：〈宋代河北兵馬大元帥府初探：以武力重建為中心〉，《中國文化研究所學報》，第五十五期（2012 年 7 月），頁 59～81。

15. 辛更儒：〈南北宋之交的辛家將考〉，載鄧小南、程民生、苗書梅（主編）：

《宋史研究論文集》（2012）（鄭州：河南大學出版社，2014 年 3 月），頁 402～413。

16. 方誠峰：〈補釋宋高宗「最愛元祐」〉，《清華大學學報》（哲學社會科學版），2014 年第 2 期（2014 年 3 月），頁 69～76。

17. 齊德舜：〈《宋史·董氈傳》箋證〉，《西藏研究》，2014 年第 3 期（6 月），頁 34。

18. 梁偉基：〈從山東寒士到名宰：南宋呂頤浩的早年經歷與性格分析〉，《中國文化研究所學報》第 61 期（2015 年 7 月），頁 101～130。

19. 劉志剛：〈宋金戰爭中的楊志和馬秦〉，《文史知識》，2015 年第 6 期，頁 43～50。

20. 河南省文物考古研究所、濟源市文物工作隊：〈濟源市龍潭宋金墓葬發掘簡報〉，《中國國家博物館館刊》，2016 年第 2 期（2016 年 2 月），頁 6～18。

21. 劉靜貞：〈唯家之索——隆祐孟后在南宋初期政局中的位置〉，《國際社會科學雜誌》（中文版）第 33 卷 3 期（2016 年 9 月），頁 41～51。

22. 孫瑞龍：〈濟源出土宋代楊志墓志考釋〉，《焦作師範高等專科學校學報》第 35 卷第 4 期（2019 年 12 月），頁 10～16。

23. 劉志剛：〈濟源出土楊志墓碣與志主生前軍事活動考述〉，《中國國家博物館館刊》，2020 年第 3 期（總 200 期），頁 85～95。

24. 何冠環：〈北宋中期西北邊將苗授早年生平事迹考〉，載包偉民、何玉紅（主編）：《宋史研究論文集》（2018）（蘭州：甘肅文化出版社，2020 年 12 月），頁 248～268。

25. 梁偉基：〈宋高宗起用呂頤浩考略〉，《新亞學報》第 36 期（2019 年 8 月），頁 211～246。

26. 李卓穎：〈易代歷史書寫與明中葉蘇州張士誠記憶之復歸〉，《明代研究》第三十三期（2019 年 12 月），頁 1～60。

27. 徐文睿：〈淺析「苗劉之變」對南宋對金戰略的關係〉，《古今文創》，2022 年第 23 期，頁 64～66。

28. 王化雨：〈北宋元符青唐之役新探——以朝廷與將帥的交流溝通為中心〉，《四川師範大學學報》（社會科學版），第 49 卷第 4 期（2022 年 7 月），頁 188～198。

29. 劉沖：〈兩宋之際四川士大夫馮檝仕履著作考〉，載卜憲群主編：《中國區域文化研究》，第五輯（北京：中國社會科學出版社，2022 年 7 月），頁108～118。

30. Chu Ming-kin（朱銘堅），"The Making of a Hero and a Villain: Southern Song Literati's Changing Perceptions of the Memoirs of Li Gang and Wang Boyan", *Toung Pao* 109 (2023), pp.48~85.

31. 廖寅：〈王審琦鐵券與「杯酒釋兵權」、「太祖誓碑」新解〉，《史學月刊》（開封），2023 年第 3 期，頁 27～36。

32. 張曉宇：〈汪應辰題跋「本朝史」意識之芻議〉（未刊稿）。

附錄　宋保康軍節度使贈開府儀同三司苗莊敏公墓銘

宋故殿前副都指揮使保康軍節度房州管內觀察處置等使持節房州諸軍事房州刺史管勾指揮使公事檢校司空上柱國濟南郡開國公食邑四千一百戶食實封玖伯戶贈開府儀同三司苗公墓誌銘并序

朝請大夫權吏部尚書兼侍讀同修國史護軍福清縣開國男食邑三伯戶賜紫金魚袋臣林希奉　聖旨撰并書

紹聖二年九月戊戌，殿前副都指揮使保康軍節度使苗公薨，年六十有七。天子震悼，賜尚方龍腦水銀以殮。輟視朝一日，贈開府儀同三司，諡曰莊敏。十一月庚申，其孤履葬公於衛州共城縣卓水原。公諱授，字受之，唐相韓公晉卿十世孫。世居潞州之壺關。自公皇考太尉始葬共城，故公亦從葬。初公嘗以武泰之節，入長宿衛，歲餘以疾辭職。　上不得已，聽徙節保康，出守于潞。未幾又請還節，聽以右衛上將軍退居於洛。公雖去，上察其忠可復用也。後五年乃以舊節起公於家，翊戴扈從，不懈益虔。及感疾，遣中貴人挾國醫診視相繼。訃聞，車駕趨臨其喪，關舊旌勤，恩禮加等。將葬，又命史臣希論次本末，以誌其墓。謹按苗出于羋，姓自貴望，去楚適晉，食於苗。後以邑氏，常為晉人。而家上黨者，仕唐家顯。公之曾祖珂，贈太子少保，妣王氏，普寧郡太夫人。祖守忠，如京使，贈太子太師，妣任氏，安康郡太夫人。皇考京，左領軍大將軍致仕贈太尉，妣宋氏，慶國太夫人。慶曆中，太尉守麟州，屬趙元昊入寇，陷豐州，進圍州城，甚危。太尉誓將士以死守。聞諜者曰：『城中水竭，不三日渴且死。』乃取溝中泥污彈垞，虜仰視曰：『城中猶積污，謂渴死者紿我也。』斬諜而去。時自將相大臣皆謂宜棄河西，仁宗曰：『顧守者如何耳。』及聞其能堅守卻賊，召見歡獎，錄其功擢之，由是河西卒不棄。

公少以父任三班奉職，為人頎秀而沉敏，喜讀書屬文，皇祐中，聞胡瑗在太學，挾策歸之，補國子生，中優等。以父老而去從仕，初監并州在城藥蜜庫。故相龐公籍為并州，辟監甲仗庫。梁公適至，又奏為府州安豐寨兵馬監押。遷寨主，徙忻代都巡檢使。未行，韓公琦經略陝西，奏為準備差使。徙原州駐泊都監、鎮戎軍三川寨主兼西路緣邊同巡檢使，累遷供備庫副使。

熙寧五年，朝廷新復鎮洮。明年，公以兵從王韶為先鋒，破香子城，進拔河州。賊新潰尚銳，去圍香子以迎歸師。詔遣裨將回師救之，鬥死，乃以五百騎屬公，夜馳往。公勒所部百騎到帳，令曰：晨當破賊，皆賈勇聽命，奮擊大敗之。休卒二日，賊猶要我於架麻平，注矢如雨，眾懼，公聲言曰：第進無慮，氈排五百且至，前驅者傳呼，響震山谷，賊驚亂散逸，凡力戰者數十，斬首四

千級，獲器械等以數萬計。居數月，又破賊牛精谷，斬首三百級，遂取珂諾城。城之，賜號定羌，又城香子，賜號寧河寨。始盡得河湟故地。奏至，百官入賀。徙知德順軍，又破郎家族，以功三遷至西上閤門使。自開熙河邈川，董氈將鬼章與瞎木征，歲常內擾。景思立自河州以兵出擊，死於踏白城，賊復圍河州，詔公往救。始慮洮西將士，皆欲徑趨河州，公曰：南撒宗城甚近，有伏兵，若擣我則奈何？當先襲之，一戰而克。遂通道破賊，斬首四百餘級。賊平，公於諸將功第一。擢拜四方館使榮州刺史，遂知河州兼管勾洮西緣邊安撫司事，以兵三千從燕達復取銀川、踏白城，斬首八百級。木征窘，使告李憲曰：願得信使道我降。憲問孰可使，公曰：授惟一子履，不敢惜。履行至趙家山，果以木征及其母弟妻子部屬等來，傳于京師，遷公引進使果州團練使，擢履閤門祗候，又官其親屬一人。徙涇原路都鈐轄緣邊巡檢使兼知鎮戎軍。未至，召為大遼生辰國信副使。神宗勞之曰：曩香子圍，幾敗吾事，非勇而有謀者，安能以寡擊眾？公頓首謝。劉舜卿、黃琼嘗薦公，上稱其知人，皆詔獎之。還為秦鳳路馬步軍副總管，又徙涇原路兼第一將。召見，上曰：吾求可守河州者，無以易授。聞爾心計過人，軍事巨細皆有備。昔高崇文練兵五千，常若寇至，為將不當爾耶？。羌人反側者，為吾安之。還，以為熙河路馬步軍總管，復知河州，副李憲為中軍總管，擊生羌露骨山，斬萬餘級，獲吐蕃大首領冷雞朴等，蕃族十萬七千餘帳皆來附，憲表公功居右，拜昌州團練使龍神衛四廂都指揮使，熙河路副都總管。公既威震諸羌，乃以恩信撫董氈，約使許賞，董氈惶恐，即遣景青宜党令支入朝謝罪。新闢邊弓箭手艱食，出屯田儲四千斛賑之。

元豐元年，徙知雄州，遷捧日天武四廂都指揮使。明年，又遷侍衛親軍步軍都虞候。兩屬戶給虜役，因甚以饑來告，公曰：此吾民，其可不恤？即發常平粟。僚吏請俟報，不聽，乃自劾。朝廷亦釋不問。徙知熙州權發遣熙河路經略安撫、馬步軍都總管司兼同經制邊防財用事。道丁母夫人憂，累請辭官終喪，不許。遷馬軍都虞候。

四年秋，王師西討。公與憲出古渭路，取定西城，盡蕩禹藏花麻諸帳。降其眾五萬戶，還城蘭州，號熙河蘭會路，次女遮谷，遇賊數萬，公前澗後山而陳，逆戰自午至酉，賊退伏對壘交射，中夜賊遁。蹏天都山，焚南牟賊巢，屯沒煙。會師行凡百日，轉戰千里，遇涇原師還自靈武，乃振旅護之入塞。遷沂州防禦使殿前都虞候。

公平居侃侃儒者，遇事持議不苟合，初在德順，有議城籛南，經略使以問

公，曰：地阻大河，糧道不濟，非萬全之計。朝廷為罷其役。

是冬，詔復趣公趨靈武，援高遵裕。公止通渭，條上進退利害，其言切至，會有詔班師。以疾求罷。召公還朝。七年，遷容州觀察使侍衛親軍步軍副都指揮使兼權馬軍司公事。修寬京城，以公護其役。

今天子即位，進威武軍節度觀察留後，後作永裕陵，公為都護。元祐三年七月，拜武泰軍節度殿前副都指揮使。明年，以足疾請出知潞州。六年，提舉鳳翔府上清太平宮，遂家河南。自唐盛時，將相有後可傳于今者無幾，而苗氏之譜曰：苗獷生襲夔，襲夔生殆庶，殆庶生晉卿，晉卿生壽安令向，向生丹陽令綽，綽生巫山令墀，墀生定海尉保興，保興生太常寺奉禮郎魯，魯生輝，輝生珂，是為公曾祖。考其葬，皆在壺關。公建旄鉞歸故鄉，躬掃先墓，加封植，大具牢酒會父老，出金帛遍遺疏屬數百家。潞民多不葬，暴田野表，得公田數頃為塋，以瘞之。

公既用才武顯，履亦學兵法，自少從公，出入行陳，以戰功累擢四方館使、吉州防禦使。公在熙，履知通遠軍，隸節制，法當避，請以自隨書寫機宜文字。上弗許，特命履為本路兵馬鈐轄。於是父子同主兵一道。國朝惟戴興、許懷德再至殿前都指揮使，與公三人而已。公積勳上柱國，爵濟南郡開國公。夫人劉氏，永嘉郡君，先公卒。子男三，長履，次漸，左班殿直，次蒙，未仕。女七，長適左班殿直蕭允中，次適進士宋益，次適朝奉郎趙兌，次適大名府軍巡判官馬光，次許嫁承事郎高公紱。餘在室。孫詵，西頭供奉官閤門祗候。

臣讀實錄，伏見神宗皇帝既考正百度，遂立武事以威四夷，謀臣猛將爭效智力，材官衛士，一藝必賞。天下府庫皆利器，郡縣皆精兵，以戰則克，以計則服，而河湟之功尤為俊偉。公於此時，披荊棘，冒矢石，攻堅陷敵，挺身弗顧，復境拓土，論功居多，遂蒙主知，束拔不決，而能遇自畏警，勇於靜退，理行平易，故為上所親信，勳在太史，為宋名將，猶書史所稱。方慮衛霍，皆應書法，至於克全功名，保有富貴，子孫世其秩祿，終始之際，有榮耀焉。此刻，天子優寵待臣之恩也，是宜有銘，銘曰：

鬻熊之裔，世為晉望，有相于唐，今顯以將，

其將維何，儀同保康。奮躬逢時，我績戴揚。

在昔熙寧，臣詔獻策，帝用從之，河湟以開。

公統戎行，號令指麾，刻剖腥臊，攘批嶮峨。

疾風震霆，蕩動象隨，來襲冠裳，銳縱紲羈，

長戈西往，種落晏怡。天子曰嘻。予嘉汝勳。
為予爪牙，出征入衛，言念爾考，有功河西，
麟危卒保，仁祖之知，奕世顯名，外格夷灰，
嗣繼忠勤，抑自陰德，天子之褒，公拜稽首，
惟國咸靈，臣愚何有，在漢營平，先零是圖。
即賛于學，有雄之辭，加惠保康，式長厥慶，
史臣作銘，惟天子命。
河南張士寧、翰林祗應孫德明刻

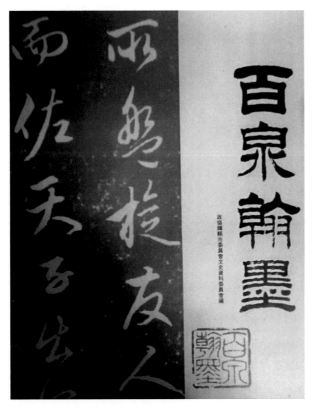

苗授墓誌拓文原刊輝縣市政協文史資料委員會編：
《百泉翰墨》（輝縣：1996 年 9 月），頁 12。

後　記

　　筆者在 2018 年開始撰寫《拓地降敵：北宋中葉內臣名將李憲事蹟考述》一書時，對李憲麾下戰功最高的頭號大將苗授的事跡多有注意，特別是後來訪得罕有在近年出土的苗授墓誌。筆者在 2018 年夏，出席在蘭州舉行的宋史年會時，便以〈北宋中期西北邊將苗授早年生平事迹考〉為題，作為是次會議宣讀的論文。該文後刊於該次年會的年刊。〔註1〕筆者在 2019 年出版《拓地降敵》一書後，再花時數月，把苗授的後半生軍旅生涯寫成初稿。惟後來集中時間精力撰寫李憲的繼承人童貫事蹟，就把苗授一文初稿放在一旁，未作進一步的修改。筆者在 2020 年完成並出版《功臣禍首：北宋末內臣童貫事蹟考》一書後，暫時放下宋代內臣研究，開始轉到宋代商人研究的新課題。從 2021 年至 2022 年，撰寫了數篇宋代商人的個案研究論文，並已陸續刊出。2023 年 8 月筆者往保定參加中國宋史研究會第二十屆年會，初時擬以苗授後半生事蹟作報告，後以篇幅過大，不宜作會議論文，於是改以苗授長子苗履的軍旅生涯，特別是他在哲宗紹符時期參預西北開邊的事功作報告。撰寫畢苗授和苗履父子的事蹟後，筆者即決定將潞州上黨苗氏將門歷經五世的興衰事蹟，以專書的形式展示出來，作為筆者 2013 年所寫的《攀龍附鳳：北宋潞州上黨李氏外戚將門研究》後，另一宋代將門的研究個案。為此，筆者費時數月，將苗氏第五代、南宋高宗建炎三年（1129）三月發生的苗劉之變的主角苗傅的事蹟詳細考述，作為潞州上黨苗氏將門研究的終結篇章。

〔註1〕　參見何冠環：〈北宋中期西北邊將苗授早年生平事迹考〉，載包偉民、何玉紅（主編）：《宋史研究論文集》(2018)（蘭州：甘肅文化出版社，2020 年 12 月），頁 248～268。

友人中文大學的張曉宇教授在前述的會議，以汪應辰題跋中一則論苗劉之變的親歷者朱勝非為題發表專文，他的研究成果也給筆者很好的參考。會議其間，承蒙來自深圳的米芾書法研究專家張慶先生賜示一則米芾約寫於崇寧初年書帖，內有「苗幕」一語，未知是否與苗履父子可有關係。希望將來能詳考之。

此書的撰寫，經歷數年，期間因筆者研究宋代內臣和商人而一度擱置在旁，現時全書寫畢，積於案頭多年厚厚一大堆苗氏將門史料於是可以清理。

大姐合時女史、三姐添寬女史、三姐夫展奇大哥、四姐添才女史、四姐夫乃國教授一直包容照顧我們一家，親情之溫暖是我們深深感受的。本書謹敬呈給他們。

內子惠玲對筆者在退休多年，仍在電腦旁和書案揮汗如雨，達旦不眠地筆耕，她常以筆者早已不年輕，身體狀況不容過度勞累而加以規勸，並且嚴格管束筆者的起居飲食，得妻如此，夫復何求。女兒思齊已在社會工作有年，她的進步是我們所感恩的。

家師羅球慶教授去年底回港和我們暢聚，老師老當益壯，身體健康。筆者即向他稟告研究的狀況，老師鼓勵有加。今年七月，筆者與章偉師弟往臺北拜謁陶晉生老師。陶老師和羅老師同庚，年逾九十，而精神甚好。黃寬重學長、劉靜貞教授、吳雅婷教授與筆者及章偉等陶門弟子和陶老師暢聚並共膳時，筆者即向老師稟告撰寫此一書稿之事，老師讚賞筆者蒐集資料之勤力。老師多年教導的鴻恩，筆者終身不忘。

筆者今年七月往臺北之便，造訪花木蘭文化事業有限公司杜潔祥先生，杜先生再一次願意出版此一書稿，筆者實在感謝不已。

2023 年 8 月 20 日識於香港惠安苑蝸居